A HISTÓRIA DO
SISTEMA SOLAR
PARA QUEM TEM PRESSA

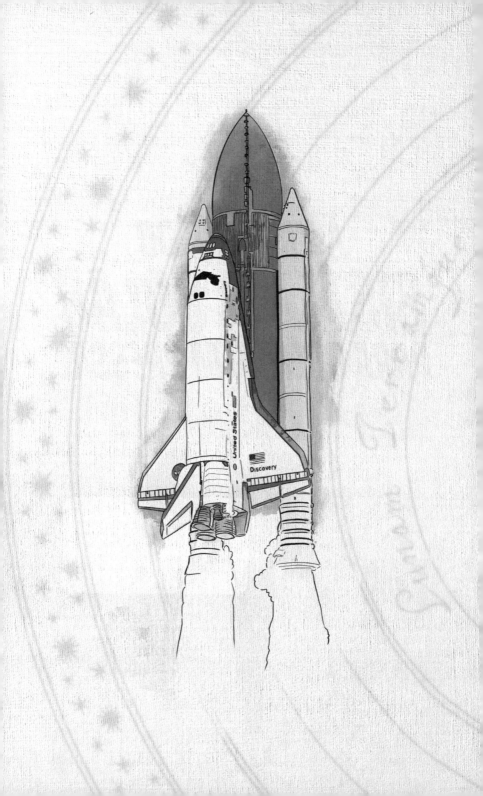

ALBERTO DELERUE

A HISTÓRIA DO SISTEMA SOLAR
PARA QUEM TEM PRESSA

valentina

Rio de Janeiro, 2024
2ª edição

Para Antoine, Arthur, Elise, Jean-Baptiste e Laura.

✶ ✶ ✶ ✶ ✶

Copyright © 2019 by Alberto Delerue

CAPA
Sérgio Campante

FOTO DO AUTOR
J. A. Queiroz

DIAGRAMAÇÃO
Kátia Regina Silva | editorîarte

Impresso no Brasil
Printed in Brazil
2024

CIP-BRASIL. CATALOGAÇÃO NA PUBLICAÇÃO
SINDICATO NACIONAL DOS EDITORES DE LIVROS, RJ
LEANDRA FELIX DA CRUZ CANDIDO – BIBLIOTECÁRIA CRB-7/6135

D39h
2. ed.
Delerue, Alberto, 1940-
A história do sistema solar para quem tem pressa / Alberto Delerue –
2. ed. – Rio de Janeiro: Valentina, 2024.

216p. il. ; 21 cm.

ISBN 978-85-5889-105-9

1. Sistema Solar. 2. Sistema Solar – História. I. Título.

CDD: 523.2
20-64217
CDU: 523

Todos os livros da Editora Valentina estão em conformidade com
o novo Acordo Ortográfico da Língua Portuguesa.

Todos os direitos desta edição reservados à

EDITORA VALENTINA
Rua Santa Clara 50/1107 – Copacabana
Rio de Janeiro – 22041-012
Tel/Fax: (21) 3208-8777
www.editoravalentina.com.br

SUMÁRIO

Apresentação 7

Introdução 9

CAPÍTULO UM ● Estrela Solitária 11
Fornalha Nuclear 14 Fotosfera 18 Cromosfera 22 Coroa 24

CAPÍTULO DOIS ● Planeta de Ferro 29
Planeta Anão, Núcleo Gigante 32 Mariner 10 34 Sósia da Lua? 36

CAPÍTULO TRÊS ● Beleza Enganadora 41
Enigmas e Surpresas 43 Chuva Venenosa 44 Robôs Pioneiros 45
Relevo Estranho 47

CAPÍTULO QUATRO ● Planeta Azul 53
Dança dos Continentes 54 Ar Respirável 57 Composição Química
(Média) da Crosta 60 Oásis Solitário 60

CAPÍTULO CINCO ● Planeta Irmão 65
Na Antiguidade 67 Origens Clássicas 68 Fissão 69 Captura 69
Acreção 70 Crateras e Mares 71 Mundo Morto? 76 Eterno
Vaivém 78 Da Lenda à Realidade 78 Fases 80 O Homem na Lua 81

CAPÍTULO SEIS ● Planeta Vermelho 85
Mito e Frustração 86 Disco Rosado 93 Pequeno e Leve 95 Frio
e Seco 97 Ventos e Geadas 99 Deserto Gelado 103 Cânions e
Vulcões 106 Vida em Marte? 110 Passeios Solitários 113 Duas
Batatas 114 Bombardeio Adiado 119

6 A HISTÓRIA DO SISTEMA SOLAR PARA QUEM TEM PRESSA

CAPÍTULO SETE ● Mundos Liliputianos 123
Cinturão de Pedras 126 Nome dos Asteroides 134
Lei de Titius-Bode 134

CAPÍTULO OITO ● Rei dos Planetas 136
Caos Colorido 139 Satélites Clássicos 143 Io 144 Europa 146
Ganimedes 148 Calisto 149

CAPÍTULO NOVE ● Senhor dos Anéis 153
Anéis Gelados 157 Luas Congeladas 161 Mistério Distante 166
Visita Indiscreta 168 Último Adeus 172

CAPÍTULO DEZ ● Planeta Deitado 173
Mistérios 175 Oceano em Ebulição 176 Colares Escuros 178
Estranha Família 180

CAPÍTULO ONZE ● Último Gigante 184
Cristais Gelados 187 Vulcões Gelados 189

CAPÍTULO DOZE ● Planeta Anão 194
Caronte e seus Irmãos 198 Anões Distantes 200

CAPÍTULO TREZE ● Eternos Vagabundos 202
Fim de um Enigma 204 O que São? De Onde Vêm? 205
Órbitas 210 Nuvem de Cometas 211 Um Nobre Chamado Halley 212

BIBLIOGRAFIA 216

APRESENTAÇÃO

O tema deste livro é o nosso Sol — uma certa estrela localizada na periferia distante de uma remota galáxia — e todos os membros que compõem seu vasto e variado séquito: os planetas e seus satélites, os cometas e os asteroides. O Sistema Solar é um organismo complexo. E objeto de pesquisas científicas que há bastante tempo — durante todo o século 20, especialmente — vem sendo investigado de forma incansável e ininterrupta.

Apesar do tanto que se avançou, sobretudo nas últimas décadas, ainda nos resta de fato muito que aprender. Aprender e descobrir. Isto fica claro quando nos voltamos para a memória recente das diversas missões espaciais que foram e, felizmente, seguem sendo realizadas. O século que findou foi testemunha do lançamento de um sem-número de espaçonaves exploratórias para estudar uma centena de mundos. Uns mais próximos, outros muitíssimo afastados. Em um deles, o homem chegou a pisar.

Atualmente, inúmeros observatórios de pesquisa espacial encontram-se em órbita ao redor da Terra, flutuando bem longe dela. E algumas naves robóticas encontram-se em visita a outros mundos. Diariamente esses fantásticos engenhos reúnem uma imensa quantidade de novos dados científicos, os quais muitas vezes trazem também novas interrogações e outros tantos mistérios a serem desvendados. Para as próximas décadas, estão previstas mais missões, destinadas a tarefas cada vez mais ousadas. Algumas delas dirigidas, por exemplo, à coleta e à análise *in situ* de material extraído de cometas e asteroides.

Questões fascinantes e intrigantes permanecem em aberto. Como o Sistema Solar foi formado? Qual é a sua verdadeira história? Será que o processo da vida em nosso planeta foi iniciado a partir da nuvem que originou a nossa estrela? A princípio, acredita-se que o Sol nasceu de uma colossal nuvem molecular enriquecida com complexas moléculas orgânicas, precursoras da vida. As evidências serão obtidas, por exemplo, por meio da análise da composição química dos cometas. Sabe-se que, quando esses astros errantes se desprendem da região fria (espécie de imenso frigorífico, como descreve o autor da presente obra), eles são atraídos pelo Sol. À medida que se aproximam deste, vão-se evaporando, desprendendo uma grande quantidade de matéria portadora, ao que tudo indica, de informações da nuvem primordial. Esses são apenas alguns dos inúmeros temas atuais tratados neste livro. *A História do Sistema Solar para Quem Tem Pressa* é uma obra de divulgação científica que reúne dados gerais e atualizados sobre toda a numerosa e diversificada família solar. O autor aborda o assunto de maneira leve e direta, o que resulta numa leitura fácil e agradável. Ao longo de todo o texto, fatos históricos e recentes são enxertados e associados às revelações científicas, tornando-o, assim, mais rico e excitante.

Heloísa M. Boechat Roberto
Observatório do Valongo — UFRJ

INTRODUÇÃO

O céu que nossos ancestrais viam há 2 milhões de anos não é muito diferente daquele que observamos hoje. O mesmo ciclo de um período claro, dominado pela radiação do Sol, e um período escuro, onde cintilam milhares de estrelas de diferentes intensidades, fixas no pano de fundo, formando o firmamento, e que, em certos tempos, a Lua domina o cenário. O que mudou foi o fato de observarmos esse céu com outros olhos.

O Universo dos gregos é hierarquizado: a Terra no centro, circundada por astros perfeitos que giram em torno dela. Para Aristóteles (384-322), o Cosmos é finito, limitado por uma esfera onde estão localizadas as estrelas. E não existe o vácuo. O Cosmos é dividido em dois: o mundo sublunar, feito de matéria corruptível, e o mundo supralunar, com esferas cristalinas onde se localizam os astros.

No século 2, Claudio Ptolomeu (90-168) escreveu seu grande tratado, o *Almagesto*. Nele, apresenta o sistema geocêntrico no qual a Terra está no centro do Universo, e em torno dela estão os planetas e as estrelas. A obra é a síntese de trabalhos de importantes pensadores gregos, como Aristóteles e Hiparco (190-120). Nela, os corpos celestes que giram em torno da Terra em trajetórias complexas estão afastados: a Lua, Mercúrio, Vênus, o Sol, Marte, Júpiter e Saturno no interior do firmamento de estrelas.

Essa concepção vai durar até a Idade Média.

Contudo, no século 16, com a obra de Nicolau Copérnico (1473-1543), a Terra perde seu lugar privilegiado e orbita em torno do Sol. Agora, o centro do Universo. O Sistema Solar, constituído pelo Sol e pelos astros errantes — os planetas —, passa a ser: Sol, no centro. Em torno dele giram: Mercúrio, o mensageiro Hermes; Vênus, a estrela da manhã, a Afrodite grega; Terra, a mãe terra Gaia; Marte, que com sua cor avermelhada é o deus da guerra, Ares; o gigante Júpiter, o deus grego Zeus, é brilhante no céu; Saturno, lento, é o deus do tempo, Cronos. Um mundo governado por deuses, que orbita Gaia.

Com um novo olhar para o céu, as coisas mudam: Tycho Brahe (1546-1601) e Johannes Kepler (1571-1630) medem as trajetórias. Os planetas têm órbita elíptica, não mais circular. Galileu Galilei (1564-1642) utiliza o telescópio e descobre um novo mundo com astros semelhantes à Terra: a Lua tem crateras; o Sol tem manchas; Júpiter tem satélites que giram em torno dele; Saturno tem anéis.

Isaac Newton (1643-1727) consegue sintetizar e descrever o movimento celeste a partir de três leis que explicam a mecânica, e da Lei da Gravitação Universal, que explica a atração dos corpos.

Em fins do século 19, o Sistema Solar já parece estar bem conhecido. William Hershel (1738-1822), ainda no século anterior, descobriu mais um planeta, Urano, e o Sistema Solar era composto por nove planetas que giravam em órbitas elípticas em torno do Sol, que era o centro do Universo.

Mas esse quadro muda drasticamente na virada do século 19. Com a descoberta da radioatividade e os estudos geológicos, a idade do Sistema Solar recua de algumas centenas de milhões de anos para mais de 4 bilhões. As observações realizadas por Edwin Hubble (1889-1953) mostravam que existem bilhões de galáxias, e que a nossa, a Via Láctea, é uma delas, mas não a maior. Além disto, as galáxias estão se afastando umas das outras.

Com novas formas de medida, descobriu-se uma enorme variedade de astros que fazem parte do Sistema Solar. O Universo não tem um centro. E o Sistema Solar não é o centro do Universo. Transformou-se enormemente durante os séculos, e hoje ele é algo substancialmente novo e complexo.

Alberto Delerue, jornalista, ex-editor de ciência do Museu de Astronomia, apresenta com uma leitura fluente e precisa esse pequeno lugar onde habitamos: diminuto na escala da Via Láctea, porém rico em sua diversidade e que está passando por novas descobertas e se alterando e nos ensinando a rever o Universo como um todo.

O céu que nossos ancestrais viam há 2 milhões de anos já não é aquele que hoje pesquisamos.

Henrique Lins de Barros
Pesquisador Titular do Centro de Pesquisas Físicas (CBPF/MCTI)

CAPÍTULO UM

Estrela Solitária

A maioria das estrelas da Via Láctea, e possivelmente de todas as galáxias, forma um par ou um sistema triplo ou múltiplo. O Sol parece ser uma exceção: trata-se de uma estrela solitária, a mais próxima de nós, ao redor da qual gira tudo o que compõe o Sistema Solar — planetas, satélites, asteroides, cometas. Sua posição na Via Láctea não é das mais privilegiadas, mas tem importância crucial para todas as formas de vida na Terra. Assim é o nosso Sol, um corpo celeste dotado de uma incrível fonte interna que produz energia e que, generosamente, a distribui pelo espaço. Apesar de observado e estudado desde a Antiguidade, só a partir da primeira metade do século 20 é que começamos a conhecê-lo melhor. Mas essa nossa estrela ainda guarda inúmeros enigmas. Desvendá-los seria a chave para a compreensão de bilhões de outros sóis que também fazem parte da nossa galáxia.

Ao Sol devemos, obviamente, o fato de estarmos vivos. Sem o seu calor, luz e energia, a vida certamente não teria surgido e vingado no nosso planeta. Mas, como tudo no Universo parece obedecer a um ciclo de nascimento e morte, um dia o Sol não existirá mais. Será uma morte anunciada, é verdade, mas que ninguém estará aqui para assistir.

O Sol foi intuitivamente reconhecido e aceito como um verdadeiro deus por praticamente todas as grandes civilizações. Para os egípcios, por exemplo, o deus Sol era Rá, aquele que nascia a cada manhã e era transportado através do céu por uma barca, até morrer no lado oeste, a cada fim de tarde. E sempre renascer no lado leste, depois de uma viagem "por baixo do mundo". Para os antigos gregos, o Sol era Apolo, aquele que conduzia um carro de fogo no céu. Para os hindus, a magnífica esfera de luz era o olho de Varuna, o deus da ordem cósmica.

12   A HISTÓRIA DO SISTEMA SOLAR PARA QUEM TEM PRESSA

Mitologia à parte, na Grécia antiga já havia quem especulasse sobre a natureza física dessa fantástica esfera brilhante. Isso há cerca de 2.500 anos. Naquela época, alguns homens de ciência tentaram até mesmo estimar o tamanho e a distância que nos separa. Destes, um número ainda mais reduzido chegou à ousadia de sugerir que os planetas, inclusive a própria Terra, se moviam em torno do astro rei.

Aristarco (310-250) foi um dos primeiros a sugerir que o Sol estava no centro do Universo e que todos os planetas giravam ao seu redor. Muito mais tarde, no início do século 17, Giordano Bruno pagou caro — foi queimado vivo pela Inquisição — por ter afirmado que as estrelas eram outros sóis e centros de mundos semelhantes ao nosso. Porém, desde a Antiguidade até os tempos modernos, foram necessários quase 20 séculos para que a ideia heliocêntrica fosse aceita por unanimidade. Durante todo esse tempo, muitas foram as resistências e inúmeros os avanços e recuos, até que viéssemos a colocar o Sol no seu devido lugar. Foi somente a partir de Nicolau Copérnico que a força da evidência científica finalmente prevaleceu.

Atualmente, o Sol se encontra na meia-idade, o que significa dizer que ainda lhe resta uma outra metade de existência útil. Há cerca de 4,5 bilhões de anos que essa gigantesca usina termonuclear vem queimando ininterruptamente seu "combustível", ou seja, transformando sua descomunal reserva de hidrogênio em hélio. A cada segundo, 4 milhões de toneladas do primeiro são transformados no segundo. Eis aí o mistério de sua longevidade.

A posição periférica do Sol é evidente: sua distância do centro da Galáxia é de 33.000 anos-luz, ou seja, cerca de 2/3 do raio galáctico. Sua velocidade em torno desse eixo é de 250 km/s, o que significa que uma única volta ao redor do núcleo da Via Láctea é completada a cada 225 milhões de anos aproximadamente. Considerando sua idade atual e admitindo-se que sua velocidade orbital nunca tenha se modificado de maneira significativa, concluímos que a nossa estrela, desde que se formou, já completou 25 voltas no seu giro galáctico. Nesse constante deslocamento, arrasta consigo todo o sistema planetário na direção de um ponto — denominado ápex — situado na constelação da Lira.

Na primeira de suas famosas três leis, Johannes Kepler nos ensinou que a Terra gira ao redor do Sol numa órbita elíptica e que tem a nossa estrela num dos focos. A distância média Terra-Sol (também conhecida como Unidade Astronômica (UA)) é de 150 milhões de quilômetros. No afélio, ponto mais

CAPÍTULO UM: ESTRELA SOLITÁRIA

afastado do Sol, ao qual se chega em julho, a Terra se afasta a 152 milhões de quilômetros. No periélio, ponto de sua órbita em que mais nos avizinhamos do Sol, que ocorre em janeiro, o nosso planeta se aproxima a 147 milhões de quilômetros.

Observado da Terra, o disco solar abarca um ângulo de cerca de meio grau, ou seja, 32 segundos de arco. A magnitude* aparente do Sol (brilho que observamos, independentemente de seu fluxo radiante) supera de longe o de qualquer outra estrela: - 26,7. Isto se deve, é claro, à grande proximidade do astro, se comparada com as distâncias das demais estrelas. No entanto, sua magnitude absoluta — brilho que o Sol apresentaria se fosse colocado a uma distância de 10 parsecs** — é realmente desprezível: + 4,8. Àquela distância, o deus Sol não passaria de uma estrelinha insignificante, praticamente invisível em qualquer céu noturno.

Uma vez que conhecemos a distância que nos separa do Sol, não fica difícil calcularmos o seu raio: cerca de 700.000 km, o que significa um tamanho 109 vezes maior que a Terra. Para os padrões terrestres, a massa solar não é nada desprezível: corresponde a 99,86% da massa de todo o Sistema Solar. Ou, em outras palavras, equivale a 330.000 vezes a do nosso mundo ou 1.000 vezes a do planeta Júpiter, o maior da família do Sol.

Quando comparamos o volume do Sol (no seu interior caberia mais de 1 milhão de Terras), fica igualmente fácil chegarmos à sua densidade média: 1,41 g/cm³ — pouco superior, portanto, à da água (1 g/cm³). Como o Sol não é constituído de matéria inteiramente homogênea, pois não se trata de um astro sólido, o valor de sua densidade média é apenas indicativo; no seu núcleo essa densidade é bem mais elevada: 160 g/cm³.

O Sol gira devagar sobre o próprio eixo, e essa velocidade de rotação varia de acordo com as latitudes. Em outras palavras, as diferentes regiões de suas camadas externas giram a diferentes velocidades. Essa velocidade é mais lenta nos polos (34 dias) do que no equador (25 dias). A força da gravidade solar é 28 vezes maior que a terrestre. Um indivíduo que pesa 60 kg aqui, se pudesse aproximar-se da superfície do Sol, pesaria mais de uma tonelada e meia.

---

* A magnitude é caracterizada por um número — negativo ou positivo —, que é tanto maior quanto menor for o brilho do astro.

** Parsec: unidade astronômica de distância, equivalente a 3,26 anos-luz, ou cerca de 31 trilhões de quilômetros.

A temperatura superficial do Sol atinge 6.000 graus. Calcula-se que sua temperatura central alcance 15 milhões de graus, ou seja, aproximadamente 1.800 vezes superior à temperatura da sua atmosfera (fotosfera). A pressão naquele meio infernal cresce assustadoramente por causa da compressão constante e à medida que aumenta a densidade da matéria. Uma vez que os gases se aquecem ao serem comprimidos, não fica difícil imaginarmos que, em direção ao interior do Sol, a temperatura vai aumentando gradativamente.

Fornalha Nuclear

Quais seriam as reais condições do Sol, sob as temperaturas e pressões a que acabamos de nos referir? Como se comportaria a matéria que o compõe? Sabemos que, em tais condições extremas, todos os gases se encontram ionizados, ou seja, os elétrons escapam da atração do núcleo e passam ao estado livre. A esse estado da matéria denominamos plasma, um gás incrivelmente quente, formado de uma mistura de partículas elementares (elétrons e prótons).

Estaria aí a chave do mistério do brilho do Sol e das demais estrelas? Tudo indica que sim. Hoje sabemos que as estrelas brilham porque são muito quentes, e são muito quentes por causa das reações de fusão nuclear que ocorrem em seu interior. Nessas reações, os núcleos simplesmente se aglutinam, formando-se núcleos mais complexos. Em outras palavras, os elementos leves (hidrogênio e hélio) se fundem para produzir elementos mais pesados (oxigênio, carbono, silício etc.). Nesse processo e a cada instante, pequena quantidade de massa é convertida em energia, de acordo com a famosa equação de Einstein ($E = mc^2$). A soma total de energia produzida por bilhões de reações de fusão é que dá origem ao calor e consequente brilho das estrelas.

Em 1938, o físico americano Hans Bethe demonstrou o mecanismo acima. Deduziu que as elevadíssimas temperaturas e pressões reinantes no coração do Sol fariam com que quatro núcleos de hidrogênio (quatro prótons) se fundissem para formar um único núcleo de hélio (dois prótons e dois nêutrons). Como a massa total dos quatro prótons equivale a 4,0325 unidades de massa atômica,[*] e a de um núcleo de hélio corresponde a 4,0039, a reação libera uma

---

[*] Massa atômica: massa de um átomo medida numa escala convencional, em que a massa do isótopo carbono 12 é o padrão que vale 12 unidades de massa. Esta unidade corresponde a $1,66043 \times 10^{-27}$ kg.

energia equivalente a 0,0286 — cerca de 0,7% da massa em questão. Estava, assim, desvendado o mecanismo de fusão nuclear do Sol e o porquê do seu brilho, do seu calor e da sua energia. É bom lembrar que essa reação acontece somente no núcleo central da estrela (apenas um décimo da sua massa total).

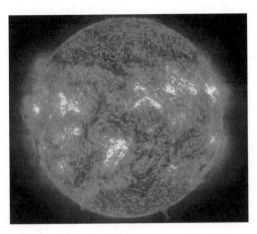

Aqui, um flagrante da nossa estrela, obtido em 11 de fevereiro de 1996 pelo EIT (Extreme Ultraviolet Imaging Telescope), a bordo da sonda espacial não tripulada SOHO (Solar and Heliospheric Observatory). Uma gigantesca usina termonuclear, composta essencialmente de hidrogênio e hélio.

Mais tarde descobriu-se que essas reações dão origem ainda a dois pósitrons (elétrons positivos), dois neutrinos (dotados de massa desprezível), além da energia em forma de raios gama e energia cinética (energia do movimento) das partículas produzidas.

Os mecanismos de transporte de energia encontrados no Sol são a radiação e a convecção. O transporte radiativo acontece devido às sucessivas absorções e reemissões de fótons (pacotes de energia) por parte da matéria. Esse mecanismo radiativo somente é válido nas camadas onde há pouca diferença de temperatura. É interessante lembrar que esse processo (absorção/reemissão) é de tal forma demorado e tortuoso que a energia emitida, sob a forma de raios gama, leva cerca de 170.000 anos para sair do núcleo e atingir a superfície solar. O fato é curioso, se considerarmos que o tempo necessário para um raio de luz solar alcançar a Terra é de oito minutos. Por que, para percorrer uma distância 200 vezes maior, a radiação leva um tempo consideravelmente mais curto? A explicação parece simples: é que entre o Sol e o nosso planeta existe apenas o vazio, o que permite que a luz viaje sem obstáculos. No interior do Sol é diferente: um fóton sofre um fantástico número de colisões com a matéria densa, antes de chegar à superfície.

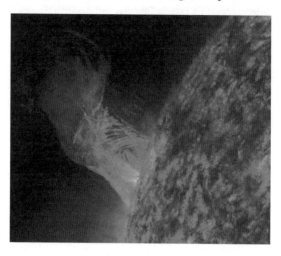

Um fenômeno espetacular, porém comum: uma gigantesca protuberância, em forma de labareda, proveniente das zonas mais ativas da cromosfera. Esses fantásticos jatos de gases incandescentes atingem alturas superiores a 400.000 km. Em 4 de junho de 1946, ocorreu a maior protuberância solar jamais observada.

O principal meio de transporte da energia solar é a convecção. Através dela, a energia produzida no núcleo se propaga até a superfície da estrela. Ou seja, o calor gerado no núcleo é transportado, num movimento turbilhonante, da zona mais quente para a mais fria (semelhante processo é o que acontece numa panela com água fervendo). Essas massas gasosas se expandem, criando assim um sistema de células convectivas, nas quais os gases incandescentes, oriundos das camadas mais profundas, sobem até os extratos mais externos do Sol. Nesse vaivém incessante, a matéria ali esfria e torna a descer.

A partir de dados transmitidos pela SOHO, lançada em 1995 e ainda em operação, descobriu-se recentemente um curioso mecanismo ligado ao transporte de energia do Sol: enquanto as camadas convectivas apresentam uma rotação diferencial (mais rápida no equador do que nos polos), a zona radiativa gira em bloco, como um corpo sólido, embora igualmente formada por gases. Uma surpresa a mais proporcionada por nossa estrela.

CAPÍTULO UM: ESTRELA SOLITÁRIA

As únicas partículas que atravessam incólumes as densas camadas do interior do Sol são os neutrinos. Destituídas de carga elétrica e com massa quase nula, essas estranhas partículas viajam praticamente à velocidade da luz e simplesmente não interagem com a matéria. Em outras palavras, não há obstáculos para os neutrinos chegarem ao espaço exterior vindos das profundezas do Sol. Por quê? Ninguém sabe. O tempo que levam nessa viagem até o topo da atmosfera solar é de apenas alguns segundos, o que, no entanto, não acontece com as radiações gama. Estas, muito energéticas e penetrantes, são absorvidas e reemitidas um sem-número de vezes. Nesse vaivém, os raios gama vão gradativamente perdendo energia e se transformando em raios X e radiação ultravioleta (UV).

Nada menos de 10 milhões de anos é o tempo necessário para que as radiações gama, geradas no núcleo do Sol, sejam lançadas ao espaço, na forma de luz visível. Um tempo de fato incrivelmente longo, sobretudo se nos lembrarmos de que essa mesma luz visível leva, como vimos, alguns poucos minutos para alcançar a Terra. Resumindo: o que atualmente vemos como sendo o Sol — sua imagem presente — nada mais é que o resultado de reações nucleares produzidas no coração da nossa estrela há milhões de anos!

Qual seria o tempo necessário para o esgotamento das reservas de hidrogênio existentes no interior do Sol? Cálculos mais recentes falam em 10 bilhões de anos. Admitindo-se que a formação se deu há cerca de 4,5 bilhões de anos, é válido considerar que atualmente nossa estrela se encontra, como já dissemos, na metade da sua vida ativa. O modelo atual nos indica também que uma considerável quantidade de hidrogênio já se transformou em hélio, o que implica que a composição química do núcleo já variou de forma significativa em relação à das camadas superficiais. Estima-se que, atualmente, a percentagem de hidrogênio tenha passado de 75% para 35%; a de hélio, de 23% para 63%. Os demais elementos continuam representando um percentual desprezível: somente 2% da massa solar total.

Como se comportará o Sol na sua velhice? Depois da transformação do hidrogênio em hélio, os elementos mais pesados que ele pode sintetizar são o carbono e o oxigênio. Isso, nas etapas derradeiras de sua evolução. À medida que vai envelhecendo, o Sol vai acumulando um núcleo inerte contendo alguns elementos. Tal núcleo é envolvido por uma camada onde acontece a "queima" do hélio, formando-se mais carbono e oxigênio. Essa camada, por sua vez, é envolvida por outra, onde os núcleos de hidrogênio se fundem para formar mais núcleos de hélio. Essa quantidade de matéria sobreposta vai se afastando do centro do Sol à medida que seu núcleo aumenta de tamanho. Quando se esgotarem as reservas do combustível para a fusão nuclear, nossa estrela estará ingressando no derradeiro estágio de sua vida. Devido à sua pouca massa — há estrelas bem mais maciças que o Sol —, seu destino final não deixará de ser melancólico. Uma vez tendo perdido suas camadas superficiais — fase de gigante vermelha e o adeus à sequência principal —, sucederá o colapso gravitacional, ou seja, o início da agonia e morte do Sol. A pressão de radiação (responsável pelo equilíbrio global de qualquer estrela), que até então contrabalançava a gravidade, dará lugar a um desequilíbrio sem volta. A matéria começará a se condensar e o núcleo a se contrair de forma irreversível. O estágio final de todo o processo é o surgimento de uma anã branca, um corpo celeste mais ou menos do tamanho da Terra, mas de incrível densidade, formado de matéria "degenerada", constituída quase exclusivamente de núcleos atômicos. O que outrora foi o nosso resplandecente Sol acabará se transformando num verdadeiro cadáver estelar, destinado a vagar indefinidamente pelos céus.

Embora considerada uma estrela estável, equilibrada, o Sol é sede de fenômenos extremamente violentos, resultado, em parte, de seu intenso campo magnético — cerca de 5.000 gauss —, 10.000 vezes mais forte que o da Terra. A exemplo do terrestre, o campo magnético solar é bipolar, isto é, dirigido de norte para sul. Além dele, entretanto, existem outras regiões com campos magnéticos realmente intensos, dispostos geralmente no sentido leste-oeste e paralelos ao equador. Talvez, quem sabe, seja essa a razão da maior concentração de manchas solares na altura do seu equador. Não se sabe ao certo como são gerados esses intensos campos magnéticos. E a inversão de polaridade, a cada 11 anos, ainda permanece um mistério.

Fotosfera

A "superfície" do Sol é a sua fotosfera (esfera de luz), a camada que vemos da Terra, de cerca de 500 km de espessura e temperatura média de 6.000 graus. Como se trata de um corpo gasoso, esse manto externo — responsável pela emissão da luz visível — é um tanto transparente, ou seja, pode ser visto

CAPÍTULO UM: ESTRELA SOLITÁRIA

até alguns quilômetros de profundidade. A partir daí a fotosfera se torna muito mais densa e opaca.

Ao contrário do que observamos à vista desarmada, o disco solar não apresenta um aspecto uniforme e liso. Toda a fotosfera é pontilhada por uma miríade de estruturas individuais, denominadas grânulos ou "grãos de arroz". Cada "grão" encontra-se isolado por zonas mais escuras e mais frias, e suas dimensões variam de 30 a 1.000 km de diâmetro. O que seriam os grânulos? Colunas de gases a se elevarem das camadas profundas do Sol, como bolhas de mingau em ebulição? Mais ou menos isso.

Em permanente agitação, os grânulos resultam do processo de convecção, que mistura o gás nas camadas subjacentes à fotosfera. Esses gases sobem e descem aos borbotões, num constante vaivém e à incrível velocidade de 1.800 km/h. Os grânulos individuais têm vida curta, de apenas oito minutos, em média, e um diâmetro de uns 1.000 km. As zonas mais escuras que os cercam são espaços por onde os gases frios tornam a descer e medem aproximadamente 300 km. Dada a constante turbulência da atmosfera solar, só podemos distingui-los com instrumentos muito potentes. Em dezembro de 2006, um novo telescópio de acompanhamento do Sol (Rede de Patrulha Óptica do Sol) detectou uma onda de choque semelhante a um tsunami atravessando a superfície da estrela. O fenômeno ocorreu após uma grande explosão e destruiu ou comprimiu dois filamentos de gás frio em lados opostos do hemisfério visível. As imagens mostraram claramente uma região grande e brilhante ao redor de uma mancha solar.

Do ponto de vista meramente visual, os fenômenos mais curiosos que surgem na fotosfera são de fato as manchas solares. Sua descoberta data do ano 4 a.C. e é atribuída a Teofrasto de Atenas, discípulo de Aristóteles. Até um passado recente, as manchas estavam associadas a objetos que se interpunham entre a Terra e o Sol — como um dos dois planetas interiores, Mercúrio ou Vênus. Inclusive, o genial Johannes Kleper deixou-se convencer do caráter imaculado da nossa estrela. Em 1607, interpretou uma mancha solar observada a olho nu como sendo o trânsito do planeta Mercúrio. Pouco tempo depois, as manchas solares seriam redescobertas por Galileu durante suas observações, em 1611. Mas somente a partir de meados do século 18 é que elas passaram a ser sistematicamente observadas.

Como o próprio nome indica, trata-se de acidentes que se apresentam mais escuros do que as áreas que os circundam. Bem mais escuros porque são

20   A HISTÓRIA DO SISTEMA SOLAR PARA QUEM TEM PRESSA

mais frios — uma diferença média de 2.000 graus —, e são mais frios porque emitem pouca radiação, se comparados com o restante daquela superfície.

Ainda que algumas sejam circulares, a maioria das manchas são irregulares e, em geral, se apresentam agrupadas ou em pares. A duração do fenômeno varia entre algumas horas e vários meses. Levam 13 dias para desaparecer completamente da superfície do Sol, de um extremo ao outro, e permanecem ocultas durante o mesmo período. Isso porque a nossa estrela, a exemplo da Terra, também gira em torno do próprio eixo. Desse modo, uma mancha solar volta a ser observada, na mesma posição, a cada 27 dias aproximadamente.

Hoje em dia, sabemos que as manchas solares estão relacionadas a violentas modificações do campo magnético do Sol. A descoberta deveu-se ao astrônomo americano George Hale, em 1908, na época diretor do Observatório de Monte Wilson (Califórnia) e inventor do espectro-heliógrafo.

Embora pouco se saiba a respeito da origem do campo magnético solar, já vimos que é fortíssimo. Pois bem, nas manchas — justamente associadas a esses campos magnéticos — as linhas de força são praticamente perpendiculares à superfície da estrela, e é através dessas linhas que a matéria incandescente tende a se mover. Nas manchas solares, existe, pois, uma espécie de bloqueio dos movimentos convectivos — de propagação de energia —, o que significa dizer que os gases ionizados (plasma) podem se deslocar para cima, acompanhando as linhas de força, embora não possam se esparramar pela superfície. Como vimos, a área ocupada por uma mancha resulta ser mais escura, mais fria e emitir pouca radiação.

Se observarmos atentamente uma mancha solar, vamos verificar que existe uma área central mais escura, denominada sombra. Sua temperatura é bem inferior àquela da superfície do Sol: oscila entre 4.300 e 4.800 graus. A sombra, por sua vez, é circundada por outra zona mais clara — a penumbra —, de estrutura raiada e temperatura mais alta que a primeira. As manchas solares se apresentam, às vezes, cercadas por uma espécie de anel ou borda brilhante — fácula —, ainda mais luminosa que a própria fotosfera. O surgimento dessas resplandecentes regiões geralmente precede o aparecimento das próprias manchas.

Uma mancha solar de tamanho médio chega a alcançar 40.000 km de extensão. Já se registraram manchas com mais de 100.000 km de diâmetro, embora essas últimas sejam realmente muito raras. Uma recente imagem em três dimensões, transmitida pela sonda espacial SOHO, permitiu constatar que as manchas solares apresentam uma profundidade de aproximadamente 24 km.

CAPÍTULO UM: ESTRELA SOLITÁRIA 21

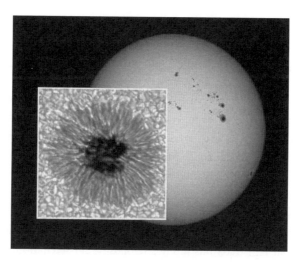

Nesta imagem, captada pela sonda automática SOHO, pode-se ver uma mancha solar típica.

A partir de meados do século 19, os estudiosos do Sol constataram que o número de manchas solares sofria variações periódicas. Ora observavam um rápido aumento, ora uma diminuição. Esse máximo e mínimo costuma ocorrer a intervalos de 11 anos (os últimos foram em 2002). Há períodos em que o número de manchas solares se mantém curiosamente em níveis muito baixos. Em 1922, o astrônomo inglês Edward Maunder observou o intrigante fenômeno. Segundo suas pesquisas, entre 1645 e 1715, houve praticamente uma absoluta ausência de manchas. Durante esse intervalo, podemos concluir que o Sol se manteve de fato menos ativo e mais quieto.

Descoberta em 1843 pelo astrônomo alemão Heinrich Schwabe, tal periodicidade provou mais tarde ser realmente verdadeira. Hoje dizemos que a atividade global da fotosfera pode ser reconhecida por meio da existência desses ciclos solares undecimais. A causa e a explicação do fenômeno ainda são obscuras. Uma coisa, porém, é certa: algo deve estar palpitando no coração do Sol.

O resultado desse pronunciado "batimento cardíaco" se revela por intermédio de oscilações na sua superfície. A recente confirmação de tais vibrações nos permite especular a respeito do que se esconde sob a máscara visível do Sol. Uma nova técnica, a heliossismologia — o estudo das vibrações solares —, busca recolher informações que nos possibilite compreender melhor o dínamo interior da nossa estrela.

Uma das descobertas mais recentes — e curiosas — é que o Sol emite uma espécie de canto, ou melhor, vibrações sonoras que não conseguem atravessar o espaço interplanetário. O que seriam? Como são produzidas essas ondas acústicas? Em 1995, a Agência Espacial Europeia (ESA), em colaboração com a NASA, colocou no espaço a sonda SOHO. Trata-se de um engenho espacial automático, destinado, entre outras tarefas, ao estudo da estrutura interna da nossa estrela, à sua extensa atmosfera e também à origem do vento solar. Programado inicialmente para um período de seis anos de atividade, o intrépido robô vem observando o Sol, sem interferências meteorológicas ou atmosféricas, há mais de 20 anos. Colocado em um ponto a 1,5 milhão de quilômetros da Terra, continua registrando as permanentes oscilações superficiais da estrela. Um dos resultados foi a confirmação da intensa e inquietante atividade solar registrada nos últimos tempos — em setembro de 2017, por exemplo, aconteceu uma das maiores neste século. O fenômeno vem colocando em xeque o mesmo ciclo de 11 anos, registrado e aceito pelos cientistas há quase um século. O que estaria se passando com o Sol se, teoricamente, ele deveria estar atravessando um período bem mais calmo? Uma indagação que intriga os astrônomos, porém permanece sem resposta.

Cromosfera

De coloração rósea viva, a cromosfera fica localizada logo acima da fotosfera e somente é visível durante os raros eclipses totais do Sol. Trata-se de uma tênue franja de gás, de 10.000 km de espessura, onde a temperatura varia entre cerca de 4.500 graus, na parte interior, e 100.000 graus na região exterior. O intenso brilho da fotosfera prejudica a observação da cromosfera, daí porque sua análise somente pode ser realizada (normalmente) utilizando-se instrumentos, como o espectro-heliógrafo e o coronógrafo. A primeira fotografia da cromosfera data de 1860, e apenas oito anos mais tarde foi realizada a primeira análise espectrográfica de sua radiação.

Uma curiosidade: a temperatura na fotosfera decresce com a altitude. Na cromosfera, como vimos, se dá o contrário: a região onde se registra a menor temperatura assinala o limite que separa a fotosfera da cromosfera. Qual a causa do fenômeno? Tal anomalia é geralmente atribuída à energia mecânica difundida pela convecção fotosférica. Essa energia se dissipa na cromosfera e aí, então, ela se transforma em calor.

CAPÍTULO UM: ESTRELA SOLITÁRIA

23

Embora relativamente estreita e diáfana, a cromosfera é berço de interessantes fenômenos dinâmicos, tais como as supergranulações, as espículas, as fáculas e as erupções. As supergranulações, como o próprio nome indica, são grânulos de dimensões colossais — cerca de 30.000 km de diâmetro —, resultantes dos movimentos de convecção que ocorrem na cromosfera, em larga escala. As supergranulações duram, em média, um ou dois dias.

As espículas — espécie de labaredas — se assemelham a jatos estreitos, quase verticais, que parecem se deslocar segundo as direções do campo magnético local. Essas pequenas protuberâncias se elevam a 10.000 km sobre a fotosfera e são de rápida duração, apenas 5 a 10 minutos. Sua temperatura varia entre 10.000 e 20.000 graus. A maior parte desse material ejetado torna a cair, o que certamente provoca um aquecimento adicional da cromosfera. Na cromosfera, encontram-se também as fáculas, estruturas bem maiores que as suas similares da fotosfera. A existência desses filamentos, extremamente brilhantes, também está associada ao forte campo magnético solar, da ordem de 20 a 200 gauss.

Durante os eclipses totais do Sol, ou através do coronógrafo (que simula um eclipse total), são visíveis enormes línguas de fogo. São as protuberâncias, arcos de gás de temperatura relativamente baixa, que se elevam da cromosfera e que são bem mais densas — cerca de uma centena de vezes — que a matéria coronal circundante. Dependendo de sua duração, as protuberâncias podem ser divididas em eruptivas e ativas. As primeiras são menos duradouras; as demais, pouco ativas e de aspecto estável, duram, às vezes, várias rotações solares.

Nos limites da cromosfera — cerca de 16.000 km de altitude — surge ocasionalmente um súbito brilho, resultado de uma rápida e violenta explosão de energia. São as chamadas erupções solares. Tais fenômenos, não tão comuns, manifestam-se sob várias formas, quase sempre próximos a duas ou mais manchas fotosféricas. Seus filamentos atingem alturas de dezenas de milhares de quilômetros. Seu aparecimento está associado a variações muito rápidas do campo magnético próximo às camadas de inversão da polaridade. As erupções emitem partículas altamente energéticas, que são lançadas no espaço e capturadas pelo campo magnético da Terra. Quando isso acontece, dizemos que há um aumento da ionização em nossa atmosfera. Em tais ocasiões, ocorrem as magníficas auroras polares (boreal no norte; austral no sul), fenômeno luminoso que se produz nos céus noturnos. Outro resultado imediato desse "choque" de partículas carregadas com a atmosfera terrestre

A HISTÓRIA DO SISTEMA SOLAR PARA QUEM TEM PRESSA

é que a ionosfera deixa de refletir as ondas de rádio, provocando a interrupção das comunicações de longa distância. As explosões solares também são responsáveis pelas mudanças de intensidade do campo magnético terrestre e pelas tempestades magnéticas.

COROA

É a mais externa das zonas de atividade do Sol. Sua existência e a origem de sua energia ainda não estão devidamente explicadas. Trata-se, na verdade, de um tênue halo de gás superquente e que se origina na própria fotosfera. Pena que não possamos observá-la em condições normais devido à sua baixíssima densidade e fraca luminosidade. Apesar desses fatores negativos, a coroa é, com toda certeza, a camada mais espetacular do Sol. Sua extensão é enorme e chega a abarcar a órbita de Mercúrio, diluindo-se gradativamente no meio interplanetário.

Dez milhões de vezes mais diáfana que a fotosfera (sua luminosidade diminui à medida que um observador de afasta do Sol), a coroa pode ser observada através de um instrumento chamado coronógrafo. Os gases de que é formada emitem enorme quantidade de energia, desde a radiação ultravioleta até os raios X.

Embora se trate da zona mais externa da atmosfera solar, a coroa apresenta temperatura incrivelmente alta, bem superior à da cromosfera, a camada que a precede. A diferença é de fato surpreendente: 10.000 graus para a cromosfera e cerca de 2 milhões de graus para a coroa. Como explicar tal fenômeno realmente intrigante e que até hoje se revela um verdadeiro quebra-cabeça para os cientistas? Uma resposta possível, mas apenas especulativa, é que as fantásticas temperaturas da coroa parecem representar o alto nível de agitação térmica (energia e velocidade) das partículas que a compõem.

Apesar dessa temperatura ser assombrosamente elevada, assim como a energia de suas partículas, a densidade destas é bastante baixa. Tão baixa que a quantidade total de energia contida na coroa, e por ela emitida, é praticamente desprezível. Para se ter uma ideia, basta lembrarmos que a intensidade de luz branca (visível) da coroa é cerca de 1 milhão de vezes menor que a da fotosfera.

O aspecto da coroa pode variar de forma significativa, dependendo do estado de "humor" da nossa estrela. Na verdade, a configuração coronal muda

CAPÍTULO UM: ESTRELA SOLITÁRIA

quase que diariamente. Quando o Sol está *calmo*, a coroa apresenta, em geral, uma forma assimétrica, quase elíptica, visivelmente achatada nos polos e expandida no sentido do equador. É aí que são observados os chamados jatos coronais, que se prolongam radialmente e que partem da região inferior da coroa. Nos períodos de máxima atividade solar, a coroa apresenta uma forma mais destacada e quase simétrica ao redor de todo o disco do Sol. A rigor, tal simetria é apenas aparente. Na década de 1970, fotografias da coroa solar, obtidas através do ultravioleta e raios X, confirmaram a presença de áreas menos luminosas, os chamados buracos coronais. Trata-se de regiões menos brilhantes, relativamente frias e menos extensas, e que lembram um tecido dilacerado. Tais buracos estão associados a campos magnéticos com a mesma polaridade e formam espécies de "corredores" onde se origina o vento solar. Outra particularidade interessante dos buracos coronais é que eles não obedecem à rotação diferencial do Sol. Ao contrário, giram com a mesma velocidade em todas as latitudes. A extensão dessas áreas escuras parece estar estreitamente ligada ao tradicional ciclo de 11 anos. Ela é máxima durante o mínimo de atividade solar, e mínima por ocasião do pico de atividade do astro.

Uma outra estrutura coronal interessante são os pontos brilhantes, formados por núcleos luminosos que atingem 5.000 km de diâmetro. Sua duração é curta, de apenas umas poucas horas. Tais pontos luminosos são permeados por campos magnéticos de intensidade moderada e distribuídos de maneira uniforme ao longo de todo o disco. Existem também os chamados laços ou penachos, que alcançam alturas consideráveis — 100.000 km. Essas estruturas apresentam formas de arcos, que se elevam claramente sobre a fotosfera e que, em geral, estão associados às explosões.

Telescópios a bordo de sondas espaciais revelaram que a coroa abriga as maiores erupções do Sol. São as chamadas ejeções de massa coronal (CMEs, na sigla em inglês). Uma CME é uma gigantesca bolha de plasma — elétrons, íons e campos magnéticos — disparada pelo Sol. Uma única dessas bolhas pode conter mais de 10 bilhões de toneladas de matéria, deslocando-se a uma velocidade de 9,7 milhões de quilômetros por hora. Durante os períodos de máxima atividade da nossa estrela, três ou quatro dessas bolhas costumam aparecer num único dia. O mecanismo por trás das CMEs ainda permanece desconhecido. Ao que tudo indica, elas estão associadas aos *flares* e às protuberâncias solares, duas outras formas de explosões.

A HISTÓRIA DO SISTEMA SOLAR PARA QUEM TEM PRESSA

Quando uma dessas fantásticas bolhas passa pelas imediações da Terra, pode excitar os átomos da nossa atmosfera e produzir tempestades que resultam em brilhantes auroras polares. Esses vendavais originados do Sol são igualmente os responsáveis pelos danos causados nos nossos satélites e nas linhas de transmissão de energia elétrica, na superfície do planeta.

Há alguns anos, veio a se confirmar uma antiga suspeita: com o passar do tempo, o Sol está evaporando. Na verdade, ele não nos envia apenas a sua luz e o seu calor, mas também "sopra". A existência de um fluxo de partículas supersônicas, continuamente emanado da nossa estrela, ficou confirmada a partir da década de 1960, com o advento das sondas espaciais. Tal torrente de partículas, composta basicamente de prótons, elétrons e núcleos de hélio, recebeu o nome de vento solar e varre praticamente todo o sistema planetário. Sua densidade é muito baixa e decresce à medida que se expande. Ao nível da órbita terrestre, são cerca de uma dezena de partículas por centímetro cúbico. Nas proximidades de Júpiter, por exemplo, tal proporção é 10 vezes menor. A velocidade dessas partículas, no entanto, não é desprezível: 300 a 400 km/s.

Nesse seu sopro, o Sol perde, a cada segundo, 1 milhão de toneladas de hidrogênio. Algo irrisório, pois certamente seriam necessários bilhões de anos para que, nesse ritmo, nossa estrela viesse a dispersar toda a sua massa. O fato nos autoriza a afirmar, portanto, que o Sol perde consideravelmente mais massa na dispersão da sua energia luminosa.

Até onde alcança o vento solar? Quais os limites da "esfera de influência" do Sol? Estimativas mais recentes consideram que a mesma se estende bem além da órbita de Plutão, nos confins do Sistema Solar. Claro que o vento solar não poderia se estender infinitamente pelo espaço. Em algum momento, suas partículas acabam colidindo com as partículas do meio interestelar, mesmo considerando-se que estas últimas sejam extremamente tênues. A zona onde o vento solar desaparece é chamada heliopausa, situada, segundo dados enviados pelas Voyager 1 e 2, entre 11 e 13 bilhões de quilômetros da sua fonte.

Em 6 de outubro de 1990, a NASA e a ESA enviaram para o espaço a sonda automática Ulysses. A missão de prospecção solar desta nave espacial — de cerca de 370 kg — foi a de estudar, de todos os ângulos possíveis, a heliosfera, a enorme bolha criada pelos ventos solares. Ao longo de uma viagem de 8,6 bilhões de quilômetros (até o gradativo esgotamento de suas baterias), a Ulysses pesquisou a nossa estrela, desde seu equador até os polos. Durante cerca de 17 anos, obteve uma enorme quantidade de dados sobre a

CAPÍTULO UM: ESTRELA SOLITÁRIA 27

estrutura global do Sol e do meio ambiente ocupado pela sua atmosfera e dominado pelo fluxo do vento solar. As descobertas foram superinteressantes.

Uma delas: a composição no espaço interplanetário contém uma mistura de gás e poeira, sendo que o gás é formado, em sua maioria, de hidrogênio e hélio, com 0,06% de elementos pesados, tais como o oxigênio, o carbono, o neônio, o nitrogênio... Esse gás se espalha por todo o Sistema Solar. Outra descoberta da Ulysses foi a revelação de que o campo magnético que surge dos polos da nossa estrela é muito mais frágil do que se achava. E que existe uma reversão de polaridade magnética — um processo, no caso, bastante complexo — que se processa em um período de alguns meses. A Ulysses sobrevoou o polo sul solar em fevereiro de 2008 (era a terceira vez que fazia isto) e constatou que nas fronteiras de ação do vento solar é criada uma onda de choque, cujas partículas ganham carga elétrica e são responsáveis pelas tempestades magnéticas e auroras que são vistas nas vizinhanças da Terra.

Embora a nossa estrela continuasse a ser — meio século após o início da era espacial — o único reino ainda não visitado do Sistema Solar, a NASA acabou aceitando um desafio: o lançamento de uma ousada missão que, segundo os responsáveis, deverá "tocar" o Sol a uma distância de apenas 6 milhões de quilômetros. Depois de alguns adiamentos, o robô automático Solar Parker partiu rumo à nossa estrela em agosto de 2018. O objetivo principal será o estudo mais acurado de sua atmosfera (será o primeiro equipamento humano a voar no interior da coroa solar), além das possíveis respostas a questões que há décadas ainda intrigam os cientistas. A coleta de imagens e medições inovadoras poderão ampliar enormemente, segundo eles, o nosso conhecimento sobre a coroa e o vento solar. Algumas questões antigas, de fato, estarão em jogo, como a resposta para um enigma: por que a coroa — a atmosfera externa do Sol — é mais quente que a superfície e quais os mecanismos responsáveis pela energização de partículas lançadas em alta velocidade através do espaço. A fim de resistir ao calor — temperaturas de aproximadamente 1.400 graus — e à intensa radiação nas proximidades do Sol, a nova sonda foi equipada com escudo térmico, além de uma blindagem especial e inédita na história da exploração do espaço. A missão da Solar Parker prevê um total de 25 órbitas ao redor do Sol, pelo qual passará a velocidades de cerca de 720.000 km/h nas maiores aproximações. É bem possível que o intrépido engenho nos ajude a caracterizar e predizer as condições cambiantes da radiação em ambientes onde os futuros exploradores espaciais irão trabalhar.

* * *

À medida que envelhece, o Sol vai acumulando, em seu centro, um núcleo inerte, contendo certos elementos. Esse núcleo é envolvido por uma camada onde se processa a "queima" do hélio, formando, assim, carbono e oxigênio. Essa camada, por sua vez, é rodeada por outra, onde os núcleos de hidrogênio se fundem para formar núcleos de hélio. O núcleo, então, vai se tornando cada vez maior e essas camadas vão se afastando do centro da estrela. Chegará um tempo em que o combustível para a fusão nuclear vai acabar. Aí, consequentemente, as camadas mais superficiais serão lançadas para o espaço. Essa matéria expelida entrará possivelmente na formação de uma próxima geração de estrelas.

SOL

Diâmetro	1.392.530 km
Massa (330.000 massas terrestres)	$1,99 \times 10^{30}$ kg
Densidade média (1/4 da terrestre)	$1,41$ g/cm³
Temperatura interior (centro)	15.000.000°C
Temperatura da superfície (fotosfera)	5.800°C
Rotação (equador)	27 dias
Composição química (camadas externas)	hidrogênio 71%
	hélio 27%
	outros gases 2%
Composição química (núcleo)	hélio 73%
	hidrogênio 35%
	outros gases 2%

CAPÍTULO DOIS

Planeta de Ferro

Na Antiguidade, acreditavam que se tratava de um astro quando surgia na aurora, e de um outro quando aparecia em meio ao pôr do sol. Ao primeiro, os gregos batizaram de Apolo, a divindade da luz, das artes e das profecias. O segundo foi reconhecido como outro filho de Zeus e o identificaram com Hermes, o mensageiro do Olimpo e deus das comunicações e dos comerciantes. A partir do ano 495 da era cristã, quando seu culto foi introduzido em Roma, ele passou a ser conhecido como Mercúrio. Desde então esse nome sempre esteve associado ao pequenino e esquivo planeta, quando finalmente se chegou à conclusão de que se tratava de um único corpo celeste. Observado desde o Antigo Egito, esse pequeno planeta só teve definida a posição de sua órbita muitos séculos mais tarde. O autor da façanha foi Nicolau Copérnico, o ilustre matemático que, segundo a lenda, sempre carregou a frustração de jamais ter visualizado o esquivo vizinho do Sol.

Mercúrio é um mundo de dimensões bem modestas, o menor dos que giram próximo ao Sol, mas que, apesar disto, apresenta impressionantes contrastes. Na superfície, um verdadeiro braseiro; nas crateras polares, ao contrário, existem geleiras eternas. Seu diâmetro, pouco mais de 4.800 km, é quase três vezes menor que o terrestre. Ganimedes e Titã — respectivamente satélites de Júpiter e Saturno — são maiores do que o pequenino Mercúrio.

Seu ligeiro bailado ao redor do Sol se dá a uma velocidade que está longe de ser uniforme. Ela varia de maneira significativa, dependendo do ponto em que Mercúrio se encontra em sua órbita. No periélio, quando da maior aproximação do Sol, sua velocidade orbital é de 57 km/s; no afélio, no maior afastamento, diminui para 39 km/s. Tal diferença está de acordo com a Segunda Lei de Kepler e deve-se ao fato de os planetas acelerarem quando

A HISTÓRIA DO SISTEMA SOLAR PARA QUEM TEM PRESSA

se aproximam do astro rei, e de se tornarem mais lentos quando dele se afastam. Aliás, essa lei também é válida para os asteroides, os cometas e os satélites.

A exemplo dos outros planetas, a órbita mercuriana é elíptica e, no caso em particular, bastante excêntrica. No periélio, Mercúrio se afasta meros 46 milhões de quilômetros do Sol; no afélio, alcança 70 milhões. Trata-se, portanto, juntamente com o longínquo e injustiçado Plutão, da órbita mais excêntrica do Sistema Solar, excetuando-se, é claro, os asteroides, cujas órbitas podem ser ainda mais irregulares.

Uma volta de Mercúrio ao redor do Sol leva 88 dias terrestres, e seu giro sobre si mesmo é feito em cerca de 59 dias. Em outras palavras, no tempo necessário para completar uma órbita, dá uma volta e meia sobre o próprio eixo. Devido a esse lento movimento, um dia solar em Mercúrio (intervalo entre o amanhecer e o crepúsculo) equivale a 176 dias terrestres. O mais longo, portanto, de todo o Sistema Solar. No passado, ele deve ter girado bem mais depressa, mas as forças de maré (atrito) exercidas pelo Sol desaceleraram o planeta, reduzindo consideravelmente suas velocidades de translação e rotação. Essa forte atração gravitacional também é responsável por outro efeito: faz com que a superfície de Mercúrio sofra significativa deformação, ou seja, tende sempre a intumescer quando voltada diretamente para o Sol.

O movimento de translação dos planetas apresenta anomalias, é verdade. Em 1845, o astrônomo e matemático francês Urbain le Verrier, ao examinar as perturbações orbitais de Mercúrio, observou um inexplicável avanço do seu periélio: 43 segundos de arco por século. Uma diferença pequena, sem dúvida, que apenas significava o diâmetro da Lua cheia, em quatro séculos. O fato, entretanto, intrigou Le Verrier e o levou a admitir que tal desvio podia ser causado por um pequeno planeta a girar entre Mercúrio e o Sol. O hipotético astro chegou a ser batizado: Vulcano, o deus do fogo. A busca levou várias décadas, e alguns astrônomos chegaram a anunciar sua descoberta. Até hoje, no entanto, o misterioso planeta jamais foi encontrado.

Anos mais tarde, o físico alemão Albert Einstein viria fornecer a resposta às perturbações orbitais de Mercúrio. Por meio da sua Teoria Geral da Relatividade, demonstrou que o periélio de qualquer corpo em translação deveria ter um movimento para além do previsto na Lei da Gravitação de Newton. Na época, os cálculos aplicados levaram a uma descoberta: os planetas mais afastados do Sol que Mercúrio também deveriam apresentar um desvio do periélio, embora progressivamente menor. Atualmente, sabemos que o periélio de Vênus, por exemplo, avança cerca de oito segundos de arco a cada século.

Um mundo desolado e inóspito. A superfície de Mercúrio está crivada de crateras de impacto até a saturação.

A distância entre Mercúrio e a Terra varia de maneira considerável. Por se tratar de um planeta interno, Mercúrio ora se coloca entre nós e o Sol, ora do outro lado do astro rei. No primeiro caso (conjunção inferior), sua distância da Terra atinge meros 80 milhões de quilômetros. Infelizmente não podemos observá-lo em tais ocasiões, pois nessa posição Mercúrio nos apresenta justamente seu lado não iluminado. No segundo caso (conjunção superior), seu afastamento de nós chega a 220 milhões de quilômetros; embora pequenino, podemos identificá-lo com relativa facilidade, uma vez que se encontra iluminado de frente.

O plano orbital de Mercúrio está inclinado 7 graus em relação à eclíptica (plano da órbita da Terra). O resultado dessa inclinação é que raramente podemos vê-lo atravessar o disco do Sol. São os chamados trânsitos, que ocorrem, em média, 14 vezes a cada século (os últimos trânsitos mercurianos aconteceram em 9 de maio de 2016 e em 11 de novembro de 2019. Os próximos dois serão registrados em 13 de novembro de 2032 e em 7 de novembro de 2039). Se Mercúrio e a Terra estivessem num mesmo plano orbital, veríamos nosso vizinho cruzar o disco solar (durante cada conjunção inferior), em média, três vezes por ano.* Somente no século 17, realizou-se a primeira observação direta, mais precisamente na manhã de 7 de novembro de 1631. O astrônomo francês Pierre Gassendi nunca escondeu o orgulho de ter sido o primeiro mortal a testemunhar um trânsito de Mercúrio.

Mercúrio, é claro, não possui luz própria. Trata-se de um globo opaco e que brilha graças à luz que recebe do Sol. Seu albedo (relação entre a luz recebida e a luz refletida) é pequeno, pois o minúsculo astro devolve para o espaço só 12% da luz que recebe da nossa estrela. Ainda por se tratar de um planeta de órbita interna, Mercúrio apresenta fases similares às da Lua, embora imperceptíveis a olho nu.

A partir de 1612, portanto dois anos depois de ter descoberto as fases de Vênus, Galileu Galilei passou a observar Mercúrio de forma sistemática. De acordo com algumas de suas anotações, podemos concluir que o sábio italiano acreditava que Mercúrio também apresentava fases. Segundo ele, tudo dependia do ângulo em que fosse possível observá-las. Sua tosca luneta, no entanto, não lhe permitiu tal façanha.

As observações de Mercúrio, através de telescópios, estão limitadas a algumas tardes e manhãs a cada ano. O fato se explica: seu afastamento do Sol é de apenas 28 graus, razão pela qual só podemos vê-lo sempre muito próximo à linha do horizonte. Suas melhores aparições se verificam durante o crepúsculo, mas geralmente seu disco se apresenta obscurecido por névoa e vapores do horizonte. Curiosamente ele é mais luminoso e mais fácil de ser observado nas suas fases minguantes. Mesmo observado através de um potente telescópio, Mercúrio é uma grande decepção: da sua superfície, percebemos apenas algumas manchas escuras e mal definidas. Mercúrio e Marte, aliás, são os únicos planetas cujas superfícies podem ser visualizadas com telescópios.

Planeta Anão, Núcleo Gigante

Mercúrio é o mais maciço dos planetas terrestres, ou seja, daqueles de estrutura semelhante ao nosso. Durante muito tempo, ficou difícil calcular sua massa, uma vez que o pequenino astro não possui satélites. Atualmente, sabemos que ele possui 20% da massa terrestre e que sua densidade média é de 5,43 g/cm^3.

---

* Antes da invenção da luneta, não há registro oficial de nenhum trânsito de Mercúrio.

CAPÍTULO DOIS: PLANETA DE FERRO   33

Por sinal, bastante alta, o que sugere a existência por lá de uma abundância de elementos pesados. Em particular, o ferro e o níquel, embora o primeiro não tenha sido detectado na superfície. De qualquer forma, Mercúrio é seguramente mais rico em ferro que qualquer outro planeta da família do Sol. Cerca de 70% da sua massa parecem concentrados num enorme núcleo ferroso, que ocupa 3/4 do seu diâmetro, ou o equivalente a 1.800 km de raio. Segundo pesquisas mais recentes, esse núcleo encontra-se fundido e cercado por um manto com 500 a 700 km de espessura, constituído de silicatos. Tal material estaria contido nos 30% restantes de sua massa. Dados transmitidos pela sonda Mariner 10, ainda nos anos 70, nos autorizavam a aceitar que, a exemplo de alguns meteoros, Mercúrio seria de fato formado por uma mistura homogênea daqueles dois elementos.

Mercúrio também possui um campo magnético — um dos menores do Sistema Solar — com apenas 4.800 km de diâmetro. Sua descoberta, aliás, constitui-se numa indisfarçável surpresa para os geólogos planetários, pois esperava-se que a rotação do planeta fosse demasiado lenta para gerar qualquer efeito significativo. Surpresas à parte, ficou igualmente claro que tal campo magnético é semelhante ao terrestre, embora a intensidade seja bem modesta: 100 vezes menos intensa que a nossa. Acredita-se agora que o material metálico e fundido, que certamente compõe o núcleo mercuriano, comporta-se como um gigantesco dínamo. Algo semelhante ao da Terra, e igualmente responsável pela presença de uma magnetosfera a rodear e proteger Mercúrio da intensa radiação solar. Uma proteção, verdade seja dita, bastante precária se considerarmos sua perigosa proximidade do Sol.

A existência de um campo magnético em Mercúrio foi confirmada pela Mariner 10, em março de 1975. Um núcleo semelhante também deve existir em Vênus e em Marte. Isto se admitirmos que, no início de sua formação, esses corpos celestes tenham realmente passado pelo estado líquido, antes de esfriarem e se solidificarem. Neste caso então, o ferro, por ser mais denso, certamente ficou acumulado nas camadas inferiores.

Dado seu modesto tamanho, a atração gravitacional em Mercúrio não é grande. Um objeto atirado do planeta, com velocidade superior a 4 km/s, jamais retornaria à superfície (aqui na Terra, a chamada *velocidade de escape* — velocidade necessária para que qualquer objeto escape à ação de um campo gravitacional — é de 11 km/s). Assim, fica fácil para qualquer partícula — moléculas ou átomos — escapar daquele diminuto mundo. Eis por que, se alguma vez Mercúrio chegou a possuir algum tipo de atmosfera, esta não pôde ser retida por muito tempo. É bem verdade que a Mariner 10 revelou a existência de pequena quantidade de hélio a envolver o planeta, além de porções mínimas de sódio e traços ainda mais leves de oxigênio, hidrogênio e potássio. A origem desses gases, naquela atmosfera extremamente rarefeita, até hoje não foi esclarecida. Em particular, do hélio, um elemento extremamente leve. No caso, há duas hipóteses: resíduos provenientes da decantação de elementos radiativos — urânio e tório, possivelmente — presentes, quem sabe, nas rochas mercurianas, ou átomos capturados do intenso fluxo de radiação proveniente do Sol. A distância entre um planeta e o Sol determina o fluxo de radiação incidente sobre a superfície planetária. Mercúrio, por exemplo, é um astro evidentemente muito fustigado pelo fluxo de partículas de alta energia oriundo da nossa estrela. Quando no periélio, por exemplo, o planeta recebe 10 vezes mais energia por unidade de área que a Lua. Dada sua vizinhança do Sol e a enorme excentricidade orbital,* as temperaturas de Mercúrio são incrivelmente contrastantes. Há ocasiões em que o planeta se transforma numa verdadeira fornalha. Ao meio-dia, na altura do equador, a temperatura pode alcançar 430 graus. Em compensação, as noites por lá são incrivelmente gélidas, ocasião em que os termômetros despencam para os 170 graus negativos. Em Mercúrio, a amplitude térmica (diferença entre a temperatura mais alta e a mais baixa) chega a 600 graus! Nenhum outro corpo do Sistema Solar se encontra submetido a uma tão fantástica variação de temperatura.

MARINER 10

No dia 3 de novembro de 1973, do Cabo Canaveral, na Flórida, foi lançada pela NASA a sonda automática Mariner 10. Era o sétimo lançamento bem-sucedido da série de espaçonaves de mesmo nome. Naquela data, inaugurava-se uma nova etapa na história da exploração do espaço. O robô pesava cerca de meia tonelada e estava equipado com instrumentos destinados a realizar, pela primeira vez, uma série de pesquisas sobre Mercúrio e o agressivo

---

* Medida que representa o afastamento da órbita circular (excentricidade zero). Uma órbita perfeitamente circular tem uma medida de raio igual em qualquer ponto de sua circunferência. Números maiores que zero indicam três tipos de órbitas: elípticas, parabólicas e hiperbólicas.

CAPÍTULO DOIS: PLANETA DE FERRO 35

meio interplanetário nas vizinhanças do Sol. Sua missão, na época, foi considerada um verdadeiro desafio, e seu êxito encarado com reservas até mesmo entre os responsáveis diretos pelo projeto.

Utilizando o campo gravitacional de Vênus — técnica até então jamais empregada —, a Mariner 10 estava programada para "varrer" Mercúrio três vezes consecutivas. O primeiro sobrevoo foi em março de 1974, a uma distância de 232.000 km da superfície. Era a primeira vez que um artefato fabricado pelo homem mergulhava num ambiente interplanetário tão inóspito e infernal.

Dentre as experiências científicas realizadas no tórrido planeta, duas mereceram destaque especial: a transmissão direta de imagens daquela superfície e a medição precisa de suas emissões em infravermelho. Havia ainda uma outra expectativa, ou seja, a possível identificação de algum tipo de atmosfera em Mercúrio, caso existisse, é claro. Até a época, não havia qualquer ideia precisa a respeito.

O pessoal da NASA havia planejado a trajetória da sonda no sentido de sua máxima aproximação do lado não iluminado de Mercúrio. Isto, logo a partir do primeiro sobrevoo. A apreensão dos técnicos e cientistas só começou a se dissipar quando surgiram, nos monitores, as primeiras imagens do planeta. Essas tomadas, de razoável qualidade, revelaram imediatamente um mundo muito estranho e de aspecto desolador. As imagens da topografia de Mercúrio levaram a uma comparação óbvia: sua superfície, crivada de crateras, era espantosamente semelhante à do lado oculto da Lua.

No segundo encontro, em setembro de 1974, a Mariner 10 efetuou um voo rasante sobre o polo sul de Mercúrio; na ocasião, o lado iluminado pelo Sol. As fotografias dessa região foram ainda de melhor qualidade e maior resolução. Mas somente durante a terceira investida, em março de 1975, a menos de 400 km de altitude, é que se registraram as tomadas mais espetaculares do planeta. Ao todo, foram cerca de 6.000 fotos, que nos revelaram 45% da superfície mercuriana. Imagens que definiriam tudo o que até então se conhecia sobre aquele mundo esburacado, desértico e incrivelmente árido.

No dia 24 de março de 1975, uma semana depois da aproximação final, a Mariner 10 já não tinha combustível. Como sua órbita não podia mais ser controlada desde a Terra, o robô silenciou. Continua, quem sabe, orbitando o Sol, passando sempre pela vizinhança do planeta a intervalos de alguns meses.

O Centro de Astrogeologia, do Serviço Geológico Norte-americano, foi o encarregado da cartografia de Mercúrio. A partir da Mariner 10, os cientistas

36   A HISTÓRIA DO SISTEMA SOLAR PARA QUEM TEM PRESSA

resolveram batizar os principais acidentes topográficos do planeta e, para isso, não faltou imaginação. Às crateras maiores foram dados nomes de celebridades do mundo da literatura e das artes, como Homero, Cervantes, Renoir, Bach... Aos vales mercurianos foram atribuídos nomes dos maiores radiotelescópios terrestres: Arecibo e Goldstone, por exemplo. Os montes escarpados foram contemplados com nomes de navios famosos. Nessa curiosa nomenclatura, havia uma exceção, e esta ficou por conta das cadeias montanhosas, cujas denominações não obedeceram a qualquer regra. Mas as planícies, por exemplo, receberam o nome do planeta Mercúrio em diferentes línguas ou dialetos. As únicas exceções foram Borealis Planitia e Caloris Planitia.

Sósia da Lua?

A imediata impressão e a mais óbvia, extraída das imagens da Mariner 10, foi que Mercúrio é um astro bastante parecido com a Lua. No entanto, atualmente sabemos que essa semelhança é apenas aparente. As análises e interpretações das observações telescópicas — e de radar — já traziam a suspeita de consideráveis diferenças entre os dois astros. Sobretudo devido às suas respectivas e peculiares condições físicas e dinâmicas. O fato, entretanto, não impediu que, na época, alguns cientistas se referissem a Mercúrio como um paradoxo planetário, "uma mini-Terra vestida de Lua". É que o pequenino planeta realmente apresenta um interior semelhante ao terrestre e uma superfície bem parecida com a do nosso satélite.

Havia outro dado que reforçava a ideia de analogia entre ambos: o solo de Mercúrio seria igualmente constituído de material poeirento, um verdadeiro manto formado por resíduos microscopicamente fragmentados. Algo parecido com o regolito lunar, aquela poeira fina, cor de grafite, que recobre o solo da Lua. Nos dois casos, trata-se de resíduos provenientes da fragmentação das rochas superficiais, submetidas, tanto no satélite como em Mercúrio, à ação destrutiva do incessante bombardeio meteorítico.

Ficou confirmada a presença de um sem-número de crateras de impacto, de tudo quanto é tamanho. O fato atesta que, nos primeiros milhões de anos de sua formação, o corpo celeste também foi alvo de extrema violência. A exemplo da nomenclatura lunar, as maiores crateras mercurianas recebem o nome de bacias. Lá, um desses exemplares mais fantásticos mede 1.500 km de diâmetro, ou seja, quase um terço do diâmetro do planeta — a bacia gigante de Caloris

CAPÍTULO DOIS: PLANETA DE FERRO 37

Planitia. Em janeiro de 2008, a espaçonave Messenger, da NASA, transmitiu inúmeras imagens da colossal cratera. Revelou detalhes de seu interior, antes não evidenciados pela Mariner 10. Dentro dessa imensa bacia encontra-se uma estrutura que os cientistas passaram a chamar de "aranha" — formada por valas que se estendem para fora da cratera e provavelmente marcam as áreas onde aquele solo se fraturou após a sua formação. Ao que tudo indica, a origem deveu-se a um violentíssimo impacto de algum asteroide, cujas dimensões não poderiam ter sido inferiores a dezenas de quilômetros. No seu interior, formou-se uma vasta planície circular, cercada de inúmeros anéis montanhosos, que atingem até 2.000 metros de altura. Sua superfície, bastante plana e polida, é o resultado provável de um gigantesco derramamento de lava. Esse material magmático, oriundo do subsolo, parece ter sido expelido através das rachaduras na crosta de Mercúrio. Sua designação — planície do calor — justifica-se, uma vez que tal acidente geográfico está sempre orientado para o Sol, quando o planeta se encontra no periélio. Caloris Planitia é o lugar mais quente de Mercúrio e certamente de todo o Sistema Solar.

A primeira cratera identificada pela Mariner 10 foi uma depressão circular, brilhante, estranhamente localizada na área mais reluzente de toda aquela superfície escura e castigada. Seu nome — Kuiper — veio a ser uma homenagem ao astrônomo americano, de origem holandesa, Gerard Kuiper, falecido em 1973, e um dos mais entusiasmados idealizadores daquela missão espacial. Essa cratera mede 40 km de diâmetro, apresenta um sistema de raias muito brilhantes e se encontra sobreposta às bordas de outra formação idêntica, embora bem maior, denominada Musaraki. Ambas apresentam uma espécie de pico central, um acidente bastante típico, presente nas maiores crateras de Mercúrio. Esses picos são o resultado do retorno e da solidificação do material que emergiu do fundo dessas crateras, por ocasião dos violentos choques meteoríticos. Em alguns casos, tais estruturas constituem cadeias de montanhas circulares, que se estendem, concentricamente, até as bordas das crateras.

Apesar do paralelo com sua congênere lunar, a superfície de Mercúrio apresenta, entre uma cratera e outra, áreas mais planas e bem mais lisas. A explicação parece simples: a gravidade em Mercúrio é maior (o dobro) que em nosso satélite, e os detritos resultantes dos choques de asteroides — e de possíveis núcleos de cometas — espalham-se menos lá do que na Lua. Outra diferença: nos planaltos lunares, as crateras se encontram bem mais agrupadas e muitas vezes sobrepostas umas às outras. Admite-se que a superfície do satélite deve ter passado por um desgaste maior, justamente como resultado da sobreposição de material expelido durante a formação de suas grandes bacias. A geografia de Mercúrio não apresenta apenas crateras, cadeias montanhosas, planícies ou vales. Encontra-se por lá outro tipo de acidente, certamente ainda mais antigo que as crateras: as escarpas, formadas por cristas e falhas, que se estendem por centenas de quilômetros. São seguramente o resultado da contração ou atrofia da crosta planetária, que deve ter se seguido ao esfriamento e contração do seu núcleo de ferro.

Teria ocorrido vulcanismo em Mercúrio? A existência das planícies — extensas regiões planas e pouco craterizadas — pode ser um indício de que, no passado, a exemplo do que ocorreu na Lua, o planeta de fato atravessou um intenso período de atividade vulcânica. Entre as revelações mais importantes da análise das imagens transmitidas pela Messenger está uma possível explicação para a origem da variedade topográfica de Mercúrio. Essa diversidade, por sinal, sempre causou enormes controvérsias entre os especialistas, particularmente depois da missão da Mariner 10. Os dados colhidos pela nave indicam que as falhas, crateras e outras formações geológicas, identificadas naquela superfície, teriam sido originadas, principalmente, pela atividade vulcânica, e não por causa de impactos, como antes se especulava. Na opinião dos especialistas, a nova missão deixou poucas dúvidas a respeito do fenômeno. A Messenger mapeou a superfície de Mercúrio por inteiro, aumentando a proporção inicial, que era de 45%. Um exemplo dos novos indícios de atividade vulcânica é uma bacia em forma de cratera, possivelmente inundada por material fluido ou, talvez, lava vulcânica.

Até o momento, o que se pode afirmar, com razoável segurança, é que em Mercúrio nunca existiu um movimento de placas tectônicas, responsável, como no caso da Terra, pela deriva dos continentes.

As imagens e os dados transmitidos pela Messenger — lançada em agosto de 2004 — confirmaram a escassez de ferro entre os minerais presentes na superfície mercuriana. Devido à altíssima densidade do planeta, os cientistas planetários estimam que esse material seja responsável por cerca de 60% de sua massa, e que seja encontrado com mais abundância na crosta e no manto (ainda assim, a fartura desse material é menor que a encontrada em outros planetas rochosos do Sistema Solar).

CAPÍTULO DOIS: PLANETA DE FERRO   39

Mercúrio é um planeta tão árido que, a princípio, dificilmente seria encontrado por lá qualquer vestígio de água. Entretanto, em agosto de 1991, o radiotelescópio de Goldstone, na Califórnia, detectou um estranho brilho nas imediações do polo norte do planeta. As surpreendentes imagens, captadas através do radar, apontavam para a possível existência de uma calota de gelo naquelas latitudes. A notícia causou sensação entre os cientistas e especialistas planetários. Gelo naquele mundo infernal, como seria possível? A inusitada descoberta, porém, veio a ser confirmada dois anos mais tarde: no fundo das crateras polares de Mercúrio — atingidas apenas obliquamente pelos raios do Sol —, existem de fato depósitos de gelo de água! Esse material, ao que tudo indica, encontra-se enterrado sob uma espécie de manto rochoso e muito fragmentado. Recentes tomadas de temperatura dos polos puderam justificar tal novidade: no fundo daquelas crateras, eternamente à sombra, os termômetros chegam a registrar 130 graus negativos. A existência de gelo em Mercúrio, um planeta tão próximo do Sol, foi apenas mais uma das surpresas que ultimamente vêm se multiplicando no seio da família do Sol.

Dados posteriores, enviados pela Messenger a partir de 2012, não deixaram de causar mais espanto a respeito desse planeta ainda repleto de mistérios: a indicação de que lá, naquele mundo árido, existe uma atmosfera — extremamente tênue, é verdade — formada de silicatos, sódio, enxofre e até íons de água. Constatou-se igualmente que os níveis de enxofre e potássio na superfície estavam bastante acima do esperado. Algo intrigante, sem dúvida, uma vez que se trata de elementos que vaporizam em temperaturas baixas e o calor em Mercúrio passa dos 400 graus durante o dia!

Novas informações sobre esse nosso vizinho do espaço ficaram por conta de duas outras aproximações daquela sonda automática — em outubro de 2008, e uma outra em setembro de 2009 — antes de sua definitiva entrada em órbita, em 2011. Durante aquele período, a Messenger voou a apenas 240 km do planeta e o mapeou por inteiro: um mundo realmente desolador e inóspito, recoberto por uma espessa camada de lava seca. Boa parte da superfície está riscada por grandes raios claros: são as esteiras de detritos certamente projetados por ocasião dos violentos choques de asteroides e núcleos cometários. A posterior análise das imagens — que mostravam rachaduras na superfície de até 25 km de profundidade — permitiu uma confirmação: as falhas e crateras observadas no solo de Mercúrio foram geradas por uma enorme quantidade de lava vulcânica.

A HISTÓRIA DO SISTEMA SOLAR PARA QUEM TEM PRESSA

No dia 30 de abril de 2015, depois de quatro anos sobrevoando Mercúrio, a Messenger, já sem combustível, encerrou sua missão. A queda já era planejada pelos técnicos e responsáveis, contudo, uma despedida que deixaria inegável tristeza entre eles. O pequeno robô espatifou-se sobre o solo mercuriano, formando certamente uma nova cratera, que ele não pôde fotografar.

MERCÚRIO

Distância (média) do Sol	58.000.000 km
Diâmetro	4.878 km
Massa (Terra = 1)	0,055
Volume (Terra = 1)	0,06
Inclinação do eixo	28°
Rotação	58 dias
Revolução	88 dias
Velocidade orbital	48 km/s
Temperatura (média) da superfície	350°C (dia)
	- 170°C (noite)
Número de satélites	0

CAPÍTULO TRÊS

BELEZA ENGANADORA

Depois da Lua, é o objeto mais brilhante do céu noturno e, por certo, o primeiro planeta a ser sistematicamente observado desde a Antiguidade. Qualquer um de nós já teve oportunidade de vê-lo, ou antes do nascer do Sol, no início da aurora ou, ainda, em pleno crepúsculo, ao cair da tarde. Alguns poetas chegaram a compará-lo a um diamante celeste, uma imagem perfeita para um astro que chega a brilhar 12 vezes mais que Sirius, a estrela mais cintilante do firmamento. No passado, muitos acreditavam que se tratava de dois astros distintos, um engano que atravessou séculos. Atualmente, graças às missões espaciais, Vênus guarda bem menos mistérios, boa parte deles recentemente desvendados pelas câmaras e pelo arsenal científico da sonda Magalhães. Entre 1990 e 1994, quase toda a superfície do planeta foi finalmente revelada aos humanos, assim como a confirmação de que a beleza de Vênus é apenas enganadora: a Estrela d'Alva está mais para o Inferno do que para o Paraíso.

Vênus é o planeta que mais se avizinha da Terra e, curiosamente, aquele que mais tempo levou para ser conhecido. Vinte séculos antes da era cristã, os babilônios já faziam referências ao brilhante astro em suas tabuinhas de argila. Os egípcios e os gregos realmente julgavam tratar-se de duas estrelas diferentes. Em antigos registros chineses também encontramos alusões equivocadas nesse sentido. Pitágoras, o filósofo e matemático grego, nascido em 540 a.C., parece ter sido um dos primeiros a constatar que se tratava de um único corpo celeste. Modernamente, o enigmático planeta ainda iria permanecer incógnito por muito tempo, numa espécie de desafio quanto à sua verdadeira natureza. Todo esse mistério, porém, tem uma explicação: Vênus permanece eternamente envolto numa fantástica e turbulenta couraça de nuvens, responsável, aliás, pelo seu brilho fulgurante.

A HISTÓRIA DO SISTEMA SOLAR PARA QUEM TEM PRESSA

Vênus é apenas um pouco menor que a Terra, e em termos de massa e volume equivale ao nosso mundo. Essa e outras características físicas fizeram com que os considerassem irmãos gêmeos. Sua distância média do Sol é de 108 milhões de quilômetros, e sua órbita ao redor da nossa estrela é quase circular. Sua inclinação em relação à eclíptica — cerca de 3,5 graus — faz com que sejam raros os anos em que Vênus atravessa diante do disco do Sol. As últimas passagens foram em 1874 e em 1882, e durante todo o século 20 isso não ocorreu uma única vez. Aqui da Terra, só foi possível vê-lo cruzar o disco solar nos anos de 2004 e 2012.

Um dos mistérios do Sistema Solar é a inexistência de uma lua a girar ao redor de Vênus. Por que Vênus não possui um satélite? Esse é mais um dos enigmas a envolver a família do Sol. Em outubro de 2006, por ocasião de um encontro promovido pela Sociedade Astronômica Americana, foi proposto um novo modelo. Segundo os cientistas, é possível que o nosso vizinho tenha tido uma lua, que foi destruída. Sugeriram ainda que Vênus teria sofrido dois impactos, e não apenas um, como se acreditou que ocorreu na formação de nosso satélite natural. O primeiro teria provocado o giro do planeta no sentido anti-horário e criado uma lua que começou a se afastar. No segundo impacto, Vênus teria voltado a girar no sentido horário, anulando os efeitos da primeira trombada. Tal reversão teria alterado as interações gravitacionais entre os dois astros, fazendo com que o satélite começasse a se mover em direção a Vênus e acabando por colidir contra ele. Ainda de acordo com este modelo, o segundo impacto também pode ter criado um novo satélite, mas, se isto realmente aconteceu, esse corpo satelitário deve ter sido varrido pela primeira vez por ocasião de seu mergulho em direção à morte.

A exemplo da Lua e de Mercúrio, e por se tratar de um planeta de órbita interna, Vênus também apresenta fases. Esse fenômeno foi mais bem e definitivamente demonstrado durante a missão da sonda americana Pioneer-Venus, em 1978. Mas a glória da sua descoberta coube a Galileu, em setembro de 1610, embora o sábio italiano o mantivesse em segredo por um longo tempo. Mais tarde, o anúncio oficial das fases de Vênus seria outro golpe fatal à teoria geocêntrica. No século 18 é que foi possível, pela primeira vez, entrever a existência de um manto atmosférico a envolver o planeta.

Vênus possui um albedo muito alto, pois devolve quase 70% da luz que recebe do Sol. Para se ter uma ideia do que significa isso, basta lembrar que a Lua, nosso brilhante satélite natural, reflete apenas 7% daquela radiação.

CAPÍTULO TRÊS: BELEZA ENGANADORA 43

Em Vênus, a velocidade de escape é quase a mesma da Terra: cerca de 10 km/s. Sua fantástica couraça de nuvens — de 350 km de espessura — faz com que a pressão atmosférica venusiana seja 90 vezes maior que a terrestre. Ou seja, caminhar por lá seria praticamente impossível. Por comparação, seria o mesmo que tentarmos nos movimentar a 1.000 metros no fundo do mar. Isso, sob temperaturas que, naquele planeta infernal, alcançam os 470 graus!

ENIGMAS E SURPRESAS

Além de misterioso e desafiador, Vênus sempre foi um planeta pra lá de polêmico. Diversos aspectos de sua natureza permaneceram praticamente desconhecidos durante três séculos de observações telescópicas. A impossibilidade da observação direta daquela superfície — sempre inacessível aos nossos instrumentos ópticos — gerou as mais variadas controvérsias. E, é claro, inúmeras especulações: o que realmente poderia estar escondido atrás daquelas nuvens eternas? Qual seria o período de rotação do planeta propriamente dito? A primeira tentativa de resposta a essa pergunta data de 1666, e foi dada por Jean-Dominique Cassini, o astrônomo dileto de Luís XVI. Famoso por ter descoberto quatro satélites de Saturno, Cassini sugeriu que Vênus pudesse girar em torno do seu eixo em apenas 23 horas e 15 minutos — um valor, portanto, muito próximo da rotação terrestre.

Até o início do século 19, ninguém arriscou estimativas muito diferentes. Em 1890, o astrônomo italiano Giovanni Schiaparelli chegava a uma conclusão inteiramente revolucionária: para ele, um incansável observador do céu, o período de rotação de Vênus seria de 225 dias terrestres. Para muitos astrônomos da época, um verdadeiro exagero. Mais tarde, porém, esse número foi ampliado. Hoje sabemos que a parte sólida do planeta leva 243 dias terrestres para girar uma única vez em torno de seu eixo. Em outras palavras: um único dia venusiano equivale a oito meses aqui na Terra!

Vênus nos reservou outra surpresa até há pouco tempo insuspeitada: a existência de um campo magnético. Muitíssimo fraco, é verdade, talvez devido à rotação extremamente lenta do planeta. O fato aponta no sentido da existência de um núcleo quente e fundido, possivelmente formado por elementos como o ferro e o níquel. Outra descoberta relativamente recente e desconcertante: Vênus gira ao contrário, ou seja, em sentido retrógrado.

44 A HISTÓRIA DO SISTEMA SOLAR PARA QUEM TEM PRESSA

É o único planeta do Sistema Solar com mais essa estranha particularidade.* Até hoje não foi encontrada uma explicação para tal enigma, tampouco por que a atmosfera de Vênus circula 60 vezes mais rápida que o próprio planeta. De maneira geral, as características físicas de Vênus realmente se assemelham às da Terra. Existe ainda uma suspeita de que possua uma estrutura interna semelhante, apenas com duas diferenças: o núcleo de Vênus parece proporcionalmente menor que o terrestre, algo em torno de 20% da massa total. Aliás, um núcleo tão modesto explica por que a densidade média é menor lá do que aqui. A outra diferença é que sua "casca", ou seja, sua crosta rochosa, é mais grossa que a nossa: cerca de 100 km de espessura.

Chuva Venenosa

Um dos aspectos mais impressionantes de Vênus é a composição de sua fantástica camada de nuvens, basicamente formada de dióxido de carbono (96%), de uma desprezível quantidade de nitrogênio (gás que nós mais respiramos), além de ínfima porção de vapor d'água, oxigênio e dióxido de enxofre. Tal invólucro denso e opaco, formado de gases venenosos e irrespiráveis, é o responsável direto pelas infernais temperaturas do planeta. Na Terra, a maior parte do dióxido de carbono está contida nas rochas calcárias, e é bem possível que, durante a fase inicial da evolução terrestre, nossa atmosfera se assemelhasse, grosso modo, ao atual manto gasoso de Vênus.

A camada mais alta das nuvens venusianas é composta de gotículas de ácido sulfúrico. Essas nuvens superiores, incrivelmente corrosivas, alcançam velocidades de até 360 km/h e varrem o planeta — na direção leste-oeste — em apenas quatro dias. Lá embaixo, bem mais próximo do solo e sob uma camada atmosférica de 17 km de espessura (baixa atmosfera), a luminosidade em pleno meio-dia venusiano é muito fraca. Em Vênus, com o Sol a pino na altura do equador, seria o equivalente a um dia nublado e sombrio aqui na Terra. Em outras palavras, um hipotético habitante de Vênus jamais veria o Sol durante toda a sua vida.

---

* Urano também gira em sentido contrário, de leste para oeste, mas por uma razão explicável: o planeta tem uma inclinação axial tão grande que se apresenta literalmente "deitado".

CAPÍTULO TRÊS: BELEZA ENGANADORA

Em 1990, a sonda espacial Galileo, na época a caminho de Júpiter, detectou uma série de relâmpagos na atmosfera de Vênus. Especulou-se que o fenômeno devia ser provocado por tempestades de nuvens formadas por cinzas de erupções vulcânicas. Seria possível? Por que o ambiente superficial de Vênus apresenta temperaturas tão incrivelmente altas? A explicação parece simples: a radiação solar que alcança o solo fica retida entre as camadas atmosféricas e retorna à superfície, sem se dispersar. Num planeta com pouca ou nenhuma atmosfera — Mercúrio —, todo o fluxo radiante proveniente do Sol é absorvido pela superfície e reemitido em forma de radiação infravermelha. Na existência de gases, estes absorvem parte dessa radiação emitida pelo solo, aumentando, assim, a temperatura média do planeta. No caso de Vênus, o principal responsável pelo efeito estufa é o dióxido de carbono, que permite a passagem da luz solar, mas impede o escape da radiação infravermelha. O processo é contínuo e transforma esse astro num verdadeiro inferno, mergulhado em temperaturas que derreteriam chumbo.

Nenhum dos robôs enviados a Vênus, russos ou americanos, conseguiu sobreviver mais que alguns minutos naquele braseiro. A exceção ficou por conta de um par de sondas enviadas pela ex-União Soviética, as naves Venera 9 e 10, que resistiram um pouco mais. As escassas informações sobre aquela ardente atmosfera foram transmitidas por ambas num intervalo muito curto, antes de suas "mortes" trágicas.

ROBÔS PIONEIROS

Depois dos vexames protagonizados pelas sondas Venera 1 (que se perdeu) e Mariner 1 (que acabou no fundo do Atlântico), o primeiro êxito de uma incursão a Vênus foi a histórica viagem da Mariner 2, lançada em agosto de 1962, durante a época mais intensa da corrida espacial. O robô, que levava a bordo seis instrumentos científicos, chegou a sobrevoar o planeta a uma altitude de apenas 35.000 km. Uma verdadeira façanha, sem dúvida, embora os cientistas e técnicos da NASA esperassem uma aproximação maior. Antes de se perder, no entanto, a Mariner 2 revelou muito mais do que até então se sabia sobre Vênus. Foram apenas três "varreduras" da alta atmosfera venusiana, num total de 35 minutos, tempo suficiente para surpreendentes revelações.

Antes da Mariner 2, existiam teorias bastante curiosas e imaginativas a respeito de Vênus. Especulava-se que, além de vastos desertos escaldantes, haveria por lá uma infinidade de lagos de metais em fusão. Mas não apenas isto. Vênus também seria um planeta coberto de água e salpicado de ilhas. Não faltavam sequer delírios mais ousados: se havia água, por que não algo mais? Por exemplo, um determinado tipo de vida... Alguns cientistas não descartavam a hipótese da existência de microorganismos naquele mundo.

A Mariner 2 veio desmistificar tudo isso, ao enviar informações detalhadas sobre a composição e a pressão atmosféricas, a temperatura da superfície e o sentido de rotação de Vênus. Além de uma revelação que deixou muita gente boquiaberta: o "dia" venusiano é realmente bem mais longo do que seu "ano".

Antes que silenciasse para sempre, a Mariner 2 enviou ainda centenas de outras informações sobre o planeta, "em palavras de pura poesia espacial, para acompanhar a música das esferas", lembrou um dos orgulhosos idealizadores.

Após seus tropeços iniciais, os russos não ficaram para trás. Em junho de 1967, foi lançada a Venera 4, a primeira sonda a mergulhar com sucesso na atmosfera de Vênus. Seus sensores químicos forneceram um amplo painel daquelas nuvens e confirmaram a elevada presença de dióxido de carbono. O mergulho da Venera 4 resultou numa aproximação de 22 km do solo venusiano, mas a temperatura e a incrível pressão atmosférica provocaram sua destruição prematura. As sondas Venera 5 e 6, antes de derreterem naquela fornalha, transmitiram à Terra inúmeros dados adicionais, que não puderam ser captados e enviados pelos engenhos anteriores.

As características do solo venusiano só foram reveladas através das Venera 7 e 8, que lá pousaram com absoluto sucesso, embora tenham sobrevivido por pouco tempo. A Venera 7 foi a primeira a pousar naquele solo abrasador — em 15 de dezembro de 1970 — e a medir in loco a temperatura ambiente: 470 graus!

Em 1974, foi a vez da Mariner 10 se aproximar de Vênus e a primeira a enviar imagens de TV do planeta. Seu destino era Vênus, mas a nave aproveitou o impulso gravitacional deste e rumou para Mercúrio. No caminho, suas telecâmeras transmitiram imagens inéditas e bem nítidas da alta atmosfera venusiana. A partir daí, revelou-se mais e melhor a complexa estrutura e circulação daquelas nuvens turbulentas e brilhantes.

Meses mais tarde, as sondas Venera 9 e 10, num intervalo de apenas quatro dias, pousaram suavemente no hemisfério iluminado de Vênus. Começava então uma nova fase de exploração do planeta. Depois vieram as Venera 11, 12, 13, 14, 15 e 16. Os americanos lançaram as sondas orbitais Pioneer-Venus 1 e 2, respectivamente em 1978 e 1979. A primeira delas se transformou

CAPÍTULO TRÊS: BELEZA ENGANADORA

numa espécie de satélite artificial de Vênus, ao girar ao redor do planeta a cada 24 horas. A Pioneer-Venus 2, por sua vez, estava equipada com quatro minissondas, todas com uma missão muito especial, ou seja, atravessar a atmosfera e chocar-se contra o solo. Graças a elas foram obtidos os primeiros mapas de boa parte da superfície daquele verdadeiro reino de Lúcifer.

RELEVO ESTRANHO

Antes da Pioneer-Venus 1, lançada em 1978, muito pouco se conhecia a respeito da verdadeira topografia de Vênus. Até aquela época, as imagens disponíveis, registradas nas telas de radar dos radiotelescópios, eram insuficientes para que se tivesse uma ideia mais precisa. As primeiras imagens de maior resolução chegaram justamente através do radar-altímetro da sonda e cobriram cerca de 80% da superfície.

Mais tarde, entre 1990 e 1993, a NASA iria completar a cartografia de Vênus durante a fantástica exploração da sonda Magalhães. Nada menos de 98% da superfície foram detalhadamente revelados por meio de imagens em alta resolução que praticamente desnudaram o planeta. A partir de então, como veremos, as surpresas iriam se multiplicar, pois ninguém poderia imaginar um mundo tão torturado e bizarro.

Em Vênus não há oceanos. Pudera, naquelas temperaturas! Mas existem por lá imensas planícies vulcânicas e onduladas, que formam 70% da superfície. Nessas regiões, encontram-se espalhadas algumas poucas depressões, além de três grandes maciços montanhosos. Os planaltos e as montanhas chegam a ocupar 10% da superfície total.

Embora formados numa mesma região do Sistema Solar, Vênus e Terra apresentam relevos bem diferentes. Nosso planeta, por exemplo, possui uma crosta relativamente delgada, dividida em seis partes principais e que deslizam umas em relação às outras, carregando consigo os continentes. São as chamadas placas tectônicas. Em Vênus não há nada disso. Trata-se de um planeta comparativamente bastante plano e compacto. Sua crosta superficial parece formada por uma única e grossa placa basáltica, de cerca de 20 km de espessura. A maior parte da superfície — cerca de 70% — não alcança mais de 1.000 metros acima ou abaixo do valor médio do raio do planeta (não podemos, evidentemente, falar de nível do mar em Vênus).

48 A HISTÓRIA DO SISTEMA SOLAR PARA QUEM TEM PRESSA

Nessas regiões de maior altitude é que se localizam os principais maciços montanhosos de Vênus: Terra de Ishtar (designação de Vênus, entre os assírios e babilônios) e Terra de Afrodite. O primeiro possui uma extensão semelhante à da Austrália e é menor que o segundo. Em Terra de Ishtar, um alto platô situado próximo ao polo norte, elevam-se as maiores montanhas do planeta. A principal delas, o Monte Maxwell, mede 11.000 metros de altura e é provavelmente o topo de um vulcão já extinto.

Terra de Afrodite tem as dimensões do continente africano e situa-se bem próximo ao equador. Trata-se de uma região bastante extensa — cerca de 10.000 km de comprimento por 3.200 km de largura — e muito mais acidentada que o altiplano setentrional. As montanhas de Terra de Afrodite são geralmente mais baixas, mas, em compensação, bem mais escarpadas. A parte oriental desemboca num amplo vale de 2.000 km de comprimento e 280 km de largura. Nessa região, localizam-se as maiores depressões do planeta — verdadeiros vales em forma de gigantescas fendas. Algumas dessas depressões alcançam cerca de 3.000 metros abaixo do nível de referência. Ao sul de Terra de Afrodite, as indiscretas câmeras da Magalhães nos revelaram a presença de um vulcão até então desconhecido. Sua caldeira apresenta uma forma espiralada, resultado talvez dos sucessivos desmoronamentos de suas bordas, e mede cerca de 370 km de diâmetro.

Será que num passado longínquo a crosta venusiana se deslocava? A existência de um bom número de falhas e fraturas parece apontar nessa direção. No entanto, os dados transmitidos pela Magalhães ainda não nos levam à certeza sobre uma tectônica de placas em Vênus. Alguns especialistas admitem que ela possa ter existido, mas num remoto passado geológico, há cerca de 1 bilhão de anos.

A superfície de Vênus apresenta ainda um bom número de crateras de impacto, mas em quantidade bem menor que em Mercúrio e Marte. A última recontagem da Magalhães aponta um total de 963 crateras distribuídas ao acaso. A exemplo do que aconteceu com aqueles planetas e seus satélites, Vênus também foi alvo de intenso bombardeio meteorítico, no início de sua formação. Mas, ao contrário do que ocorreu na Lua e em Mercúrio, a espessa atmosfera de Vênus talvez seja a responsável pela inexistência de crateras muito pequenas. É que os meteoritos menores certamente se desintegraram devido ao atrito com as nuvens densas e corrosivas. Os maiores, no entanto, provocaram grandes traumas e muitos estragos na superfície venusiana.

CAPÍTULO TRÊS: BELEZA ENGANADORA 49

A maioria das crateras em Vênus parece recente, e a dúvida permanece a respeito do destino final de suas congêneres mais antigas. Teriam sido riscadas do mapa devido a algum evento cataclísmico? Ou simplesmente apagadas por algum tipo de erosão? A questão é procedente, considerando-se que as crateras que restaram praticamente não sofreram mudanças estruturais.

Na parte ocidental de Terra de Ishtar, foi localizada uma enorme cratera medindo cerca de 200 km de diâmetro e 2.000 metros de profundidade. Fica numa região denominada Lakshmi Planum, e sua origem, ao que tudo indica, deveu-se a sucessivos afundamentos da crosta localizada abaixo das camadas de material vulcânico. Uma curiosidade: as crateras venusianas apresentam bordas acentuadamente arredondadas, como chocolate amolecido. Que processo de erosão teria sido responsável por esses perfis tão desgastados? A ação corrosiva da própria atmosfera? É uma hipótese razoável, que não deve ser descartada.

A oeste de Terra de Afrodite, numa região denominada Beta Regio, encontram-se Rhea Mons e Theia Mons, montanhas vulcânicas bastante escarpadas e que alcançam 4.000 metros. O material solidificado que as circunda certamente é oriundo do manto, uma camada abaixo da crosta superficial, e que mede cerca de 2.800 km de espessura. Seriam vulcões ativos? Nada ficou confirmado, embora existam indícios de que ambos ainda conservam algum tipo de atividade.

> *Milhares de imagens enviadas pela sonda Magalhães permitiram que Vênus se despisse de seu manto de nuvens. Com mais de 95% da superfície mapeada, o planeta mais próximo da Terra se revelou um mundo exótico e enigmático. Riscado por extensos canais e fraturas, coalhado de vulcões e meio submerso em imensos mares de lava solidificada, Vênus é a própria imagem de um apocalipse geológico.*

Os vulcões em Vênus se mantêm ativos ou já se encontram extintos? Levantamentos topográficos mais recentes levam a fortes suspeitas de que há vulcanismo ativo por lá. O fato, inclusive, parece confirmar a existência de uma insuspeitada atividade interna do planeta. As impressionantes imagens da Magalhães não só colocaram em evidência a incrível diversidade e complexidade daquele relevo, como a grande possibilidade de que alguns de seus vulcões não estejam mortos.

Lava a escorrer pela encosta de um vulcão da Terra? Nada disto. A imagem, de excelente resolução, é de uma das maiores montanhas vulcânicas descobertas em Vênus — o Maat Mons, de 8.000 metros de altura, localizado no hemisfério norte do planeta. Há fortes indícios de que esse vulcão venusiano se mantém em periódica atividade. No primeiro plano, pode-se identificar, com nitidez, o resultado do derramamento (recente?) de material magmático.

Pelo menos um vulcão em atividade existe em Vênus, o Maat Mons, com seus imponentes 8.000 metros de altura, localizado no hemisfério norte do planeta. Trata-se, portanto, de uma montanha tão alta quanto o nosso Everest e, ao que tudo indica, coberta por lava fresca, expelida, segundo especialistas em geologia interplanetária, na década de 2000. Fora da Terra só se conheciam, até então, dois vulcões ativos: em Io e em Tritão, respectivamente uma luazinha de Júpiter e o maior satélite de Netuno.

A época exata da atividade vulcânica em Vênus ainda é um mistério. Alguns cientistas planetários acreditam ter havido apenas um único e longo período de vulcanismo no planeta, há cerca de 800 milhões de anos. Outros apostam que tal atividade se mantém até hoje e que seja a responsável pelo contínuo rejuvenescimento daquela complexa superfície.

As imagens de radar mostraram que a crosta superficial se encontra distendida em algumas áreas e encolhida em outras. Em sua maioria, essas

CAPÍTULO TRÊS: BELEZA ENGANADORA 51

formações estão concentradas numa região próxima ao equador. Tais deformações seriam o resultado de alguma atividade tectônica? Ao que tudo indica, a litosfera (sua parte externa, consolidada) de Vênus sofreu um processo de dilatação ou compressão, ou mesmo ambos. Uma hipótese que, no entanto, apresenta certos problemas ainda sem solução: que mecanismo interno seria realmente o responsável por tais efeitos num planeta sólido como Vênus?

Haveria atividade sísmica em Vênus? A presença de terremotos poderia revelar quais estruturas geológicas são jovens, qual a velocidade de deformação da superfície e quão profundas são as falhas de Vênus — ajudando a entender sua geologia recente e aquilo que a produz, ou seja, a convecção do manto. Todas essas questões estão em aberto. Suas respostas, talvez, venham junto com as informações recebidas e analisadas pela Venus Express, lançada em novembro de 2005 pela ESA. Após uma viagem de 350 milhões de quilômetros pelo interior do Sistema Solar, esse robô já se encontra a girar ao redor de Vênus. Sua missão principal não é apenas o estudo daquela atmosfera turbulenta, mas a possível interação de seu intrincado sistema de nuvens com a superfície e se ainda existe qualquer atividade vulcânica por lá.

A partir das imagens da sonda Magalhães, pode-se concluir que o envoltório de Vênus circula de modo semelhante ao da camada de rocha quase fundida do interior da Terra. Essa circulação parece provocar fissuras e, em alguns casos, o surgimento de vulcões em áreas de onde brotam bolhas de rochas superquentes.

A sonda automática nos enviou ainda tomadas incrivelmente detalhadas (com uma resolução de até 120 metros) de vastas planícies, certamente formadas a partir do derramamento, esfriamento e endurecimento de lava de origem vulcânica. Tais imagens apareceram escuras nas telas do radar, o que sugere, ou confirma, a existência de recentes inundações do material magmático, fluido e derramado em enormes quantidades.

Também foram enviadas imagens fotográficas de várias crateras, as maiores medindo entre 100 e 200 km de diâmetro, e certamente formadas por impactos de meteoritos ou núcleos cometários. Além dessas depressões circulares, foram encontradas, aqui e ali, teias de enrugamentos e fendas abissais de centenas de quilômetros de comprimento. O mais comprido desses cânions, e certamente de todo o Sistema Solar conhecido, apresenta dimensões gigantescas: 1,5 km de largura e 7.000 km de comprimento!

A HISTÓRIA DO SISTEMA SOLAR PARA QUEM TEM PRESSA

Que espécie de líquido escavou esse canal, num planeta onde as temperaturas oscilam em torno dos 400 graus? Água em estado líquido seria uma hipótese absolutamente implausível. Algum tipo de lava escaldante e fluida? É possível. No entanto, parece pouco provável que esse material magmático, mesmo em temperaturas tão elevadas, tenha sido o "agente corrosivo" responsável pela formação de um canal daquelas dimensões. Outra hipótese: aquela fantástica fenda seria o resultado de algum processo tectônico desconhecido. A questão encerra apenas mais um mistério a envolver Vênus.

Em 1982, as sondas soviéticas Venera 13 e 14 pousaram em Vênus e foram responsáveis pela análise da composição química das rochas. Os dados transmitidos revelaram que se trata de material ígneo, pobre em silício e rico em metais. Uma delas, analisada no local pela Venera 13, era de origem vulcânica e com alto teor de potássio. Tal composição também parece indicar que essas rochas, em sua maioria, são oriundas do subsolo do planeta; elas lembram os basaltos que cobrem o leito oceânico da Terra.

Embora, como vimos, pouco se conheça a respeito, o vulcanismo em Vênus parece ter desempenhado um papel de alta relevância na sua história geológica. Se esse raciocínio estiver correto, resta uma contra-argumentação: se em Vênus tivesse ocorrido um vulcanismo em larga escala, a maioria de suas crateras estaria preenchida por lava ou rochas magmáticas, o que não acontece.

Será que o nosso vizinho do espaço retém muito menos calor em suas entranhas que a nossa Terra? Ou existem outros mecanismos, por meio dos quais esses corpos celestes podem perder temperatura, sem que seja através de vulcões ou fraturas na crosta? Por ora, trata-se apenas de uma hipótese, a ser ou não confirmada no futuro.

VÊNUS

Distância (média) do Sol	108.000.000 km
Diâmetro	12.104 km
Massa (Terra = 1)	0,8150
Velocidade orbital	35 km/s
Inclinação do eixo	3°
Rotação (alto das nuvens)	4 dias
Revolução	224 dias
Rotação (no solo)	243 dias
Satélites	0

CAPÍTULO QUATRO

Planeta Azul

A Terra é azul, nos contou Yuri Gagarin lá de cima, durante seu histórico voo. Visto do espaço, esse corpo celeste é realmente de uma beleza estonteante — lembra uma gigantesca bola de gude colorida, curiosamente ainda pouco explorada pelo homem: apenas uma estreita faixa de alguns quilômetros acima e abaixo do solo. Assim é a Terra, o único planeta conhecido que abriga vida — tal qual temos ciência —, onde a água pode ser encontrada em três estados: sólido, líquido e gasoso. Neste início de um novo milênio, a saúde da Terra não anda lá essas coisas. Isto devido, sobretudo, à insensatez e aos maus-tratos de seus moradores, autodenominados racionais. Mas ela continua sendo o nosso habitat, único e insubstituível.

A Terra é o terceiro planeta em ordem de afastamento do Sol. Como sua órbita não é circular, mas elíptica, essa distância varia ao longo de uma revolução em torno da nossa estrela. No periélio, avizinha-se a uma distância de 147 milhões de quilômetros; no afélio, o nosso planeta se distancia 153 milhões de quilômetros. O valor médio da distância é, assim, de 150 milhões de quilômetros.

Seu movimento de rotação se efetua em pouco mais de 23 horas e 56 minutos. Em função desse movimento, a forma não é uma esfera perfeita. Em outras palavras: a rotação terrestre tende a achatar o planeta nos polos, abaulando-o no equador. O resultado é um elipsoide de revolução com achatamento igual a aproximadamente 1/300 do raio equatorial. Seu raio equatorial médio é de 6.378 km, enquanto que o raio polar médio é de 6.357 km. Uma diferença, portanto, de 21 km. Em relação ao equador, nosso globo tampouco apresenta uma simetria: no norte, os continentes ocupam duas vezes mais área do que no sul.

Se a Terra fosse uma esfera perfeita, seu momento de inércia seria bem diferente. Mas não é o caso. Ao contrário, sua densidade interna aumenta da superfície para o centro. Em média, essa densidade é de 5,5 g/cm^3 (a maior de todos os planetas do Sistema Solar); na superfície, ela é de 2,8 g/cm^3. Eis aí uma prova de que o interior da Terra é realmente bem mais denso.

Aqui está o nosso planeta, soltinho no espaço. Esta fotografia foi tirada da Apollo 11, durante sua histórica viagem ao nosso satélite.

De acordo com as observações sísmicas, a Terra tem duas espécies de crosta: a oceânica e a continental. A primeira apresenta uma espessura média de 5 km e é composta de rochas basálticas ricas em silício, além de alumínio, ferro e magnésio. A crosta continental tem uma espessura que varia de 20 a 65 km e é composta — na sua parte superior — de rochas levemente pobres em sílica em relação aos granitos.

Dança dos Continentes

Abaixo da crosta fica o manto. Este ocupa cerca de 80% do volume da Terra e se estende por 2.900 km de profundidade. Na verdade, não se trata de uma capa homogênea. Podemos dividi-la em duas partes: o manto superior e o inferior. Entre 160 e 240 km de profundidade, encontra-se a astenosfera, uma espécie de "sopa" grossa, cuja receita seria a fusão parcial das rochas que lá

CAPÍTULO QUATRO: PLANETA AZUL

se encontram. É a porção mais plástica da litosfera e uma camada de baixa velocidade de propagação das ondas sísmicas. Acima dessa camada, temos a litosfera propriamente dita, a parte consolidada da superfície do planeta. A litosfera é formada de um mosaico de placas rígidas às demais (num total de 12), de dimensões variadas e que se deslocam umas em relação às outras. Nesse lento deslocar-se, carregam consigo o soalho oceânico e as massas continentais. São as chamadas placas tectônicas.

Quando duas placas se afastam uma da outra ao longo de uma crista oceânica (montanha), as rochas fundidas do manto tendem a preencher o espaço entre elas, aumentando, assim, o soalho oceânico. O que pode acontecer a uma dessas placas, à medida que o novo "chão" oceânico, recém-criado, a obriga a deslocar-se? Ao que tudo indica, em algumas áreas a placa em movimento inclina-se para baixo, fundindo-se com o manto. Assim, formam-se as fossas oceânicas e os chamados arcos insulares (cadeias curvilíneas de ilhas). Em outras áreas, pode acontecer que a extremidade da placa se enrugue, dando origem a imensas cadeias de montanhas.

Tais mudanças na superfície da Terra são a prova indiscutível de que o nosso planeta é um mundo geologicamente vivo, em permanente estado de mutação.

E no passado? A maior parte dos cientistas que estudam a Terra parece concordar que os continentes se deslocaram por grandes distâncias sobre a superfície do planeta. Isso, num passado geológico bastante recuado. E tudo leva a crer que continuam a se deslocar — é a deriva continental.

Segundo essa teoria, originariamente concebida pelo meteorologista alemão Alfred Wegener, em 1912, os continentes já fizeram parte de uma única e imensa massa de terra, a Pangeia, um supercontinente que pode ter existido há cerca de 200 milhões de anos. A partir daí, ainda de acordo com a teoria da deriva continental, a Pangeia começou a se fracionar, dividindo-se em duas grandes massas de terra, denominadas Laurásia ao norte (reagrupando a América do Norte, a Groenlândia, a Europa e a Ásia) e o Gondwana ao sul (reunindo o território da América Latina, a África, a Antártica, a Índia e a Austrália). Essas imensas massas, ao se partirem, teriam dado origem aos continentes, tais como conhecemos atualmente. Esses continentes começaram a derivar em direção aos lugares onde hoje se encontram.

Claro que a teoria de Wegener sofreu objeções, sobretudo quando ele procurava defendê-la, afirmando que as bruscas modificações do clima eram causadas justamente pelo deslocamento dos continentes. Não foram poucos os cientistas e geólogos que, na época, procuraram derrubar a eventualidade da deriva, uma vez que ninguém sabia ou podia explicar como os continentes teriam percorrido distâncias tão grandes.

Ainda na primeira metade do século 20, a ciência conseguiu reunir informações suficientes que sustentavam a teoria da deriva continental. As evidências mais fortes de conexão entre os continentes são fornecidas pelos paleontólogos, a partir das descobertas de fósseis dos mesmos mamíferos terrestres em rochas de mais de 100 milhões de anos, na Ásia e Europa, mas também na América do Norte. Segundo eles, seria muito pouco provável que animais idênticos pudessem se desenvolver em continentes separados por tão grandes distâncias.

A dança dos continentes parece não parar. Seu ritmo varia de 1 cm/ano entre a Antártica e a África, a 18 cm/ano, entre a placa do Pacífico e a Cordilheira dos Andes. A Europa e a América, por exemplo, se afastam em média dois centímetros a cada ano. Qual será a disposição dos continentes daqui a 1 milhão de anos? Uma pergunta irrelevante, é claro, para nós, seres humanos.

A tectônica de placas está na origem dos terremotos e de nossos vulcões. A Terra, na verdade, encontra-se constantemente sacudida por tremores de todo tipo; alguns assumem proporções realmente catastróficas. A China parece deter um recorde dramático: os terremotos de 1556 e 1976 fizeram cerca de 1 milhão de vítimas fatais. Historicamente, no entanto, o sismo mais intenso verificado até então foi o de Lisboa, em 1755, que chegou a atingir a magnitude 9 na escala Richter.

Em 2006, os satélites gêmeos Gravity Recovery e Climate Experiment (Grace), da NASA, em órbita desde 2002, detectaram significativas alterações na crosta terrestre, causadas pelo grande maremoto ocorrido em 2004 na Índia. O tremor, em dezembro daquele ano, registrou magnitude 9,1 e foi o terceiro maior desde o início do século 20 (Chile, 1960 (9,5); Alasca, 1964 (9,2)), liberando uma incrível quantidade de energia, equivalente a 475 milhões de toneladas de dinamite. Os tsunamis mataram cerca de 300.000 pessoas e deixaram desabrigadas mais de 1 milhão. Especialistas admitiram que o fenômeno natural mudara a gravidade naquela região do mundo de duas maneiras: levantou parte do solo marinho e alterou também a densidade abaixo do soalho oceânico, o que, segundo eles, modificou a atração gravitacional da região.

CAPÍTULO QUATRO: PLANETA AZUL

Os vulcões, sua existência e atividade, também se encontram na raiz das falhas e das gigantescas fendas da crosta terrestre. A maioria das nossas montanhas vulcânicas se localiza nas bordas das grandes placas da litosfera. Nos tempos históricos, nada menos de 550 vulcões estiveram em atividade. Até os dias atuais, já foram registradas mais de 2.000 erupções, a maioria verificada ao longo do "cinturão de fogo do Pacífico". A mais violenta erupção vulcânica continua sendo a do Cracatoa, na Indonésia, em 1883.

Como seria o coração da Terra? A uma profundidade entre 2.900 e 5.000 km, encontra-se o núcleo externo, formado por uma liga líquida de ferro e níquel. Mais abaixo deste, deve haver um núcleo interno. Se ele realmente existe, sua composição pode ser semelhante ao primeiro. Lá naquelas regiões profundas, a densidade atinge 15 g/cm³. Chegamos aí ao centro da Terra, onde reina uma pressão equivalente a mais ou menos 3,5 milhões de vezes a pressão atmosférica ao nível do mar. Calcula-se que a temperatura nessas regiões deve oscilar entre 3.500 e 4.000 graus.

O interior da Terra ainda é mal conhecido. Além dos 3.000 metros de profundidade (uma mina na Califórnia, EUA), pouco sabemos a respeito. As perfurações petrolíferas chegam a 7.000 metros, mas as informações são precárias. Somente por intermédio do comportamento das ondas sísmicas — os tremores de terra — é que podemos conjeturar sobre a estrutura interna da Terra. Seu núcleo externo, muito denso, é formado de uma liga de ferro e níquel; o manto, medindo cerca de 2.800 km, é constituído de rochas silicatadas. Por fim, a crosta, de cerca de 200 km de espessura, é a única parte explorada diretamente.

AR RESPIRÁVEL

Dentre os planetas telúricos ou terrestres, a Terra é o único que detém uma atmosfera respirável. Mercúrio praticamente não possui um manto gasoso, o de Vênus é venenoso, assim como o de Marte.

Graças à mistura que envolve o nosso planeta, à variação de temperatura — favorável à química dos compostos orgânicos — e à fartura de água em estado líquido, que devemos a vida.

É muitíssimo provável que a atmosfera da Terra, assim como as de Vênus e Marte, não tenha se formado juntamente com o planeta. O que chamamos

A HISTÓRIA DO SISTEMA SOLAR PARA QUEM TEM PRESSA

de atmosfera é o produto final de todo o gás originalmente exalado a partir das profundezas dos vulcões. No início, nosso globo deve ter sido envolvido por uma mistura de gases — predominavam sobre o hidrogênio e o hélio (depois varridos para o espaço pelo vento solar). E não apenas esses, mas também o metano, o amoníaco e outros. Resumindo: as atmosferas primitivas foram mais tarde substituídas por outra, emanada das entranhas desses planetas. É por essa razão que o vulcanismo, no passado, conheceu o seu apogeu, em especial no primeiro bilhão de anos após a formação desses corpos celestes.

Nossa atmosfera é composta basicamente de nitrogênio (78%), oxigênio (21%) e o restante de argônio, e uma quantidade desprezível de outros gases, tais como o neônio e o hélio, o dióxido de carbono (gás carbônico), o metano etc. A camada mais baixa do nosso manto atmosférico, até cerca de 10.000 metros de altitude, é chamada troposfera. É nessa região onde acontecem os fenômenos meteorológicos mais importantes. A temperatura nessa faixa de gás cai rapidamente com a altitude, a uma média de aproximadamente 6 graus por quilômetro. A troposfera é aquecida pela radiação infravermelha emitida pela superfície da Terra e contém uma considerável quantidade de vapor de água.

O limite superior da troposfera, a região onde a temperatura chega a congelantes 55 graus negativos, marca o início da estratosfera. Mas há uma zona-limite entre as duas, denominada tropopausa. Na estratosfera acontece um fenômeno interessante: há uma queda da temperatura com a altitude, depois os termômetros se invertem, e a uma altitude de 50 km a temperatura volta a subir. É a camada mais tranquila da nossa atmosfera, em virtude do ar rarefeito. É nessa região que a radiação solar desencadeia uma série de reações químicas que levam à formação de pequenas quantidades de ozônio, uma variedade do oxigênio, graças ao qual nos mantemos protegidos dos raios UV. O ozônio é uma espécie de mata-borrão dessa radiação nociva, um escudo protetor sem o qual ficaria muito difícil, ou impossível, sobreviver (em 1992, o espectrômetro da NASA, a bordo do satélite Nimbus 7, mostrou que o buraco na camada de ozônio* — uma região de menor concentração desse gás — sobre a Antártica atingiu 23 milhões de quilômetros quadrados, o que representa uma área três vezes superior à do Brasil. O problema tem sido

---

* A camada de ozônio, localizada na estratosfera, é uma barreira que protege a vida na Terra da radiação ultravioleta constantemente emitida pelo Sol.

CAPÍTULO QUATRO: PLANETA AZUL 59

detectado desde 1987 e parece se agravar a cada ano. Uma das causas da destruição do ozônio é a liberação de gases CFC (clorofluorcarbonos) na atmosfera.

> *O satélite Aura (o terceiro de um conjunto de satélites da NASA voltados à observação da saúde do nosso planeta) revelou o buraco recorde na camada de ozônio em 2006. A perda anual no hemisfério sul alcançou valores muitíssimos altos, graças ao clima pouco comum na estratosfera. Naquele ano, o buraco também atingiu a maior área de todos os tempos — 27,4 milhões de quilômetros quadrados. Compostos de cloro e bromo decompõem o ozônio sobre o continente antártico quando o Sol retorna, a cada primavera austral. As concentrações desses dois elementos vêm declinando desde 2001, o que nos leva a acreditar que o buraco de ozônio diminuirá nas próximas décadas. No entanto, grandes variações anuais causadas por mudanças no padrão climático na estratosfera podem encobrir a lenta recuperação dessa camada.*

Acima da camada de ozônio, a temperatura volta a despencar; seu mínimo chega a incríveis 80 graus negativos, próximo à mesopausa. Dos 50 km até algumas centenas de quilômetros para cima, o ar se torna consideravelmente rarefeito: é a ionosfera, caracterizada pela presença de partículas carregadas que refletem as ondas de rádio. A camada extrema da atmosfera, onde praticamente não acontecem colisões entre partículas moleculares, é chamada exosfera. Ela se inicia a 480 km de altitude, e os átomos que a compõem — de hidrogênio, separados de moléculas de água pela fotodissociação — são muito ariscos. Os mais rápidos, aqueles que recebem violentos impulsos de energia, resultado das colisões com outros átomos, chegam a alcançar a velocidade de escape. Calcula-se que meio quilo de átomos de hidrogênio escape da Terra a cada segundo.

Acima da base da exosfera localizam-se os chamados Cinturões de Van Allen, anéis de prótons e elétrons em espiral, emitidos pelo Sol e aprisionados pelo campo magnético terrestre. Tais cinturões de radiação e o campo magnético alcançam até 64 km de altura. Além da faixa dos cinturões, encontra-se a magnetosfera, a derradeira fronteira entre o nosso planeta e o espaço interplanetário.

A HISTÓRIA DO SISTEMA SOLAR PARA QUEM TEM PRESSA

COMPOSIÇÃO QUÍMICA (MÉDIA) DA CROSTA

Elemento	Símbolo	% em peso	% em volume
Oxigênio	O	46,6	93,8
Silício	Si	27,7	0,9
Alumínio	Al	8,1	0,5
Ferro	Fe	5,0	0,4
Cálcio	Ca	3,6	1,0
Sódio	Na	2,8	1,3
Potássio	K	2,6	1,8
Magnésio	Mg	2,1	0,3

OÁSIS SOLITÁRIO

A Terra é certamente o único planeta da família do Sol cujo clima permite o abrigo da vida. Um verdadeiro oásis solitário, nesse nosso canto da Via Láctea. Mercúrio, o primeiro planeta em ordem de afastamento do Sol, é um mundo tórrido, inóspito, destituído de um manto atmosférico e onde, obviamente, nunca chove. Vênus, o segundo, possui uma espessa camada atmosférica; contudo, suas nuvens são formadas de gases venenosos, letais. Lá, chove, mas é uma precipitação estranha, suas gotículas são formadas de ácido sulfúrico. Marte, o planeta vermelho, é um mundo seco e gélido, pelo menos para os nossos padrões terrestres. As nuvens são muito ralas e as geadas caem no solo desértico como uma fina camada de dióxido de carbono. Os demais planetas — Júpiter, Saturno, Urano e Netuno — são mundos essencialmente gasosos, turbulentos, permanentemente envoltos em tempestades de fazer inveja aos nossos mais violentos vendavais.

A Terra dos homens é decididamente o único rincão do Sistema Solar onde é possível falar-se de chuva e de outras formas de umidade *civilizadas*. Enfim, aqui podemos falar de clima e de tempo.

Clima e tempo não são a mesma coisa. Poderíamos definir clima como o conjunto de condições meteorológicas — temperatura, pressão e ventos, umidade e chuvas — características do estado médio da nossa atmosfera em um ponto da superfície da Terra. O tempo é simplesmente a condição da atmosfera

CAPÍTULO QUATRO: PLANETA AZUL

durante um determinado período. Todos sabemos que o tempo pode mudar de um dia para outro, de uma hora para outra. O tempo é volúvel; hoje pode se apresentar tempestuoso, úmido e frio. Amanhã, batido pelo sol, seco e quente. Os climatologistas utilizam-se de variados sistemas de classificação climática. Alguns especialistas mais ciosos chegam a identificar 12 tipos principais de climas: tropical úmido; tropical úmido e seco; de altiplanos; desértico; de estepe; subtropical com verão seco; subtropical úmido; oceânico úmido; continental úmido; subártico; polar e, por último, o da calota polar. A localização desses climas se espalha por toda a Terra.

Uma pergunta óbvia: o que afeta o clima? O que faz com que ele seja tão diferente de uma região para outra? O clima é afetado especialmente pelas variações de latitude. Todos nós sabemos que os lugares afastados do equador recebem menos radiação solar. O fenômeno acontece devido à posição do Sol no céu, que varia de acordo com a latitude. Próximo ao equador — entre os trópicos de Câncer e Capricórnio — os raios solares incidem diretamente sobre as nossas cabeças. Isso o ano inteiro.

As montanhas dos Himalaias continuam crescendo à razão de 4 a 5 cm a cada ano. Algumas montanhas da região — afirmam os especialistas — aumentaram sua altura em quase meio metro desde a primeira medição, realizada em 1847. Esse crescimento é causado por deslocamentos das placas continentais.

O Sol nunca se eleva muito acima do horizonte em áreas próximas aos polos norte e sul. Naquelas regiões, o astro rei se apresenta sempre baixo no céu, e os raios são oblíquos. Oblíquos e menos intensos e, em consequência, o clima se apresenta bem mais frio naquelas paragens desérticas e geladas. As regiões entre o Círculo Polar Ártico e o Trópico de Câncer, no hemisfério norte, e entre o Círculo Polar Antártico e o Trópico de Capricórnio, no sul, possuem temperaturas consideradas baixas.

Lugares localizados a diferentes distâncias do equador podem receber quantidades diversas de precipitação atmosférica. É bom lembrar que o ar absorve as maiores percentagens de umidade das regiões mais aquecidas dos mares ou oceanos próximos ao equador. Grande parte dessa umidade cai, em seguida, em forma de chuva. Daí por que a maioria das regiões mais úmidas se encontra naquelas latitudes. Pela mesma razão, chove pouco nas regiões vizinhas aos polos.

E o vento, como é formado? A resposta é simples: o vento é o resultado do aquecimento desigual do ar que circula no nosso planeta. É sabido que o ar aquecido pela radiação solar se expande e se eleva, e o ar mais frio se precipita para tomar-lhe o lugar. É um vaivém incessante, um processo de circulação contínua, onde nas áreas próximas ao equador os ventos dominantes tendem a soprar de oeste para leste. Nas latitudes medianas se dá o inverso: os ventos sopram de leste para oeste.

O clima da Terra está mudando? Nunca se falou tanto sobre esse assunto como nos últimos anos. A resposta tem algo de desconcertante: o clima do nosso planeta sempre esteve em perpétua mudança. Um exemplo? O clima da América do Norte hoje é muito mais quente do que há 15.000 anos. É que, naquela época, as geleiras cobriam quase toda a região atualmente ocupada pelo Canadá e o norte dos Estados Unidos.

As causas dessa permanente mudança do clima são diversas. Uma delas poderia ser a variação na quantidade de energia enviada pelo Sol. A nossa estrela, embora seja considerada estável, apresenta diferenças de comportamento que influem na quantidade de calor que dela recebemos. A poeira vulcânica é outro bode expiatório e mais ou menos evidente. Quando um vulcão entra em erupção, volumes imensos dessa poeira são lançados na atmosfera. E lá permanecem meses e até anos, reduzindo a quantidade de luz e calor que atinge o solo. O exemplo mais recente e dramático do fenômeno se deve ao violento despertar do Pinatubo, nas Filipinas, em 1991.

CAPÍTULO QUATRO: PLANETA AZUL

Depois de 600 anos adormecido, o vulcão lançou na atmosfera nada menos de 15 milhões de toneladas de anidrido sulfúrico, formando um gigantesco anel ao redor de todo o planeta. O resultado disto é que o clima da Terra, em especial nas regiões das baixas latitudes, sofreu significativas alterações. Claro que as mudanças climáticas não são apenas oriundas de causas naturais. De certa maneira, os seres humanos têm um triste papel nessa história. Os ecologistas que o digam.

Evidências apontam que o aquecimento global, causado pela atividade humana, está contribuindo para um aumento da temperatura na superfície dos oceanos (assim como sua evaporação). O inquietante fenômeno se verifica em todo o mundo (em agosto de 2005, o furacão Katrina deixou um trágico saldo de destruição e morte: a descomunal precipitação despejada sobre Nova Orleans foi atribuída ao aquecimento global). São dois os fatores que, por exemplo, estão agravando a intensidade dos furacões. É sabido que mesmo um pequeno aumento na temperatura da superfície dos oceanos (o fenômeno El Niño*) pode transformar mais perturbações tropicais em furacões. Além de tornar uma tempestade já em andamento mais intensa e causar a sua precipitação.

Em algumas regiões do nosso planeta, os termômetros vêm acusando uma inquietante elevação de temperatura. E não é só isso. Certas áreas se tornaram realmente mais úmidas e outras mais secas, naquele mesmo período. Os especialistas simplesmente admitem desconhecer as verdadeiras razões dessas variações. Resta-nos, entretanto, um consolo: o enigma de tais mudanças no clima não nos impede de respirarmos livremente na superfície deste planeta, uma atividade impossível ou um ato absolutamente proibido em qualquer outro mundo neste quintal da Via Láctea.

---

* O El Niño é um fenômeno atmosférico-oceânico, caracterizado por um aquecimento anormal das águas superficiais no oceano Pacífico Tropical, e que pode afetar o clima regional e global, e mudar os padrões de vento. O La Niña representa um fenômeno oceânico-atmosférico com características opostas ao El Niño, representado pelo esfriamento das águas superficiais do oceano Pacífico Tropical.

TERRA

Distância (média) do Sol .... 149.600.000 km

Rotação 23h 56min

Revolução .... 365 dias

Inclinação orbital .... 23° e 45'

Diâmetro .... 12.756 km

Velocidade de escape .... 11,2 km/s

Velocidade orbital .... 30 km/s

Temperatura (média) no solo .... 14°C

Temperatura máxima .... 76°C

Temperatura mínima aferida .... - 95°C

Satélites 1

CAPÍTULO CINCO

Planeta Irmão

Espécie de subúrbio distante da Terra, a Lua é o astro que, ao longo da história da humanidade, certamente mais influência exerceu sobre os seres humanos. Em especial nas artes e nas ciências. Desde 1972 que os astronautas não deixam suas pegadas por lá. Depois da febre dos anos 60 e 70, parece que a Lua ficou meio esquecida e abandonada por seus admiradores e conquistadores. Talvez, num futuro próximo, nosso satélite se transforme numa plataforma natural dos mortais para seus voos rumo às estrelas.

A Lua é o corpo celeste mais próximo de nós. Sua semelhança com a Terra é considerável; contudo, entre ambos, as diferenças são... ainda maiores. Confrontada com outros membros da família do Sol, a Lua é de fato insignificante, mas, se comparada com o nosso planeta, é um astro de respeitáveis proporções. Seu diâmetro, 3.476 km, representa um quarto do diâmetro terrestre. De todos os satélites naturais conhecidos, apenas cinco são maiores que a Lua: três de Júpiter, um de Saturno e um de Netuno. Sua superfície é de 38 milhões de quilômetros quadrados — um pouco menor que a África e a Europa juntas.

A Lua apresenta um sexto da gravidade terrestre, o que significa dizer que um indivíduo de 70 kg na Terra pesaria pouco mais de 11 kg no nosso satélite. Eis por que os astronautas, em seus passeios na Lua, a todo instante davam pulinhos ou pareciam prestes a tropeçar. Uma partida de tênis disputada na Lua seria um evento bem curioso: os adversários deveriam manter entre si uma tremenda distância, pois uma raquetada mais forte facilmente isolaria a bolinha para o outro lado do horizonte.

Sempre vemos a mesma face da Lua voltada para nós. O fenômeno se explica: seu giro ao redor da Terra dura o mesmo tempo que o satélite leva para completar uma rotação sobre o próprio eixo — cerca de 27 dias (um dia lunar equivale a 14 dias terrestres). A órbita da Lua ao redor da Terra é bem mais excêntrica que a nossa em torno do Sol. A atual distância entre os corpos é, em média, de 384.000 km. Entre o máximo (apogeu) e o mínimo (perigeu) desse afastamento, existe uma diferença de 50.000 km, o que certamente representa muito, se observarmos que ambos se encontram relativamente próximos um do outro.

Na verdade, a translação lunar é um movimento bem irregular e complexo, e que apresenta uma série de variações. Em março de 1984, registrou-se a maior distância entre a Terra e a Lua dos últimos dois séculos. Naquela data, o satélite se encontrava a 404.350 km de nós, ou seja, 1.600 km a mais do que o habitual. Tal variação de distância é a decorrência da posição relativa da Lua, da Terra e, especialmente, do gigantesco Júpiter. Aliás, a Lua constitui uma curiosa exceção: é o único satélite natural para o qual a atração do Sol é maior — quase o dobro — que a exercida por seu respectivo planeta.

Na Lua, onde praticamente não existe atmosfera e onde não há vento ou água, sua superfície, crivada de crateras, permanece mais ou menos intacta ao longo das últimas centenas de milhões de anos.

A Lua não é um corpo celeste perfeitamente esférico: a exemplo da Terra, também apresenta um ligeiro achatamento nos polos. Dados enviados pela Apollo 16 deixaram evidente a existência de um "caroço" apontado para o nosso planeta. Esse abaulamento da Lua se deve, entre outros fatores, a uma desigualdade na distribuição de sua massa. Eis também uma das razões

CAPÍTULO CINCO: PLANETA IRMÃO

por que, ao longo de seu giro orbital, parece balançar ou dar cabeçadas. Tal balanço, denominado libração (de *libra*, balança), nos permite ver até 6 graus acima ou abaixo dos polos lunares. Aqui da Terra, podemos realmente observar mais da metade — cerca de 59% — daquela superfície. Na verdade, esse balanço é apenas aparente e acontece porque o eixo de rotação da Lua não se mantém perpendicular ao plano de sua órbita, mas apresenta uma inclinação de 1,5 grau. Isto, claro, sem contar com a considerável excentricidade do satélite, que ora o mantém mais próximo, ora mais afastado da Terra.

A essa libração aparente, podemos acrescentar uma outra, denominada libração física, causada principalmente pelas irregularidades do globo lunar. Tais discrepâncias chegam a ser curiosas: a espessura da crosta é maior no lado oculto da Lua do que no seu hemisfério visível — a diferença entre ambos chega a 70 km.

Na Antiguidade

As observações da Lua foram de inegável importância para as primeiras civilizações. Em todas as épocas da História, nosso satélite sempre exerceu um domínio mágico sobre o espírito dos mortais. Um papel, aliás, honrosamente dividido com outra divindade celeste, o Sol.

Naqueles longínquos anos, medir o tempo e registrar as estações eram atividades intimamente relacionadas com a religião. Em certas culturas, a Lua era considerada uma verdadeira deusa; em outras, a morada da divindade. Assim, por exemplo, o deus lunar babilônico Sin era o senhor do calendário e da sabedoria. Os antigos gregos também rendiam culto à Lua; para eles, ela era Selene, irmã de Helios, o deus Sol. Os romanos, claro, tampouco a esqueceram: identificaram Luna como a sua deusa lunar. Em diferentes épocas e culturas, considerou-se também que a Lua estava associada à loucura. Ainda hoje o termo "lunático" guarda uma conotação claramente pejorativa, sempre relacionada a um comportamento estranho ou meio amalucado.

Fantasias, crenças, temores e esperanças sempre fizeram parte do repertório psicológico do comum dos mortais. Não só destes, mas também dos reis, fato que certamente não passava despercebido pelos antigos sacerdotes astrônomos da Babilônia e da China. Inúmeros documentos mostram que esses homens — misto de religiosos e cientistas — não só observavam e catalogavam tudo o que acontecia no céu, como também elaboravam técnicas e modos

68 A HISTÓRIA DO SISTEMA SOLAR PARA QUEM TEM PRESSA

de prever e explicar os fenômenos celestes. Os eclipses, por exemplo. Havia algo de sobrenatural nessas práticas nem sempre muito honestas, claro. Mais tarde, os gregos também conseguiram prever os eclipses, mas com uma diferença: não precisavam recorrer a monstros devoradores ou a fenômenos sobrenaturais, que outrora prognosticavam a vontade e os caprichos dos deuses. Por meio de proposições puramente geométricas, puderam constatar que o diâmetro da Lua equivale a 1/3 do da Terra e que o satélite se encontra a uma distância média correspondente a 40 diâmetros terrestres.

Durante séculos, esse havia sido todo o conhecimento que os homens acumularam sobre a Lua. Nosso satélite natural também serviu de bússola para todos os povos conquistadores, desde a Antiguidade. E também, como já foi lembrado, de "morada da loucura para os poetas". Com o tempo, a Lua foi se tornando menos etérea e mágica, e o conceito de simples corpo celeste, em movimento ao redor da Terra, foi ganhando cada vez maior aceitação.

No seu diálogo *A face da Lua*, o historiador e moralista grego Plutarco (48-120) já sustentava que a Lua devia ser do tipo "terrestre", com montanhas e vales. No entanto, coube a Galileu Galilei, em 1609, o privilégio de ser o primeiro dos mortais a entrever, utilizando sua tosca luneta, os acidentes da superfície lunar. A partir daí, o mito e a magia relacionados com o nosso satélite começariam a desmoronar.

Origens Clássicas

Excetuando-se a Terra, é claro, a Lua é o único mundo no qual o homem já colocou os pés. Mas o mistério da sua origem se mantém até hoje. Ao longo dos séculos, além das simples especulações, muitas teorias foram criadas na tentativa de explicar o processo de formação do nosso satélite. Apesar da imensa quantidade de dados acumulados, a questão ainda permanece como uma espécie de quebra-cabeça científico. Até o presente, sequer existe entre os especialistas uma concordância de ideias a respeito do assunto. Portanto, o desafio persiste: eleger-se a teoria mais plausível, capaz de ser adotada como verdadeira e definitiva, sobre a origem da Lua. Existem, é claro, alternativas e opções. Vejamos a seguir algumas delas, talvez as mais populares.

CAPÍTULO CINCO: PLANETA IRMÃO 69

Fissão

Em 1878, George Howard Darwin, o segundo dos dez filhos do célebre naturalista Charles Darwin, foi o primeiro a propor que a Lua teria surgido da própria Terra. Para ele, originalmente ambas formavam um só corpo celeste, mas que a Lua, devido à rápida rotação do nosso planeta, teria sido expulsa em forma de massa fluida. No início, explicava Darwin, este novo astro adotou uma forma de pera, que foi se esticando numa das extremidades para, enfim, se desprender e assumir uma configuração própria, em uma órbita estável.

Na época, chegou a ser sugerido que o atual oceano Pacífico seria a cicatriz resultante desse processo. As vozes discordantes, no entanto, lembravam que esse vasto oceano talvez fosse pouco profundo para ter contido um corpo do tamanho da Lua. Além disto, insistiam os mais teimosos, para ter "cuspido" seu satélite, a Terra deveria estar girando num período inferior a três horas — um exagero, sem dúvida —, e não as atuais 24 horas que compõem o nosso dia. Do contrário, continuavam os críticos da teoria, não teria havido energia suficiente para que fosse expelido um corpo tão grande. E mais, ao escapar da Terra, seria mais lógico que a Lua passasse a girar num plano próximo ao equador, o que, na verdade, não ocorre: o plano orbital do satélite oscila entre 18 e 28 graus de inclinação em relação ao equador terrestre. Por essas e outras objeções, o modelo da fissão não pôde resistir por muito tempo. Hoje, está praticamente esquecido ou abandonado.

Captura

Proposta inicialmente pelo alemão H. Gerstenkorn, em 1955, a hipótese da captura ganhou considerável êxito. Segundo ela, a Lua teria sido uma espécie de astro independente, formado em outro lugar qualquer do Sistema Solar, longe do nosso planeta. E concluía: esse corpo celeste, vagando nas proximidades da órbita terrestre, por algum motivo teve sua trajetória desviada em direção à Terra. E, devido à forte atração gravitacional do planeta, foi puxada e capturada, permanecendo ambas juntas desde então.

Apesar de atraente, a hipótese da captura tampouco conseguiu se sustentar por muito tempo. Logo se chegaria à conclusão de que a possibilidade de ocorrência de tal evento é extremamente remota. A maioria dos especialistas concordava, ainda, que a captura de um corpo celeste resultante da atração

A HISTÓRIA DO SISTEMA SOLAR PARA QUEM TEM PRESSA

gravitacional de outro, somente poderia ocorrer sob condições muitíssimo especiais. Contas feitas, o prestígio da teoria também caiu por terra. Porém, o modelo da captura ostentava uma vantagem: ao menos justificava, de forma razoável, a diferença de composição química entre a Lua e o manto terrestre, embora as semelhanças permanecessem de difícil explicação.

Um exemplo: se a Lua realmente se formou na mesma região dos planetas terrestres — Mercúrio, Vênus, Terra e Marte —, como explicar que o nosso satélite seja tão pobre em ferro? Sabemos que, na Terra, o ferro representa cerca de 30% da massa total, concentrado em grande parte no núcleo, enquanto que na Lua a quantidade desse elemento não alcança a terça parte disso.

ACREÇÃO

Esta teoria se sustenta na análise das rochas trazidas pelas missões espaciais. De acordo com a datação, as amostras apresentam a mesma idade das rochas terrestres, algo em torno de 3,5 bilhões de anos. A teoria da acreção propõe que a Terra e a Lua teriam se formado simultaneamente, a partir do mesmo material e numa mesma região do espaço. Teria havido uma espécie de varredura de todos os resíduos — detritos e poeiras — que gravitavam em torno do planeta recém-formado. (Entre os cientistas, existe uma concordância, quase unânime, no sentido de que os planetas se formaram a partir de uma "nebulosa solar", ou seja, uma nuvem associada ao Sol primitivo.)

Apesar da aparente lógica, o modelo da acreção também apresenta pontos fracos e obscuros, pois tanto a Terra como a Lua possuem densidades e composições químicas diferentes. Na Lua, por exemplo, existem menos elementos voláteis (sódio, potássio etc.) e menos ferro que na Terra. Além disto, elementos como o flúor, o cloro e o chumbo — além de moléculas voláteis como a água — são menos abundantes nas rochas lunares do que nas terrestres. Na Lua, a quase ausência dessas substâncias também parece colocar em xeque a teoria da formação do satélite a partir do manto terrestre.

Em meados de 1975, quatro cientistas americanos — William Hartmann e Donald Davis, do Instituto de Ciências Planetárias de Tucson, no Arizona, Alaistair Cameron e William Ward, da Universidade de Harvard — levantaram a hipótese de que a Lua seria o resultado de uma trombada cósmica, ou seja, da colisão entre um embrião da Terra — uma prototerra — e um gigantesco meteorito. Segundo eles, esse corpo asteroidal teria massa equivalente

CAPÍTULO CINCO: PLANETA IRMÃO 71

à de Marte, isto é, mais ou menos a metade da atual massa da Terra (amostras de rochas lunares demonstram, de fato, que a Lua é formada por um material que se assemelha ao do manto terrestre). Nessa versão catastrófica, os detritos resultantes desse choque colossal teriam sido projetados ao redor da Terra, formando-se assim um disco de acreção. Segundo os autores dessa teoria, todo esse material, que aos poucos foi se agrupando, teria mais tarde dado origem à Lua. Seu surgimento estaria realmente associado à fantástica colisão de dois mundos? A controvérsia persiste.

Mais recentemente, somaram-se a essas hipóteses outras mais, a reforçar as especulações a respeito da verdadeira origem do nosso satélite. A teoria do impacto é uma delas e baseia-se na ideia de que um planeta rochoso — conhecido como Theia —, de dimensões semelhantes a Marte, teria colidido com o nosso no início da formação deste, ou seja, há 4,5 bilhões de anos. A cataclísmica colisão teria resultado na destruição de Theia, e seus detritos, em órbita ao redor da Terra, acabaram se juntando e dando origem à Lua.

A teoria da colisão, ainda mais recente, formulada em meados de 2011, guarda semelhanças com a hipótese da acreção. Sugere que a Lua pode ter se formado a partir da colisão de dois pequenos astros que orbitavam o nosso planeta também no início da sua formação. Um ponto a favor de tal teoria é a possível explicação de um mistério: uma das faces da Lua — a que se encontra eternamente voltada para a Terra — é mais plana e baixa do que a outra, muito mais elevada e montanhosa.

CRATERAS E MARES

A superfície do nosso satélite está crivada de crateras, que hoje sabemos com razoável certeza ser o resultado de um fantástico bombardeio meteorítico, iniciado em épocas muito recuadas de sua formação. Na Lua, onde praticamente não existe atmosfera e onde não há vento nem água, essas marcas permaneceram mais ou menos intactas ao longo das últimas centenas de milhões de anos. Na Terra, ao contrário, justamente devido à erosão, muitas cicatrizes semelhantes foram apagadas.

Há crateras que chegam a alcançar 300 km de diâmetro e podem ser avistadas a olho nu. As menores podem ser medidas em centímetros. Com exceção destas últimas, cada cratera apresenta uma borda que se eleva em relação ao terreno que a circunda. A profundidade entre a crista das bordas e o chão das

72 A HISTÓRIA DO SISTEMA SOLAR PARA QUEM TEM PRESSA

crateras varia enormemente. A cratera de Newton, por exemplo, localizada no hemisfério meridional, apresenta um diâmetro de 113 km e uma profundidade de 7.500 metros. Por sinal, proporções respeitáveis, se considerarmos o tamanho relativo do nosso satélite. Certas crateras apresentam paredes regulares e pouco íngremes. Outras são escarpadas e em forma de anéis concêntricos. Algumas possuem, ainda, elevações centrais — picos —, mas que jamais alcançam a altura das paredes. Há crateras, como as de Grimaldi e Platão, de fundo muito escuro e liso; outras, como a de Aristarco, são tão reluzentes que daqui da Terra percebemos seu brilho vivo durante a lua cheia.

De uma dezena de crateras — entre 20 e 100 km de diâmetro — partem majestosos raios brilhantes. Os mais espetaculares são os da cratera de Tycho, nas montanhas ao sul, que alcançam até 2.400 km de comprimento por 15 km de largura: uma verdadeira esteira luzidia, formada de detritos projetados por ocasião de violentos impactos. Existem outros importantes conjuntos de raios, em especial os que cercam a cratera de Copérnico, no Mare Imbrium (Mar das Chuvas), mas certamente nenhum deles rivaliza com o de Tycho.

Durante sua missão à Lua, a sonda Clementine — lançada pela NASA em janeiro de 1994 — encontrou, no lado oculto do satélite, a maior cratera de todo o Sistema Solar conhecido. O gigantesco buraco, batizado de Aitken, fica localizado no polo sul e tem dimensões gigantescas: 2.500 km de diâmetro e 13.000 metros de profundidade. Ao que tudo indica, esse fantástico acidente geográfico é o resultado de um violento choque com um objeto de cerca de 20 km de diâmetro. Os cálculos indicam que o colossal impacto deve ter ocorrido entre 3 e 4 bilhões de anos.

A maior concentração de crateras fica nas montanhas, ou seja, nas partes mais altas e claras do relevo lunar. Essas regiões montanhosas, que ocupam cerca de 80% da superfície, se apresentam literalmente esburacadas, até o ponto de saturação. Um dado curioso: na face oculta da Lua, praticamente só existem crateras, contadas aos milhares, e uma quase completa ausência de mares.

Os mares, em sua maioria, se localizam próximos ao equador, e sua área total se distribui em 97% do hemisfério visível. Apenas 3% do lado oculto encontram-se ocupados por essas imensas bacias vulcânicas. Uma diferença que encerra um dos mistérios ligados ao nosso satélite. Talvez pudesse ser explicada pela discrepância entre a espessura da crosta em ambos os

CAPÍTULO CINCO: PLANETA IRMÃO 73

hemisférios: a face oculta apresenta um córtex 40% mais espesso. O resultado lógico é que, durante a história geológica do satélite, a lava presente no manto foi mais facilmente expelida nas regiões de crosta mais delgada. Se esta alternativa não estiver correta, resta-nos uma questão curiosa: por que um dos lados teria sido o alvo preferencial dos bólidos de maiores proporções?

Nos mares, regiões localizadas abaixo do nível médio do solo, as crateras se encontram muito mais espalhadas. Nessas vastas planícies lisas (ou pouco enrugadas), de origem vulcânica, cujo aspecto nos lembra algumas figuras aqui da Terra (um coelho, uma máscara etc.), um número muito reduzido de crateras representa um violento contraste na topografia do satélite. Um contraste que também se revela de outra forma: os mares quase não refletem a luz solar e se apresentam como zonas marcadamente escuras.

Sob muitos aspectos, a topografia lunar é bem semelhante à terrestre. Por lá, como vimos, também existem colinas e montanhas, algumas de inclinação suave e outras bastante escarpadas. A mais espetacular de todas é a cadeia dos Apeninos, que se inicia no Mare Serenitatis (Mar da Serenidade) e se estende até os limites do Mare Imbrium (Mar das Chuvas). O pico mais alto é o Huygens, com 5.700 metros.

A nave japonesa Kaguya, enviada em 2007, obteve imagens do satélite em altíssima definição. Para os especialistas em topografia lunar, o melhor mapa da face visível da Lua.

74 A HISTÓRIA DO SISTEMA SOLAR PARA QUEM TEM PRESSA

As zonas montanhosas são as regiões mais antigas da superfície lunar. Foram as primeiras a se solidificar e não foram invadidas pelas gigantescas correntes vulcânicas, as mesmas que inundaram as bacias dos mares. Estas últimas, de formação *recente* — 3,5 bilhões de anos —, não permaneceram inteiramente inalteradas desde que se solidificaram. Ao contrário, nessas extensas bacias vulcânicas parece ter ocorrido um considerável bombardeio de grandes bólidos, que certamente provocaram a rachadura do manto e o consequente vazamento de lava.

Em conjunto, as zonas montanhosas cobrem, como vimos, a quase totalidade daquela superfície, embora não se encontrem distribuídas de forma regular. A face oculta da Lua, por exemplo, está formada quase que exclusivamente de montanhas, com uma elevação média de 5.000 metros acima do nível do solo.*

Até os sobrevoos da sonda Clementine — na primeira missão americana à Lua, desde o lançamento da Apollo 17, em 1972 —, suas regiões polares representavam uma lacuna nos nossos conhecimentos cartográficos sobre o satélite. As missões anteriores, tripuladas ou não, simplesmente ignoraram vastas extensões daquela superfície pouco acessível até mesmo para os raios solares. No polo sul, por exemplo, uma zona de aproximadamente 270.000 km foi pela primeira vez fotografada e revelada. De imediato, uma surpresa: a existência de uma gigantesca bacia de impacto — 300 km de diâmetro — e eternamente mergulhada na escuridão. As primeiras observações espectrais, realizadas pela Clementine, levaram os cientistas a uma grande suspeita: a existência, em nosso satélite, de vastos depósitos de gelo naquelas profundezas. Seria possível? Na época, e apesar de todas as evidências, muitos pesquisadores se mantiveram céticos a respeito. O assunto tornou-se bastante polêmico, especialmente porque certas crateras, localizadas nas regiões polares de Mercúrio, também passaram a apresentar a mesma possibilidade.

A confirmação da existência de água só foi possível graças aos dados transmitidos por outra sonda automática, a Lunar Prospector, lançada em 6 de janeiro de 1998. Orbitando acima dos polos e a uma altitude de 100 km, a sonda detectou a inequívoca presença de depósitos de água congelada no polo norte da Lua. Aliás, mais que o dobro anteriormente encontrado no polo oposto. As primeiras estimativas indicaram um total de aproximadamente

---

* Ponto de referência do satélite em função da ausência de água na superfície.

CAPÍTULO CINCO: PLANETA IRMÃO 75

33 milhões de toneladas de gelo em ambas as regiões. Qual seria a origem desse fantástico reservatório localizado nas entranhas do nosso satélite? A hipótese mais provável é que toda essa água, congelada e misturada a rochas silicatadas, tenha sido trazida por ocasião da queda de meteoros e de núcleos cometários. Isto durante um bombardeio que, em um passado remoto, certamente foi intenso e demorado. A conservação de todo esse gelo, durante muitos milhões de anos, deve-se ao fato de que efetivamente os raios solares jamais atingem aquelas profundezas. Tais descobertas — tanto na Lua como em Mercúrio — parecem desautorizar a crença de que esses corpos celestes sejam mundos secos e desolados.

Ainda que aparentemente não exista o menor sinal de vida, seria exagerado afirmar que a Lua é um astro geologicamente morto ou mesmo inerte. Na verdade, a quase absoluta ausência de atmosfera e o aspecto geral estéril do nosso satélite são pistas enganadoras. Os sismógrafos instalados pelas missões tripuladas confirmaram uma antiga suspeita: na Lua também ocorrem abalos sísmicos. Podem ser superficiais ou profundos, mas evidentemente nem de longe podem ser comparados aos mais débeis tremores aqui da Terra. No nosso satélite, foram identificados vários tipos de terremoto, de causas internas e externas. Os primeiros são superficiais ou profundos. Os superficiais parecem ocorrer à baixa profundidade no manto, entre 50 e 200 km. Sua origem está provavelmente ligada às sucessivas dilatações e contrações de todo o corpo lunar, causadas pelo aquecimento radiativo de parte do núcleo e o subsequente resfriamento das camadas mais externas. Os abalos mais profundos surgem a 1.000 km e parecem ocorrer de maneira cíclica. Embora em menor número que os outros, esses tremores liberam bem pouca energia. Uma teoria bastante aceita sobre esse segundo tipo de terremoto os atribui à força das marés (sólidas) terrestres. Mas, na verdade, pouco se sabe a respeito.

A espessura da crosta lunar varia de 60 a 80 km, enquanto a camada subjacente chega a 900 km. Mais abaixo desta, existe uma região — denominada astenosfera — que pode estar parcialmente fundida. A julgar pela ausência de um campo magnético, não podemos afirmar, com convicção, que na Lua — a exemplo da Terra — há um núcleo ferroso, em estado líquido. É possível que o núcleo lunar seja composto de pequena quantidade de níquel e enxofre, e até mesmo de alguns elementos ferrosos, a uma temperatura que, segundo os cálculos atuais, pode alcançar 1.500 graus.

76   A HISTÓRIA DO SISTEMA SOLAR PARA QUEM TEM PRESSA

Segundo teorias mais recentes, nosso satélite já foi palco de atividade vulcânica no primeiro 1,5 bilhão de anos de sua história. Pelo menos, existem boas evidências nesse sentido, como é o caso da presença dos basaltos, material que na Terra é encontrado nas bacias vulcânicas. A sua origem na Lua poderia, portanto, ser a mesma.

As evidências indicam que quase todas as rochas lunares são vulcânicas e que, na sua maioria, contêm praticamente os mesmos minerais que as da Terra. Mas há uma grande diferença: as pedras provenientes da Lua não apresentam o menor teor de água, resultado da baixa atração da gravidade, e tampouco traços de erosão atmosférica. Muitas dessas rochas apresentam, em sua composição, inúmeros metais nativos não oxidados (ferro, cobre, cobalto e outros), o que constitui uma raridade em nosso planeta.

Embora desprovido de um manto atmosférico — a baixa gravidade não foi suficiente para reter qualquer tipo de gás —, nosso satélite, a exemplo dos cometas, parece exibir uma cauda. Em nada, claro, comparada com a dos famosos astros errantes, tanto em exuberância como em composição. A cauda lunar, incrivelmente tênue, é formada basicamente por átomos de sódio. Essa diáfana esteira, de cor alaranjada e com extensão aproximada de 24.000 km, não é visível da Terra. Fenômeno semelhante foi detectado pela primeira vez — na década de 1970 — ao redor de Io, uma das quatro maiores luas de Júpiter. Até o momento, portanto, são três os corpos celestes que parecem envoltos por tênues atmosferas de sódio — além da Lua e de Io, também o planeta Mercúrio.

Ainda hoje a origem dos átomos de sódio em nosso satélite não está devidamente esclarecida. Trata-se, talvez, de material liberado pelas próprias rochas, a partir dos impactos de pequenos meteoritos; outra hipótese admite ainda que aquele elemento seja produzido pelo vento solar.

Mundo Morto?

Engana-se quem inadvertidamente imaginar a Lua como um astro sem vida, "onde nada acontece". Alguns fenômenos que ocorrem em nosso satélite parecem provar justamente o contrário. A essas periódicas e estranhas ocorrências, chamamos de fenômenos transitórios (ou transientes) lunares — os FTL.

O que são? Como se manifestam? Séculos de observações parecem provar a existência, na face visível da Lua, de variações anormais de albedo, além

CAPÍTULO CINCO: PLANETA IRMÃO 77

de escurecimentos e bruscas mudanças de coloração. A última edição do Catálogo dos FTL, da NASA, aponta mais de 1.500 fenômenos curiosos, já ocorridos no satélite nos últimos anos. A maioria dos FTL parece concentrar-se ao longo das extremidades das grandes bacias e crateras. Mas eles também acontecem nas planícies e regiões enrugadas do satélite. A cratera de Aristarco, de 36 km de diâmetro, situada no hemisfério visível, parece ser um dos locais privilegiados por esse tipo de ocorrências. Lá, pelo menos, elas parecem ser bem mais numerosas e espetaculares. Na arena dessa imensa cratera, de quase 4.000 metros de profundidade, já foram observadas estranhas emissões luminosas e de cores variadas, que vão do verde ao vermelho claro. Certa vez, em 1787, William Herschel, ao perceber algo inusitado naquela região da Lua, julgou estar testemunhando uma autêntica erupção vulcânica. Parece que o genial astrônomo inglês não estava tão longe da verdade.

Em 1963, as colinas vizinhas à cratera de Aristarco também foram palco de uma aparição singular: duas manchas luminosas, de cor avermelhada e de alguns quilômetros de extensão. O fenômeno pôde ser observado daqui da Terra durante 20 minutos, e se repetiu no mesmo lugar, meses mais tarde. Dessa vez, sua duração foi mais longa: cerca de uma hora. Os próprios astronautas da Apollo 11 admitiram ter avistado coisas surpreendentes nas vizinhanças dessa cratera. Ao que puderam vislumbrar, chamaram de "possíveis emanações de gases".

A cratera de Alphonsus mede 154 km de diâmetro, 3.200 metros de profundidade e possui em seu centro uma cadeia montanhosa. Pois bem, no dia 3 de novembro de 1958, parece ter ocorrido por lá uma imponente erupção gasosa, possivelmente do tipo vulcânico. A principal testemunha foi o astrônomo Nicolai Kozyrov, do Observatório de Pulkova, próximo a Leningrado (atual São Petersburgo). Para espanto do cientista, tal emanação deu lugar a uma nuvem esbranquiçada que se concentrou no topo do pico central. Fenômeno similar já ocorreu, algumas vezes, na cratera de Platão, um imponente circo murado de 100 km de diâmetro, localizado no hemisfério norte.

O Mare Crisium (Mar das Crises), uma planície quase circular localizada a noroeste do hemisfério visível, também reúne muitas histórias sobre fenômenos transitórios, historicamente, pelo menos, desde o século 17. Na época, Giovanni Cassini observou um persistente nevoeiro a varrer lentamente aquele chão escuro e salpicado de pequenas crateras.

Como o leitor deve imaginar, a lista dos principais locais onde ocorrem tais fenômenos é demasiado longa. A crônica desses curiosos eventos também.

A HISTÓRIA DO SISTEMA SOLAR PARA QUEM TEM PRESSA

Claro que um bom número dessas observações pode e deve ser creditado a impressões subjetivas, a ilusões de óptica e, quem sabe, às fantasias de seus narradores. Uma coisa, porém, parece fora de dúvida: há muito tempo que fenômenos estranhos e mal explicados vêm ocorrendo na superfície da Lua. Vale a pena, portanto, manter esse nosso vizinho do espaço sob constante vigilância e, na medida do possível, tentar desvendar-lhe ainda tantos mistérios.

ETERNO VAIVÉM

O movimento periódico das águas, em seu constante vaivém, talvez tenha sido um dos primeiros fenômenos naturais percebidos pelo homem. As marés são uma manifestação direta da influência física exercida pela Lua, decorrente da atração gravitacional. Trata-se de algo facilmente notado em todos os mares e oceanos da Terra. Nada mais é do que a elevação do nível das águas em relação a uma referência fixa no solo. Tal fenômeno ocorre duas vezes a cada 24 horas e 50 minutos aproximadamente. Dependendo do perfil da costa, as marés podem alcançar grandes ou pequenos desníveis. O maior deles fica na Baía de Fundy, no Canadá, e atinge até 20 metros.

A cada dia a Lua surge no horizonte com um atraso de 50 minutos, e a atração exercida sobre nossos oceanos e mares produz duas grandes ondas: uma que se arrasta sobre o planeta, seguindo a trajetória do satélite, e a outra que se alastra no lado oposto. O Sol (e os outros planetas) também ajuda a elevar o nível das águas, mas em bem menor intensidade que a Lua.

DA LENDA À REALIDADE

Em todas as épocas da História os eclipses, tanto da Lua como do Sol, já mereceram as mais diversas e curiosas explicações. Mais do que isso. A imaginação, geralmente misturada ao temor e à desconfiança, levou gerações inteiras às mais absurdas interpretações a respeito do que estaria acontecendo com a Lua, em certas ocasiões especiais. Inúmeras lendas foram transmitidas através dessas gerações. Em um sem-número de culturas, os mais diversos rituais foram organizados para livrar a deusa Lua dos maus espíritos. Monstros horrendos acabaram sendo inventados, como o dragão, inclinados a devorá-la de maneira impiedosa. Tal comportamento não foi

CAPÍTULO CINCO: PLANETA IRMÃO 79

apenas privilégio de culturas primitivas na China, África ou nas Américas. Até mesmo na França dos Luíses, em pleno século 17, ainda era comum a prática do "exorcismo da Lua".

Durante sua quarta e última viagem ao Novo Mundo, entre 1502 e 1504, Cristóvão Colombo, ameaçado de morrer de fome na Jamaica com sua pequena armada, livrou-se da perseguição dos aborígenes graças ao conhecimento prévio de um eclipse. O navegador genovês simplesmente ameaçou os nativos de privá-los, dali em diante, da luz prateada da Lua. Segundo a lenda, assim que o eclipse começou, os nativos prontamente se renderam. Foi o eclipse lunar de 1º de março de 1504.

O fenômeno dos eclipses nada tem a ver, claro, com monstros ou quimeras. Para os astrônomos, a explicação é simples: no caso do eclipse da Lua, a sombra que se projeta sobre o nosso satélite é simplesmente a sombra da Terra. A luz do Sol atinge em cheio a Terra, e a sombra desta se estende no espaço interplanetário através de mais de 1,5 milhão de quilômetros. Como a Lua não se afasta do nosso planeta mais que 406.000 km, acontece que, ocasionalmente, ela encontra em seu caminho a sombra da Terra, ocultando-se, ou seja, eclipsando-se. Eis aí o que chamamos de eclipse da Lua.

Um detalhe: os eclipses lunares só ocorrem durante a fase de lua cheia, quando a Terra se encontra justamente entre o satélite e o Sol.

Os eclipses são de três tipos: penumbrais, parciais e totais. Os eclipses penumbrais ocorrem quando a Lua penetra apenas no cone de penumbra da Terra, não chegando a atingir o cone de sombra. Esse fenômeno é praticamente imperceptível à observação, uma vez que a diminuição do brilho lunar é desprezível. Nessas ocasiões, a Lua adquire um tom ligeiramente rosado. Os eclipses parciais acontecem quando a Lua penetra apenas em parte na sombra da Terra projetada no espaço. Tais eclipses são facilmente perceptíveis, pois vemos distintamente uma sombra projetada na superfície do satélite.

Finalmente, os eclipses totais. Nestes, a Lua penetra inteiramente na sombra da Terra. Curioso é que mesmo ocorrendo esse mergulho na escuridão, o nosso satélite não desaparece totalmente de vista, uma vez que a luz solar, difundida na atmosfera terrestre, atinge a superfície visível da Lua, tornando-a, então, ligeiramente avermelhada (a famosa lua de sangue).

Fases

A Lua não possui luz própria e brilha graças à luz que reflete do Sol. Para o observador terrestre, ela está sempre mudando de aspecto: ora fina, ora cheia, e, às vezes, meio gordinha e abaulada. Isto se dá devido à posição em relação ao Sol. Esses diferentes aspectos são chamados fases e recebem denominações especiais. O fenômeno já fora compreendido por Anaxágoras (499-428), que o explicara como sendo o comportamento de um corpo celeste desigualmente iluminado pelo Sol.

As fases ou ciclos:

Lua nova ou *novilúnio*: em certas ocasiões, girando ao redor da Terra, a Lua fica situada entre o nosso planeta e o Sol. Nessa posição, a região não iluminada da superfície lunar é que está voltada em nossa direção, e aí então ela não fica visível no céu. Também se diz que a Lua está em sizígia inferior.

Quarto crescente ou *primeiro quarto*: à medida que continua a nossa volta, começamos a perceber uma pequena parte iluminada da superfície do satélite. Trata-se de um semicírculo voltado para o oeste. É o início do crescente lunar, podendo ser observado dois ou três dias após a lua nova, bem próximo ao horizonte oeste, logo depois do pôr do sol. Nessa fase é possível observar todo o resto do disco lunar sob uma tênue luminosidade — é a chamada luz cinzenta. Trata-se da luz que a Terra reflete sobre o satélite.

Lua cheia ou *plenilúnio*: nesta fase, a Lua se encontra em oposição ao Sol e aí todo o hemisfério iluminado está voltado para a Terra. Dizemos que a Lua está em sizígia superior. Um espetáculo que pode ser admirado durante toda a noite.

Quarto minguante ou *último quarto*: sete dias depois de reinar brilhante no céu, a Lua atinge uma nova posição em que apenas metade do seu hemisfério iluminado pode ser avistada da Terra. Apresenta-se como um semicírculo acima do horizonte leste, antes do nascer do Sol.

O ciclo completo dura cerca de 29 dias, e as diversas fases são as mesmas, num determinado instante, para qualquer região da Terra, quer estejamos no hemisfério norte ou sul. Esse intervalo de tempo também é conhecido por Período Sinódico.

CAPÍTULO CINCO: PLANETA IRMÃO 81

O Homem na Lua

A história da exploração espacial teve início em fins de 1957, com o lançamento do primeiro Sputnik. Menos de dois anos depois, em janeiro de 1959, os soviéticos enviaram sua primeira sonda lunar, o Lunik 1, que passou a pouco menos de 6.000 km do satélite. Mas foi apenas a partir da década de 1960 que nossos conhecimentos sobre a Lua deram um verdadeiro salto. Abaixo, algumas das etapas mais importantes dessa grande aventura:

- Em setembro de 1959, a sonda espacial soviética Luna 2 se estraçalha na superfície da Lua. É a primeira vez que os homens jogam um artefato em um outro corpo celeste.

- Em outubro de 1959, a sonda soviética Luna 3 envia para a Terra as primeiras fotografias da face oculta do satélite. Uma verdadeira sensação na época.

- Entre 1964 e 1965, as sondas americanas da série Ranger, destinadas a se espatifar no solo da Lua, nos transmitem as primeiras fotografias detalhadas do satélite.

- Em fevereiro de 1966, os soviéticos fazem pousar suavemente a Luna 9 no Oceanus Procellarum (Oceano das Tormentas). O engenho automático, pesando pouco mais de 1.500 kg, envia do solo lunar um total de 45 fotografias, as melhores até então obtidas.

- Entre agosto de 1965 e agosto de 1967, acontece uma verdadeira febre de exploração fotográfica da Lua. A série americana Lunar Orbiter envia muitas centenas de imagens de ambos os lados do satélite.

- Entre maio de 1966 e janeiro de 1968, é a vez das Surveyor, a série americana que dá origem aos primeiros robôs automáticos que alunissaram.

- De 1968 a 1972, nada menos de oito missões são enviadas à Lua. É a era do programa Apollo, durante o qual os humanos finalmente dão as primeiras caminhadas na superfície do satélite. A partir daí as pesquisas químicas e geológicas da Lua se desenvolvem de maneira considerável. Nada menos de 238 kg de rochas lunares são trazidos para cá por essas missões.

- De 1970 a 1976, os soviéticos lançam uma série de sondas em órbita lunar, além da exploração da superfície com veículos automáticos: os Lunakhod. Cerca de 1,5 kg de material é trazido para a Terra por robôs, sem a influência direta de mãos humanas.

- Em 25 de janeiro de 1994, a NASA lança ao espaço a sonda automática Clementine, com o principal objetivo de melhorar e ampliar o mapeamento da Lua. É a primeira missão americana ao nosso satélite desde o lançamento da Apollo 17, em 1972.
- Em janeiro de 1998, a NASA lança a Lunar Prospector. Os dados transmitidos vêm ampliar consideravelmente nossos conhecimentos sobre o satélite.
- Em novembro de 2004, a ESA (Agência Espacial Europeia) inicia a missão SMART-1; o objetivo principal é demonstrar as novas tecnologias espaciais; no caso, a da propulsão elétrica.
- Em junho de 2009, 11 anos depois da última missão americana à Lua, a NASA lança a Lunar Reconnaissance Orbiter, uma sonda automática encarregada de algumas missões especiais. Entre outras, a procura por pistas de água congelada, preferencialmente no polo sul. Ambos os polos são, na verdade, os alvos prioritários das lentes da Lunar Reconnaissance Orbiter Camera (LROC, na sigla em inglês).

Por sinal, sempre houve um indisfarçável interesse do pessoal da agência americana, no sentido de que os polos da Lua venham a ser uma localização potencial para uma base permanente. Tais locais, calculam seus técnicos e engenheiros, podem ser frios o suficiente para manter depósitos de água congelada. Com efeito, naquelas vizinhanças se encontram regiões atingidas pelos raios do Sol durante o ano inteiro. Com luz solar constante para o aquecimento e geração de energia elétrica, e com uma potencial fonte de água nas proximidades, tais regiões altas são o local ideal para a instalação de uma base. A LROC também ficou encarregada de procurar por antigos cones de lava vulcânica naquele mundo. Trata-se de sítios parecidos com cavernas (onde os astronautas eventualmente poderiam se abrigar no caso de uma inesperada tempestade solar) e que apareceram em algumas imagens já transmitidas pelas missões Apollo. Finalmente, o êxito destacado dessa missão ficou por conta de uma ampla varredura fotográfica do solo, o mapeamento certamente mais preciso e detalhado já realizado. Uma curiosidade: a Lunar Reconnaissance Orbiter sobrevoou o local de pouso da Apollo 11, no Mar da Tranquilidade, e de lá enviou algumas dezenas de fotos, em alta definição, do que acontecera naquela região no mês de julho de 1969.

CAPÍTULO CINCO: PLANETA IRMÃO

A NASA chegou a anunciar um projeto que permitiria o retorno ao nosso satélite por volta de 2020. Embora a Lua já não atraísse o mesmo interesse do público, o Projeto Constellation, mal recebido por boa parte da comunidade científica, deveria levar quatro astronautas de uma só vez às suas regiões polares. Embora semelhante ao da era Apollo, dos anos 60, a ideia seria a retomada das pesquisas, tripuladas ou não, além das excursões lunares, incluindo a instalação e manutenção de uma estação espacial. Mas o sonho de um próximo retorno à Lua ficou apenas no papel ou na prancheta de seus idealizadores. No início de fevereiro de 2010, o governo Obama apresentou uma proposta de orçamento para o ano de 2011 que não contemplava o Projeto Constellation.

Duas sondas monitoraram a Lua em tempos recentes: a japonesa Kaguya, enviada em setembro de 2007, e a chinesa Chang'e-1, lançada em outubro do mesmo ano. A missão lunar do Japão é a maior desde os tempos da Apollo. A sonda Kaguya (nome de um personagem de conto de fadas japonês) foi uma espécie de passaporte de entrada do Japão no seleto grupo de países que já tinham enviado sondas para o espaço. Seu objetivo era a obtenção de dados científicos sobre a origem e a evolução da Lua, além de catalisar o desenvolvimento de novas tecnologias voltadas para futuras explorações tripuladas. A missão terminou no dia 10 de junho de 2009, com uma colisão programada na superfície visível. Naquele mesmo ano, a JAXA (Agência Espacial Japonesa) anunciou a realização — por volta do ano 2020 — de um pouso tripulado no nosso satélite.

Em feito inédito, surpreendente, a sonda Chang'e-4 pousou na face oculta da Lua em janeiro de 2019. O engenho automático chinês tocou suavemente a superfície, na cratera de Von Karnan, de 186 km de diâmetro, localizada na bacia de Aitken. Com a missão de reunir dados sobre a evolução e a geologia dessa área desconhecida, o engenho também levava para testes sementes de plantas (algodão, por exemplo) e batatas, além de ovos de bicho-da-seda. Segundo a Administração Nacional Espacial da China, aqueles foram os primeiros passos no sentido da construção de uma estação espacial na Lua — a Tiangong-3 — e que, segundo seus responsáveis, deverá estar concluída já em 2020.

> *A sonda automática Chang'e-4 é assim chamada em homenagem a uma deusa que, de acordo com a mitologia chinesa, visita regularmente a Lua.*

LUA

Distância (média) da Terra ....384.400 km
Diâmetro ....3.476 km
Rotação ....29 dias
Período de revolução (ao redor da Terra) ....27 dias
Período de revolução sinódica...29 dias
Velocidade orbital...1 km/s
Inclinação da órbita (sobre o equador da Terra)...............18° e 28°

CAPÍTULO SEIS

Planeta Vermelho

Identificado e sistematicamente observado desde a Antiguidade, Marte sempre se manteve um dos corpos celestes em maior evidência. Uma espécie de vedete dos céus, tanto para os leigos como para os homens de ciência.
Até a chegada da primeira sonda automática, em 1976, muito mistério ainda cercava o lendário planeta cor de tijolo. Hoje, mais de 40 anos depois, ainda persistem inquietantes dúvidas a seu respeito, e o charme do seu mistério permanece. Americanos e russos pensam em pisar o seu solo, ainda nas primeiras décadas deste novo milênio. Tal missão, além de desafiadora, deve se revestir desde já em uma fascinante aventura científica e tecnológica, cujos resultados constituem uma tensa interrogação.

Desde que os seres humanos passaram a apontar lunetas para o céu — há mais de 400 anos —, Marte foi o astro que mais curiosidade despertou, aquele que mais intrigou e ocupou o tempo em observações, estudos e exercícios de fantasia. Durante séculos, o Planeta Vermelho se manteve como um autêntico desafio à argúcia e à imaginação do comum dos mortais. E não apenas destes. Gerações inteiras de polímatas, filósofos e astrônomos jamais se furtaram a emitir publicamente um sem-número de opiniões e palpites a seu respeito. Muito antes da anunciada existência de seus canais, várias teorias foram formuladas e associadas à ideia de vida inteligente naquele mundo.

O filósofo alemão Immanuel Kant, em sua *História geral da natureza e teoria do céu*, publicada em 1755, escreveu: "Não há dúvida de que os dois planetas, o nosso e Marte, compõem os laços intermediários do sistema planetário, e podemos assegurar, com grande possibilidade de acerto, que seus habitantes constituem um meio-termo entre os extremos, no que diz respeito à Sociologia e à Moral." Antes dele, em fins do século 18, Christian Huygens, o descobridor de Titã, o maior satélite de Saturno, já se referia aos habitantes de outros planetas como coisa banal, algo mais do que uma simples esperança romântica. Em 1784, sir William Herschel afirmava que Marte possuía uma atmosfera "capaz de permitir aos seus habitantes o desfrute de condições semelhantes às nossas, em muitos aspectos".

Apesar do prestígio e inquestionável autoridade da maioria dos que assumiram tais ideias, a história da astronomia registra que o nível de controvérsia sobre o Planeta Vermelho nem sempre se limitou aos seus aspectos mais sérios e relevantes. Uma vasta literatura, científica ou não, pode prová-lo. Em outras palavras, Marte, através dos tempos, sempre foi uma espécie de pomo de discórdia entre os homens.

A partir de meados do século 20, seus famosos canais se transformariam num dos temas mais discutidos e polêmicos da história da ciência. Após o anúncio da descoberta dos legendários sulcos, em 1877, foi dado início a um interessante duelo entre teorias as mais conflitantes e estapafúrdias. Curioso é que o astrônomo italiano Giovanni Schiaparelli, a quem oficialmente se deve a paternidade dos canais marcianos, jamais afirmou que a rede de traços por ele observada fosse necessariamente artificial. O que vislumbrou através do seu telescópio rotulou de *canali*, que em italiano significa canais, sulcos ou fendas. O resto ficou por conta da fantasia e da paixão dos seus contemporâneos e de tanta gente que o sucedeu. De acordo com inúmeras passagens de seus diários, o próprio Schiaparelli viria a se surpreender com toda a celeuma criada a partir de suas célebres observações e rabiscos.

Apesar do ceticismo de muitos homens de ciência e da teimosia de alguns sonhadores, o fato é que os desenhos e a semântica do astrônomo piemontês redundaram em algo polêmico e extravagante. Mais que isso, invadiram uma espécie de território minado, onde a ciência e a ficção inevitavelmente se misturaram e se confundiram. Daí até os "homenzinhos verdes" de épocas mais recentes foi apenas um passo. Afinal, a esperança (ou a inquietação?) de que realmente possa existir vida inteligente fora da Terra não é algo tão novo.

Mito e Frustração

O exemplo mais patético daqueles que viriam a *povoar* Marte com uma autêntica civilização, antiga e avançada, foi certamente o do astrônomo americano Percival Lowell, falecido em 1916. Em 1894, esse ex-diplomata montou,

CAPÍTULO SEIS: PLANETA VERMELHO   87

em Flagstaff, Arizona, um dos mais bem equipados observatórios do seu tempo. Mais do que isto, uma verdadeira trincheira na luta por uma teoria logo transformada, por ele mesmo, numa espécie de obsessão. Lowell estava absolutamente convencido de que nossos vizinhos marcianos não eram apenas uma quimera, e que Marte abrigava de fato uma complexa rede de canais artificiais. Segundo ele, tratava-se de uma obra de engenharia erguida por uma civilização certamente mais antiga e tecnologicamente bem mais avançada que a nossa. Na defesa de suas ideias, argumentava com desassombro que, em Marte, fora encontrada a solução para um problema intrincado, capaz de livrar seus habitantes de uma autêntica tragédia coletiva. O planeta estava secando — enfatizava — e fora necessária a criação de um meio de evitar a catástrofe: o transporte da água derretida de suas calotas polares, por meio de gigantescos canais de irrigação. Além disto — insistia Lowell —, as constantes mudanças de coloração, detectáveis na superfície, eram certamente devidas à sua abundante vegetação. E acrescentava: os cinturões verdes em Marte seriam os responsáveis pela formação de verdadeiros oásis a circundar extensos terrenos áridos e desérticos.

No início do século 20, a impossibilidade da existência de água em Marte era coisa praticamente aceita pela maioria dos cientistas. Pelo menos em estado líquido, acrescentavam os mais otimistas. No entanto, entre as várias objeções à ideia dos canais artificiais, uma delas era de que não poderiam ser tão gigantescos a ponto de podermos avistá-los daqui. Em defesa de sua tese, Lowell replicava: "O fato fundamental é a escassez de água em Marte. Se levarmos isso em conta, veremos que muitas das objeções levantadas podem ser respondidas. A hercúlea tarefa de construir os canais muda imediatamente de aspecto, pois se os mesmos foram cavados para fins de irrigação, é evidente que o que vemos e o que chamamos de canal não é ele, e sim a faixa de terra fertilizada que o margeia. Quando, aqui mesmo da Terra, observamos um canal de irrigação, a certa distância, é sempre a faixa de verdor que se vê, e não o canal em si."

Apesar do seu inegável prestígio — Lowell chegou a prever e determinar a posição de Plutão anos antes da sua descoberta —, a intransigente e corajosa defesa de suas ideias lhe valeu, na época, muitas críticas mordazes e até zombarias. Fato, no entanto, que jamais lhe arrefeceu o ânimo ou minou sua coragem. Ao contrário, Percival Lowell morreu convencido da existência de uma civilização muitíssimo avançada nas nossas vizinhanças do espaço. Desde então, parecia definitivamente lançada a lenda dos canais marcianos. Um mito que, aliás, iria perdurar por décadas.

Na verdade, o sonho de um planeta Marte habitado por seres inteligentes não foi somente de um único homem, é claro. Nesse grupo de visionários, Lowell estava em companhia de figuras ilustres do seu tempo. No final do século 19, a publicação de *A guerra dos mundos*, de H.G. Wells, era o sinal mais evidente — embora se tratasse de uma obra de ficção científica — da importância e magnitude da polêmica. Mais do que isto. Estava claro o interesse de que se mantivesse aceso o eterno debate a respeito da habitabilidade do chamado Planeta Vermelho. A esse time de sonhadores pode-se incluir o astrônomo francês Camille Flammarion, que, em 1892, publicou um livro que não deixava margem a dúvidas sobre suas opiniões — *La Planète Mars et ses conditions d'habitabilité*. O ponto culminante do delírio, no entanto, parece ter sido alcançado por Orson Welles, durante seu famoso programa radiofônico de 30 de outubro de 1938. Nele, milhões de americanos puderam acompanhar, aturdidos e em pânico, a invasão da Terra por marcianos mal-intencionados.

Nesta magnífica imagem do planeta vizinho, vemos, em destaque, uma gigantesca cicatriz — que se estende por 5.000 km — criada possivelmente a partir de um violento e súbito fluxo de água.

CAPÍTULO SEIS: PLANETA VERMELHO

Em 1874, Edward Barnard, um dos maiores astrônomos do seu tempo, além de incansável observador dos céus, comentava: "Tenho observado e desenhado sistematicamente a superfície de Marte, num trabalho bastante detalhado. Claro que não há dúvida a respeito da existência de montanhas e imensos platôs muito elevados nesse planeta. Sinceramente não posso acreditar nos canais como Schiaparelli (ou Lowell) os desenha. Alguns de seus canais não são, absolutamente, linhas retas. Melhor examinados, são muito irregulares e interrompidos em alguns trechos. Diante de tudo o que verifiquei, estou certo de que os canais desenhados por Schiaparelli são uma falácia, o que será comprovado antes que se passem algumas gerações."

Eugène Antoniadi, o astrônomo francês de origem turca, foi um dos mais firmes opositores da teoria dos canais artificiais de Marte. Certa vez, deixou escapar a seguinte observação: "Ao primeiro olhar, no telescópio de 32 polegadas, em 20 de setembro 1909, pensei que estivesse sonhando e examinando Marte de seu satélite exterior. O planeta apresenta uma prodigiosa e estonteante quantidade de detalhes irregulares e naturais, perfeitamente nítidos ou difusos. Tornou-se imediatamente óbvio que a rede geométrica de canais, simples e duplos, descoberta por Schiaparelli, era uma ilusão grosseira."

A despeito das incertezas e acaloradas disputas, a verdade é que a teoria dos canais marcianos correu o mundo. Percorreu a América e a Europa bem mais rapidamente do que a acelerada viagem orbital de seus dois pequeninos e ariscos satélites, descobertos em 1877. Até o inevitável arrefecimento de um entusiasmo que contagiara gerações e contribuíra para a crença, ou a esperança, de que talvez não estivéssemos sós no Universo.

Instrumentos mais modernos e sofisticados vieram provar que as condições em Marte estavam longe de permitir o abrigo de uma civilização, como imaginara Lowell. Na verdade, de qualquer outra. Isto bem antes do assédio das sondas espaciais automáticas, que a partir dos anos 60 passaram a devassar nossos vizinhos do espaço. Aos poucos, o sonho de um cenário marciano povoado de seres inteligentes foi se transformando numa expectativa mais cautelosa... e menos otimista. Esta finalmente acabou por desmoronar, a partir das excelentes fotografias transmitidas pelas Mariner 6 e 7, em 1969.

As imagens enviadas por aqueles robôs pioneiros revelaram ao mundo mais detalhes de Marte do que tudo o que até então se podia imaginar em dois séculos de especulações e acirradas polêmicas. Juntamente com elas, uma outra realidade se descortinava, não mais baseada em delirantes fantasias, mas em indisfarçável perplexidade. E, é claro, numa certa frustração. Afinal, era uma espécie de sonho que chegava ao fim.

Trinta anos depois daquelas históricas imagens, muitas das características de Marte ainda alimentam uma teimosa esperança: a de que o planeta reúna condições de abrigar alguma forma de vida. A mais elementar, não importa; qualquer manifestação microbiológica, capaz de justificar todo o interesse que Marte ainda suscita, tanto para os leigos como para os homens de ciência. Na verdade, sejamos honestos, tal possibilidade ainda não está descartada. Hoje em dia, é sabido que Marte já se encontra completamente mapeado e sua estrutura morfológica, razoavelmente conhecida. Isso, graças aos últimos dados obtidos por jipes e por uma flotilha de satélites que orbita o planeta. Sabemos, por exemplo, que sua atmosfera é de fato muito rarefeita, formada principalmente de dióxido de carbono ($CO2$), além de traços de nitrogênio e argônio.

A presença de metano naquela atmosfera, apesar de sua baixa concentração, é uma descoberta recente e, de certa forma, desconcertante. Qual a sua origem? Sabemos que esse gás é rapidamente eliminado do ar pelas reações químicas produzidas pela luz solar ou por manifestações climáticas. Alguma atividade invisível no Planeta Vermelho? Metano produzido por micróbios marcianos? Uma hipótese ousada e inquietante, sem dúvida. Uma outra fonte possível seria a presença dos vulcões. No caso de Marte, se um deles tivesse sido responsável pelo metano, deveria ter lançado também enormes quantidades de dióxido de enxofre ($SO2$). Há suspeitas de que a atmosfera marciana contenha traços de compostos sulfúricos. Contribuições extraplanetárias? Uma suposição duvidosa, embora se saiba que a cada ano cerca de 2.000 toneladas de poeira de micrometeoritos atinjam a superfície de Marte. Menos de 1% dessa massa é formada por carbono. E mesmo esse material é fortemente oxidado, o que resulta numa fonte insignificante de metano. Os próprios cometas tampouco seriam uma fonte a ser considerada, esses astros errantes retêm cerca de 1% de metano por peso, mas, em média, atingem Marte somente uma vez a cada 600 milhões de anos (assim, a quantidade do gás liberado seria de cerca de 1 tonelada por ano, ou menos de 1% da quantidade exigida). Em resumo: a presença do metano marciano ainda permanece uma questão sem resposta definitiva.

Não ignoramos que a baixa pressão atmosférica em Marte — menos de 1/100 da densidade da atmosfera terrestre — dificilmente permitiria a existência de água em estado líquido na superfície. O fato, entretanto, não exclui a possibilidade da existência de água líquida nas entranhas de seu solo, de suas rochas e nos pequenos grãos de areia de suas imensas dunas. Em fevereiro de 2005, ao percorrer a planície no interior de uma enorme cratera de 2.000 metros de profundidade, o jipe-robô Spirit, da NASA, detectou exóticos depósitos esbranquiçados, diferentes de tudo que havia sido visto ou imaginado até então. Tais depósitos continham nada menos que sulfatos hidratados, ricos em ferro e magnésio, concentrados logo abaixo da superfície.* Na Terra, esse tipo de mineral é encontrado onde houve evaporação de água salgada ou contato de água corrente com fluidos vulcânicos. Atualmente desconfia-se que qualquer desses processos possa ter ocorrido em Marte, em épocas remotas, talvez entre 2,5 e 4 bilhões de anos atrás. De toda maneira, qualquer que seja a hipótese correta, os depósitos de sulfato indicam que já houve água em abundância por lá.

Um verdadeiro deserto e campos levemente ondulados ou atravessados por depressões, o resultado provável do ressecamento ou de ciclos alternados de congelamento e degelo daquele solo.

---

* No total foram identificados cerca de 200 locais diferentes no hemisfério sul marciano com características espectrais consistentes com minerais à base de cloro. Esses depósitos de sal encontram-se, principalmente, nas latitudes médias e baixas por todo o planeta, em terrenos antigos e cheios de crateras.

A descoberta, feita em algumas das mais antigas regiões do planeta, também poderá ajudar a fornecer evidências de que um dia Marte abrigou formas de vida.

Por muito tempo, acreditou-se que o Planeta Vermelho sempre foi frio, seco e inóspito. Baseados em novas evidências de missões recentes — sobretudo ao longo da década de 2010 —, esse quadro se modificou: a superfície marciana, ao que tudo indica, já esteve coberta por água. Provavelmente durante longos períodos, desde a sua formação até épocas mais atuais. Tal fato tem importantes e inequívocas implicações: se, como se acredita, condições parecidas às terrestres persistiram por muito tempo em Marte, é provável que também tenha surgido e se desenvolvido vida por lá. Sob que condições climáticas? As imagens da Mars Global Surveyor, que orbitava o planeta desde 1997 (a NASA perdeu contato com a sonda em novembro de 2006, após quase 10 anos de operação), revelaram a presença de canais pequenos e aparentemente jovens nas paredes de algumas crateras e cânions marcianos. As ravinas que aparecem nas imagens podem ser o resultado de água corrente no subsolo. Possivelmente abaixo do gelo ou mesmo em depósitos de neve subterrâneos. São fortes os indícios da presença de água; entretanto, não provam que o clima já foi mais quente, úmido e em geral mais parecido com o da Terra, onde lagos e rios são perenes. Nos últimos anos, no entanto, novos dados de satélites forneceram evidências bem mais convincentes de que condições similares às do nosso planeta existiram em Marte por longos períodos. Uma dessas fantásticas descobertas foram os deltas da desembocadura de prováveis rios marcianos. O exemplar mais representativo, fotografado pela MGS, situa-se numa rede de vales que escoa para uma cratera do sistema de cânions Valles Marineris. Os canais mostrados terminam num leque estratificado, caracterizado por meandros entrecortados e que exibem vários graus de erosão. O que seriam? Para muitos especialistas, tal arquitetura tem realmente as características de um delta originado da deposição de sedimentos — fenômeno que ocorre logo antes de um rio desaguar num lago raso. Imagens de satélites revelaram outros leques semelhantes na superfície de Marte, embora, até o momento, apenas 5% do planeta tenham sido fotografados na resolução necessária para identificar esses traços. Novas fotos virão, é certo, e permitirão testar a hipótese de que se trata, de fato, de deltas fluviais.

> *As experiências microbiológicas efetuadas pelas sondas Viking 1 e 2 no solo marciano, em 1976, lamentavelmente não foram conclusivas. Realizadas em condições bastante delicadas, não puderam esclarecer, de maneira definitiva, a existência ou não de formas elementares de vida. Algo capaz de assegurar, na frustrante ausência dos homenzinhos verdes, que Marte não é um planeta morto e que alguma coisa palpita entre seus seixos, cascalhos e vastas dunas de areia cor de ferrugem.*

DISCO ROSADO

Marte é o primeiro planeta exterior à nossa órbita e o quarto em ordem de afastamento do Sol. Girando ao redor deste numa órbita elíptica, o planeta vizinho atinge sua máxima aproximação da Terra a intervalos de 15 a 17 anos, quando alcança uma distância mínima de aproximadamente 60 milhões de quilômetros. Mas, a intervalos bem menores, ou seja, a cada dois anos e sete semanas, ambos os planetas ficam praticamente alinhados num mesmo lado do Sol. São as chamadas oposições periélicas, e certamente as que oferecem as melhores condições de observação. Nessas ocasiões, além de se acharem no mesmo lado do astro rei, a Terra se encontra no máximo afastamento do Sol (afélio), e Marte, ao contrário, na sua maior aproximação (periélio). Aí, então, a distância entre os dois chega a menos de 60 milhões de quilômetros. Foi justamente numa ocasião semelhante que Schiaparelli, há mais de um século, percebeu os enigmáticos traçados naquela superfície.

> *À vista desarmada e especialmente por meio de instrumentos, a observação de Marte sempre foi uma experiência fascinante. Em certas épocas, quando o planeta mais se avizinha da Terra, é possível identificá-lo no céu como um objeto brilhante e inequivocamente avermelhado. No entanto, para muitos observadores, mesmo aqueles que dispõem de aparelhos mais sofisticados, Marte costuma reservar surpresas desagradáveis. As queixas mais frequentes são de que as imagens nem sempre se apresentam de forma satisfatória: nítidas ou claras. A opinião quase unânime é que, exceto em situações de fato excepcionais, a imagem do planeta, através das oculares, é quase sempre decepcionante.*

Com pequenos aumentos, o planeta Marte surge como um diminuto disco ocre rosado. Às vezes, é mesmo possível distinguir-lhe a calota polar, de uma alvura acentuada e que forma um vivo contraste com o resto da superfície. Contudo, utilizando instrumentos ainda mais potentes é que o planeta se deixa desvendar um pouco mais. Aí, então, podemos identificar alguns borrões na sua superfície, de aspecto e dimensões que variam com certa regularidade. As mesmas marcas que no passado tanta dor de cabeça causaram a seus observadores e analistas.

Uma das mais notáveis manchas denomina-se Syrtis Major e foi registrada pela primeira vez por Christian Huygens, em 1659. Acreditando que fosse um vasto acúmulo de água, o astrônomo holandês deu-lhe o nome de Grande Pântano. De formato nitidamente triangular, essa marca superficial verde-azulada fica situada próximo à região equatorial e se apresenta bem mais escura que as demais. Até recentemente, muitos astrônomos continuavam acreditando que Syrtis Major representava uma extensa área de vegetação, ou de um oásis em pleno deserto marciano. Hoje sabemos que tais estruturas correspondem a acidentes geologicamente permanentes naquela superfície.

Em sua longa e aprisionante jornada ao redor do Sol — 1 bilhão e 300 milhões de quilômetros a cada volta —, Marte já esteve por diversas vezes muito próximo de nós. Em setembro de 1956, por exemplo, durante uma oposição periélica privilegiada, acercou-se a apenas 65 milhões de quilômetros da Terra. Em 1971, essa distância encurtou: quase 58 milhões de quilômetros. O ano de 2003 — em fins de agosto — marcou um recorde: Marte atingia uma de suas maiores aproximações do novo século. Sua distância da Terra foi então de 56 milhões de quilômetros.

Uma vez que se trata de um planeta exterior, ou seja, que circula além da Terra, Marte nos apresenta apenas fases gibosas — crescentes e minguantes convexos —, exceto quando se encontra em conjunção ou oposição. O maior ângulo de fase (ângulo Sol-Marte-Terra) corresponde a cerca de 48 graus e só se verifica quando o Planeta Vermelho está em quadratura.

Pequeno e Leve

A alteração da velocidade orbital dos planetas, sempre relacionada com suas distâncias do Sol (Segunda Lei de Kepler), nos diz que Marte se move mais rapidamente próximo ao periélio, ocasião em que atinge a máxima de 26 km/s. À medida que se afasta da nossa estrela, essa velocidade diminui, chegando no afélio a 22 km/s. Como qualquer outro planeta, Marte também possui um plano orbital próprio. Sua órbita é levemente excêntrica, se comparada à dos demais planetas, exceto Mercúrio e o longínquo Plutão. As distâncias entre Marte e o Sol variam de 208 milhões de quilômetros (periélio) para 249 milhões (afélio). O equador marciano é ligeiramente mais inclinado que o nosso — cerca de 1 grau em relação à eclíptica. Uma vez que o eixo marciano também está inclinado — 25 graus —, isto significa que em Marte também existe um ciclo de estações como na Terra. Mas a excentricidade da órbita marciana é maior, o que acarreta diferenças entre a estação mais longa e a mais curta.

Em concordância com a Terceira Lei de Kepler,* o ano marciano é bem mais longo que o nosso. Marte leva 687 dias terrestres para completar uma volta em torno do Sol, o que implica que cada estação naquele planeta é duas vezes mais longa do que aqui, além de uma acentuada diferença de temperatura entre o verão e o inverno. A duração da rotação de Marte foi determinada com bastante precisão por Domenico Cassini, que em 1666 calculou ser de 24 horas e 40 minutos. Portanto, o dia marciano é apenas 37 minutos mais longo que o nosso.

Em comparação com a Terra, Marte é pequeno e leve; nosso vizinho mede apenas pouco mais da metade do diâmetro terrestre. O primeiro mapa detalhado da superfície marciana, obtido pela sonda Mars Global Surveyor, em 1996, mostra que ele está longe de ser uma esfera perfeita e que existe uma diferença de 20 km entre o raio do equador e o dos polos. Embora duas vezes mais maciço que Mercúrio, Marte possui apenas um décimo da massa terrestre e 15% de seu volume. Dos planetas terrestres, Marte é o terceiro em tamanho — sua superfície se espalha por uma área de 149 milhões de quilômetros quadrados.

---

* O quadrado do período orbital de um planeta é proporcional ao cubo da sua distância média ao Sol.

Marte possui um campo gravitacional três vezes mais fraco que o nosso. Um ser humano de 70 kg pesaria, numa balança na superfície marciana, pouco mais de 26 kg. Dada sua densidade média ser bastante fraca, a velocidade de escape em Marte equivale a menos da metade da terrestre, ou seja, 5 km/s. Isto significa que qualquer objeto, lançado a essa velocidade, escaparia do Planeta Vermelho para nunca mais voltar. Portanto, não é difícil imaginar que, se em Marte algum dia existiu um manto atmosférico semelhante ao da Terra, o mesmo teria desaparecido há bilhões de anos, ou seja, ainda na infância do planeta.

Devido à lenta rotação, Mercúrio, Vênus e a Lua são corpos quase perfeitamente esféricos. O mesmo não acontece com a Terra e nem com Marte, que giram bem mais rápido em torno de seus eixos. No caso marciano, a velocidade equatorial é 130 vezes maior que em Vênus — o mais lento dos planetas — e praticamente o dobro da terrestre. Marte e o nosso planeta são, portanto, mundos achatados nos polos.

Até o momento não foi detectado qualquer vestígio de um cinturão de radiação em Marte. Mas, em fins do ano 2000, foram observadas rochas magnetizadas na superfície do planeta. Seria a prova de que Marte já teve um campo magnético como o da Terra? Não há certeza. Atualmente esse campo magnético, bastante débil, parece indicar que o planeta possui um núcleo metálico não muito grande, o que não exclui a possibilidade de o mesmo ser bastante denso e rico em ferro, possivelmente sob a forma metálica e sulfúrica. Alguns modelos sugerem que o núcleo marciano está compreendido entre 10% e 20% da sua massa total.

Ao contrário do que ocorre na Terra, nenhuma formação geológica marciana parece ter tido origem no tectonismo, uma vez que a crosta do planeta não se encontra dividida em placas como a terrestre. No caso de Marte, o esfriamento do planeta e o consequente aumento da espessura da crosta superficial vão contra uma evolução por tectonismo. Isto indica que Marte possivelmente tenha evoluído como um planeta de placa única. Suas características são endógenas (emergência de material magmático do manto e vulcanismo) ou exógenas (geradas pelo impacto de meteoritos, que certamente fundiram a crosta).

Frio e Seco

Marte encontra-se uma vez e meia mais afastado do Sol que a Terra. Isto significa que recebe apenas 43% da luz que nos atinge. Assim, não devemos estranhar que seja bem mais frio. Depois de quatro décadas de especulações, atualmente conhecemos com razoável exatidão as temperaturas em sua superfície. A média anual é muito mais baixa do que a terrestre, variando de 100 graus negativos nos polos a 20 e 40 graus também negativos no equador e nas latitudes médias. De maneira geral, os termômetros em Marte oscilam entre 140 graus negativos e 27 graus positivos. Ao contrário de Vênus e suas nuvens densas e contínuas (responsáveis pelo maior albedo do Sistema Solar), Marte reflete somente 15% da luz que recebe da nossa estrela. O fato não constitui surpresa, uma vez que a atmosfera marciana é bem mais rarefeita que a venusiana ou a nossa. Contudo, em algumas porções da superfície — em parte graças às geleiras polares e à presença de geadas —, aquele percentual atinge mais de 40%.

As conclusões sobre composição, temperatura e densidade da atmosfera marciana são relativamente recentes, embora a aceitação da existência de uma camada gasosa a envolver Marte date de muito tempo. Em 1784, William Herschel já fazia referências a uma "respeitável atmosfera marciana". Nos idos de 1965, a Mariner 4 provaria que a atmosfera do planeta é bem mais tênue do que se imaginava.

Para formas de vida como as existentes na Terra, constituídas de organismos bastante complexos, uma camada atmosférica tão rala como a de Marte seria fatal. Sobretudo se levarmos em conta a ausência quase absoluta de oxigênio em sua composição. Pesquisas espectrográficas efetuadas na década de 1930, no Observatório de Monte Wilson (Califórnia), já revelavam que o Planeta Vermelho não possui a milésima parte do oxigênio presente na nossa atmosfera. A quantidade de nitrogênio em Marte tampouco é significativa — apenas 3% —, ao contrário do que ocorre na Terra, onde a presença do gás é responsável por quase 80% do que respiramos.

A atual atmosfera marciana contém cerca de 50% de gás carbônico, a que se somam traços de nitrogênio e argônio, além de uma pequena quantidade de vapor de água. Em geral, admite-se que uma atmosfera consideravelmente densa e quente tenha se formado desde cedo em Marte. Provavelmente como resultado do intenso escapamento de gases que se seguiu à formação do planeta. É lícito supor que, na infância, Marte tenha perdido boa parte de seu hidrogênio inicial pela ação da radiação ultravioleta do Sol. Tudo indica que, no início da sua evolução, a atmosfera marciana era composta por grande quantidade de água. Esse elemento certamente veio a se condensar a partir do esfriamento da superfície, um processo que deve ter provocado precipitações pluviométricas diluvianas.

Embora a atmosfera marciana seja constituída de diferentes tipos de nuvens — de cristais de gelo, poeira... —, a mesma não contém gases capazes de reter uma significativa quantidade de calor. O resultado disto é o desperdício de grande parte da radiação solar. Ao contrário do que ocorre na Terra, e especialmente em Vênus, o efeito estufa em Marte é desprezível. Some-se a isto o fato de o clima marciano ser extremamente seco, fazendo com que a débil irradiação do calor diurno proveniente do Sol escape com facilidade. As mudanças de temperatura entre o dia e a noite, e de uma estação para outra, são igualmente bem acentuadas devido ao ressecamento e à rarefação da atmosfera.

As observações radiométricas de Marte conduzem a várias e significativas conclusões sobre as temperaturas na superfície. Já sabemos, por exemplo, que o hemisfério sul é mais quente e que, com a chegada do verão, a temperatura se eleva abruptamente em ambos os hemisférios. Detalhe importante: as máximas no hemisfério sul se verificam, aproximadamente, um mês mais tarde na época do verão (solstício), exatamente como em nosso planeta. No equador marciano, a média de temperatura ao amanhecer é de 40 graus abaixo de zero. Os termômetros sobem até o meio-dia e se avizinham dos 7 graus positivos. A partir daí, até o anoitecer, a temperatura volta a cair e despenca para os 40 graus negativos.

Como vemos, trata-se de um clima bastante rigoroso, mas, ao contrário dos demais planetas terrestres — excetuando-se a Terra, é claro —, não chega a ser insuportável. A temperatura média oscila, pois, entre 50 e 60 graus abaixo da nossa. A variação anual chega a 100 graus centígrados nas regiões polares, 50 graus nas zonas temperadas e 30 graus nos trópicos.

Qual seria a temperatura do solo marciano abaixo da superfície? Admitindo tratar-se de um terreno uniformemente arenoso, podemos estimar que aquele subsolo esteja sempre a zero grau. É possível ainda que, em certas regiões, exista uma considerável quantidade de água permanentemente congelada.

Na Terra, existe esse tipo de água, escondida no subsolo das regiões polares — o pergelissolo (ou *permafrost*). Dependendo das condições locais, e da

CAPÍTULO SEIS: PLANETA VERMELHO 99

época do ano, deve existir pergelissolo em Marte, provavelmente constituído de uma fina camada de alguns milímetros de espessura. Muitos cientistas concordam que o pergelissolo marciano seja formado de gelo carbônico, e não de água. Isto explicaria melhor os múltiplos deslizamentos que ocorrem por lá, assim como a própria formação de seus cânions e terrenos caóticos. Sabe-se que o gelo carbônico se funde a uma temperatura mais baixa do que a água. A ideia da existência de pergelissolo em Marte está igualmente baseada no exame das características de suas várias crateras de impacto. Lá, os detritos (ejetos) não apresentam, como na Lua ou em Mercúrio, um desenho de raias, mas um derrame radial, facilmente identificado como um extenso lençol de lama escorrida. Tais formações dificilmente existiriam na ausência de água congelada e armazenada no subsolo.

VENTOS E GEADAS

Em Marte não há oceanos. Radares e espectrofotometrias nos indicam que a altitude média do planeta — em relação ao raio médio — é de 2.000 metros. A pressão atmosférica é baixíssima, 100 vezes inferior à nossa — alcançando 10 milibars nas profundezas dos seus gigantescos cânions (na Terra, representa a densidade do ar a 30.000 metros de altitude). Em tais condições, a presença de água em estado líquido só seria imaginada não na superfície, mas dezenas ou centenas de metros abaixo. Por outro lado, há fortes indícios de que, ao longo do tempo, grande quantidade de vapor de água foi escapando da atmosfera marciana. Isto significa que, no passado, a pressão na superfície poderia ter atingido várias dezenas de bars. Tais níveis certamente teriam sido suficientes para alimentar um efeito estufa bem mais acentuado que o atual. E, quem sabe, gerado uma temperatura que teria permitido ao planeta a existência de água em estado líquido. Tal questão, aliás, é um dos temas mais polêmicos ligados à história do Planeta Vermelho. Se de fato ocorreu água líquida naquela superfície, qual foi o seu destino? É lícito supor que parte dessa água escapou para o espaço. Atualmente, calcula-se que significativa quantidade de água marciana se encontre no subsolo, sob forma de pergelissolo, uma mistura de rochas trituradas e gelo. A presença do pergelissolo também pode ser registrada aqui na Terra, nas regiões árticas. De qualquer maneira, a confirmação de sua existência em Marte será um dos principais objetivos das futuras missões exploratórias ao planeta vizinho.

Em Marte há ventos quase constantes, embora moderados, o que não impede que, em determinadas épocas, o planeta seja literalmente varrido por enormes tempestades de poeira, que podem durar semanas e até meses. Essas tormentas, em geral, acontecem no verão e no hemisfério sul, quando Marte se encontra no periélio e sua baixa atmosfera está mais aquecida. Nessas ocasiões, a velocidade dos ventos chega a atingir 500 km/h, o que faz com que se levantem gigantescas nuvens de poeira a quase 70.000 metros (a grande tempestade de 1972, iniciada no hemisfério sul marciano, cobriu completamente o planeta durante várias semanas). O fenômeno, como se sabe, produz significativas mudanças por lá. Em 2001 e 2007, essas tormentas se expandiram e afetaram grandes áreas do planeta. Os especialistas buscam entender por que algumas tempestades de poeira chegam a tais proporções e deixam de crescer, enquanto outras crescem e se transformam em globais. Depois de décadas de observação, desconfia-se que há um fator temporal ligado às maiores tormentas de poeira marcianas.

A origem dos famosos furacões em Marte, na verdade, ainda não está devidamente explicada. A teoria mais aceita sustenta que são o resultado do brutal choque de duas massas de ar — a polar e a equatorial. Recentemente, alguns especialistas aventaram a hipótese de que aquelas tempestades de areia seriam provocadas pela intensa decomposição de gás natural — gás sólido —, um composto cristalino de moléculas de água e gás, criado a partir de certas condições de temperatura e pressão.

Tais fenômenos são responsáveis ainda pelo obscurecimento da paisagem vista da Terra, ocasião em que Marte se apresenta sob um véu amarelo-ocre ou cor de ferrugem. Essa coloração é o resultado da significativa quantidade de ferro entre os inúmeros componentes do seu solo, formados após os milhares e complexos processos de alteração química da superfície.

O período de rotação de Marte e sua inclinação axial são praticamente os mesmos verificados na Terra. Assim, foi possível a explicação das principais características da meteorologia marciana; ao menos, da circulação atmosférica. As espirais nebulosas, por exemplo, observadas a partir das imagens transmitidas pelas sondas Viking 1 e 2, se colocam invariavelmente nas áreas de transição entre as regiões polares e as tropicais, o que permite a indicação da frente das correntes polares. Tal mecanismo, aliás, pode ser encontrado na Terra e é o responsável pela formação dos nossos ciclones extrapolares.

CAPÍTULO SEIS: PLANETA VERMELHO 101

Observa-se em Marte, sobretudo no inverno, a formação de condensações acima de suas calotas polares. O mesmo, porém, não acontece no verão, época em que essas condensações são verificadas apenas nas regiões mais elevadas. Marte encontra-se praticamente todo coberto por formações de nuvens dos mais diversos tipos: dos cirros às brumas geladas. Durante o inverno, seus polos ficam cobertos por uma espécie de bruma formada de cristais de água misturados com a poeira em suspensão — os capuzes polares. Tais nuvens polares se estendem até as latitudes médias e foram as causas do escurecimento do céu marciano registrado pela Viking 2, em 1976.

Embora similares às terrestres, as nuvens marcianas apresentam uma estrutura bem mais simples. Lá, por exemplo, não existem estruturas de condensação semelhantes aos densos cúmulos terrestres. Em Marte, podemos encontrar nuvens de convecção, resultado do movimento ascendente das camadas atmosféricas aquecidas pela radiação proveniente do solo. Tal camada de nuvens fica normalmente situada entre 4.000 e 6.000 metros acima da superfície. Existem também formações de nuvens orográficas, reveladas com nitidez através das imagens das Vikings. Essas nuvens estão associadas aos relevos geográficos marcianos. A região de Marte mais fortemente marcada pela presença desse tipo de nuvem é a do planalto de Tharsis, onde se encontram os maiores vulcões do planeta.

Além dessas nuvens e das neblinas, verifica-se também a existência das chamadas nuvens de ondas, formadas a partir do choque de massas de ar com algum acidente da superfície. Nas regiões de Marte onde esse tipo de nuvem é formado, constata-se que os ventos sopram de oeste com velocidades que variam de 10 a 12 m/s, próximo à superfície, e mais de 100 m/s, alguns quilômetros acima do solo.

A meteorologia marciana apresenta ainda um dos fenômenos mais impressionantes, observado até mesmo daqui, com telescópios: a formação de um conjunto de nuvens brancas, de caráter sazonal, verificada — nas horas vespertinas — em torno dos quatro gigantescos vulcões da região de Tharsis. Essas nuvens são bastante delgadas e se situam em altitudes bem elevadas. Às vezes, chegam a flutuar alguns quilômetros acima do topo daquelas imponentes montanhas vulcânicas. A origem orográfica desse tipo de condensação é devida ao ar quente que esfria e se eleva ao longo da encosta dos vulcões, ocasião em que o vapor de água se condensa.

A Viking 2 veio confirmar a presença de geada no Planeta Vermelho. Na verdade, essa característica já era conhecida há muito tempo. No século 18, o astrônomo britânico William Herschel já desconfiava da sua existência. Trata-se de uma fina camada transparente, que se deposita sobre o solo e as rochas marcianas. Esse finíssimo manto de gelo se mantém durante uma ou duas centenas de dias e se espalha especialmente nas altas latitudes, a partir dos polos. Acredita-se que as partículas de poeira daquela atmosfera recolham fragmentos de água em estado sólido. A princípio, considerando-se a baixa pressão do ar, essa combinação teria peso suficiente para baixar até o solo, porém o dióxido de carbono gelado adere às partículas, fazendo com que toda a mistura desça e se transforme em orvalho congelado. Durante o dia, a radiação solar evapora o dióxido de carbono sólido, devolvendo-o à atmosfera, fazendo com que permaneçam no solo apenas o gelo de água e a poeira.

Em Marte, os indícios de umidade continuam a aparecer, e justamente essas pistas levam à crença de que água em estado líquido pode ter coberto vastas áreas do planeta. Alguns cálculos apontam um período de até 1 bilhão de anos. No entanto, até o momento, quaisquer esforços para explicar como o clima marciano algum dia permitiu tais condições favoráveis não deram em nada. Atualmente muitíssimo frio e seco, o planeta teve, com certeza, necessidade de uma considerável atmosfera de estufa para possibilitar seu passado úmido. Uma espessa camada de dióxido de carbono, que retinha o calor dos vulcões, certamente envolveu o jovem planeta. No entanto, os atuais modelos climáticos indicam que apenas o CO_2 jamais poderia ter evitado o congelamento daquela superfície.

A surpreendente descoberta de que minerais de enxofre se espalham pelo solo marciano tem levado os especialistas a suspeitar de que o CO_2 teve um parceiro de calor: o dióxido de enxofre. Este composto é um gás comum, lançado na atmosfera quando os vulcões entram em erupção, uma ocorrência, ao que tudo indica, bastante frequente quando Marte ainda era jovem.

As primeiras observações das calotas polares marcianas datam da segunda metade do século 17. Atualmente são bastante familiares aos nossos cientistas. As calotas em Marte apresentam variações periódicas de espantosa regularidade. Ora mais, ora menos extensas, dependendo das estações nos respectivos hemisférios. Durante o inverno, essas imensas capas de gelo carbônico e de gelo de água — e provavelmente a mistura de ambos — chegam a ocupar vastas áreas. Cobrem cerca de 10 milhões de quilômetros quadrados e representam

CAPÍTULO SEIS: PLANETA VERMELHO   103

meio caminho entre o polo e o equador do planeta. Calcula-se que a água contida na calota polar sul, por exemplo, se pudesse ser distribuída sobre todo o planeta, formaria um oceano com 15 a 20 metros de profundidade.

Com a aproximação do fim do inverno e a chegada do verão, as calotas marcianas vão encolhendo. O fenômeno, válido para ambos os hemisférios, ocorre certamente devido aos processos de condensação e sublimação do dióxido de carbono. Tais fluxos e refluxos deixam em seu rastro inúmeras manchas escuras, que igualmente se deslocam dos polos até o cinturão equatorial do planeta. Essas ondas de escurecimento se juntam às áreas normalmente escuras, acentuando-se ainda mais o contraste com as zonas desérticas, as quais permanecem praticamente inalteráveis.

Fato curioso é que as calotas polares marcianas parecem formadas de camadas sobrepostas, estratificadas, o que constitui mais um quebra-cabeça para os estudiosos. Na verdade, ninguém sabe exatamente o que isso significa. Alguns especialistas admitem que essas camadas em degraus sejam o produto de pequenas oscilações no ciclo climático de Marte. Tais variações resultariam num degelo parcial seguido de um congelamento igualmente parcial. Imagens da Mars Global Surveyor mostram que, nos últimos anos, parte da calota polar sul tem derretido. Processo de um aquecimento global em Marte? É possível. Por outro lado, esses ciclos podem de fato ter ocorrido por um longo período da história do planeta. As atuais marcas das calotas seriam, então, uma clara evidência.

Outra interessante característica dessas imensas capas de gelo é que não estão centradas nos polos. A calota austral, por exemplo, encontra-se deslocada cerca de 400 km do eixo de rotação do planeta, dificilmente ultrapassando 80 graus de latitude. Em contrapartida, a calota polar setentrional — cinco vezes mais extensa — encontra-se sempre mais centrada, apresentando ainda arcos radiais, alguns bifurcados, a partir do polo. Ainda não sabemos sobre a espessura do gelo, mas pode-se admitir que varie entre 100 e 1.000 metros.

Deserto Gelado

Em 1976, sete anos após a chegada do primeiro homem à Lua, a Viking 1 pousou em Marte, no dia 20 de julho. Dois meses depois, a 3 de setembro, foi a vez da Viking 2 descer em solo marciano, a 7.400 km da sua irmã gêmea.

104 A HISTÓRIA DO SISTEMA SOLAR PARA QUEM TEM PRESSA

Depois de muitas dúvidas e hesitação do pessoal da NASA, as regiões escolhidas foram Chryse Planitia e Utopia Planitia, respectivamente. Em meio ao impacto da façanha, os cientistas puderam finalmente conhecer de perto muitos aspectos e características da superfície e da baixa atmosfera de Marte. E as surpresas não foram poucas. Instalados a bordo dos robôs espaciais, as telecâmeras e os laboratórios automáticos começavam a rasgar o véu de mistério que envolvera esse planeta durante séculos.

As primeiras imagens transmitidas da superfície de Marte certamente mexeram com a capacidade do homem de compreender e interpretar aquele estranho mundo. O mito marciano, como vimos, começava a desmoronar, para tristeza de uns e surpresa de outros. Observado *in loco*, o panorama se mostrou parecido aos desertos de pedra e cascalho encontrados aqui na Terra. Em Chryse Planitia, por exemplo, a paisagem se descortinava ligeiramente acidentada e de cor acentuadamente ocre. As primeiras fotografias revelaram a existência de vários blocos de rochas de diferentes tamanhos, espalhados em meio a terrenos desérticos e pequenas dunas. Uma primeira e surpreendente aproximação mostrou um grande acúmulo de material fino na base das rochas, o que evidenciava um indiscutível processo de erosão eólica. Mas nem toda a extensão daquela superfície se revelou coberta de poeira. Alguns trechos do solo se mostravam nitidamente compactos, como que vitrificados devido, certamente, à formação de uma espécie de crosta de sais minerais. Seria o resultado provável da evaporação da água do solo? Uma questão desafiadora, sem dúvida.

Em Utopia Planitia, os terrenos apresentavam-se ainda mais acidentados que em Chryse Planitia. Um verdadeiro deserto apinhado de rochas. As imagens mostravam, aqui e ali, campos levemente ondulados ou atravessados por ligeiras depressões, provável resultado do ressecamento ou de ciclos alternados de congelamento e degelo do solo.

A análise da superfície do solo deixava claro que nos dois sítios, separados por milhares de quilômetros, apresentava-se a mesma composição química. O que ficou evidenciado foi a diferença em relação às rochas e minerais encontrados aqui na Terra. Comparadas com as terrestres, as rochas marcianas parecem bem mais ricas em ferro hidratado, cálcio, enxofre e magnésio, embora mais pobres em potássio, silício e alumínio. A tabela da página ao lado fornece a porcentagem dos vários elementos encontrados e comparados com as amostras das rochas terrestres.

COMPOSIÇÃO DO SOLO MARCIANO (%)

ELEMENTOS	SOLO MARCIANO	SOLO TERRESTRE
Oxigênio	50,1	46,60
Silício	20,9	27,70
Ferro	12,7	5,00
Magnésio	5,0	2,10
Cálcio	4,0	3,60
Enxofre	3,1	0,05
Alumínio	3,0	8,10
Cloro	0,7	0,02
Titânio	0,5	4,40

O solo marciano, a exemplo do nosso, também é composto de silicatos, ou seja, combinações de silício e oxigênio com vários metais (na Terra, mais de 70% do solo são formados de silício e oxigênio; este percentual em Marte é ligeiramente maior). Ainda de acordo com a tabela, fica evidente o alto teor de ferro naquele planeta. Calcula-se que 80% do seu solo sejam compostos de uma argila rica em ferro, em forma de limonita, o que explica o aspecto ferruginoso de Marte. As Vikings revelaram também uma outra curiosidade: a existência de minerais magnéticos — óxidos de ferro, magnetita e hematita, ou compostos metálicos de ferro e níquel, de que são formados alguns tipos de meteoritos.

A sonda Phoenix, da NASA, lançada em 4 de agosto de 2007, encontrou sinais de percolatos (um tipo de sal comum no deserto chileno de Atacama) no solo próximo ao polo norte de Marte. A descoberta desse oxidante, membro de uma classe de substâncias que costumam ter efeito corrosivo em outros materiais, foi uma grande surpresa, justamente em vista dos resultados anteriores, que indicavam uma considerável semelhança entre o solo marciano e o terrestre. Sua presença naquele mundo levantava a possibilidade — na verdade, jamais descartada — de existir certa quantidade de água em estado líquido por lá (sabe-se, no entanto, que a baixa pressão atmosférica marciana faz com que o elemento líquido, se de fato existir, evapore rapidamente).

Já nos anos 70, as Vikings haviam descoberto um forte efeito oxidante no solo marciano, o que levou muitos pesquisadores a inúmeras especulações. A mais relevante, e curiosamente a menos otimista, era de que o ambiente em Marte seria inóspito demais para suportar vida, ao menos na superfície. A recente descoberta da Phoenix nos levou a lembrar que os percolatos são uma classe de oxidantes diferentes e muito estáveis. E que necessariamente não destroem a matéria orgânica; alguns chegam a ter propriedades anticongelantes, o que reforça a teimosa esperança da existência de água no planeta vizinho.

Cânions e Vulcões

Marte possui inúmeros vulcões. Estima-se que a quase totalidade deles se encontre inativa há centenas de milhões de anos; todos situados no hemisfério setentrional. Os mais espetaculares, e de causar inveja a qualquer dos nossos, chegam a atingir centenas de quilômetros de base e milhares de metros de altura. O Ascraeus Mons, o Pavonis Mons e o Arsia Mons são alguns exemplos. Essas formações vulcânicas estão concentradas em duas regiões de Marte: Tharsis e Elysium Planitia. A primeira fica a oeste de Valles Marineris, uma gigantesca fossa de paredes escarpadas que se estende por 6.000 km, cuja altura média atinge 10.000 metros. A segunda encontra-se mais a leste e tem 550 km de diâmetro.

Em 1988, a sonda soviética Fobos 2 registrou temperaturas que oscilavam em torno dos 20 graus no alto de outro vulcão — o Pavonis Mons. Uma temperatura, por sinal, incrivelmente alta, em se tratando de um planeta tão frio. Aquele vulcão ainda estaria em atividade? Ou o fenômeno está associado à absorção da energia solar pelas rochas marcianas? Ninguém sabe ainda.

Outro gigantesco vulcão é o Olympus Mons (Monte Olimpo), a mais espetacular montanha do Sistema Solar, situada a 1.500 km a nordeste dos vulcões de Tharsis. Mede mais de 600 km de base e eleva-se a fantásticos 26.000 metros sobre as planícies ao seu redor. No cume, a cratera, colapsada, forma uma imponente caldeira de 90 km de diâmetro. Os flancos dessas extraordinárias montanhas vulcânicas estão cobertos por sucessivas camadas de lava, provavelmente basáltica. Esse material magmático e fluido encontra-se largamente espalhado sobre as planícies vizinhas. Admite-se que as enormes dimensões desses vulcões sejam decorrentes de uma litosfera (crosta) estável e

CAPÍTULO SEIS: PLANETA VERMELHO

consideravelmente espessa. As formações geológicas em Marte indicam que por lá não existe um sistema de placas tectônicas, como na Terra ou em Vênus. Pelo menos é o que aponta a aparente imobilidade de sua litosfera. Daí admitirmos que esses vulcões sempre se mantiveram acima da camada magmática.

De acordo com datações efetuadas nas crateras situadas nos flancos e nas caldeiras vulcânicas, os vulcões da região de Tharsis parecem relativamente jovens, e certamente se mantiveram ativos por um longo período da história geológica do planeta, ou seja, alguns bilhões de anos.

O Monte Olimpo e os outros três vulcões de Tharsis têm formato idêntico: aparência cônica e no topo um sistema de caldeiras, ou seja, crateras embutidas e formadas por sucessivos desmoronamentos por ocasião das erupções. Nas vizinhanças dos vulcões maiores encontram-se outros, de dimensões mais modestas, entre eles o Ceranius Tholus e o Uranus Tholus. Este último é um pouco menor, e ambos estão situados ao norte da cadeia de vulcões de Tharsis. A base do Ceranius Tholus apresenta uma cratera parcialmente preenchida de material vulcânico, o que nos leva a pensar que o fim do período de atividades desses vulcões é relativamente recente. A oeste dessas formações vulcânicas há um intrincado sistema de falhas paralelas (estrias), que se estendem por vários quilômetros até o Alba Patera, um outro vulcão, situado mais ao norte. Tais depressões alinhadas são o provável resultado de esforços tectônicos localizados e, possivelmente, abortados. Sua profundidade talvez esteja ligada ao desmoronamento do terreno, alternadamente causado por correntes de água em estado líquido e pelos ventos. Mas não há certeza sobre o assunto.

A exemplo da Lua e de Mercúrio, certas zonas de Marte, principalmente no hemisfério meridional, estão crivadas de crateras de impacto, até o ponto de saturação. São, com certeza, as áreas mais antigas do planeta, com idade em torno de 4 bilhões de anos. No hemisfério norte, também encontram-se áreas de impacto, mas em menor número e bem mais esparsas. Trata-se, sem dúvida, de terrenos mais recentes. Em Marte, essas crateras de impacto, de diferentes dimensões, são quase duas vezes menos abundantes que na Lua ou em Mercúrio. As três maiores são as bacias de Hellas — 1.500 km de diâmetro —, Isidis e Argyre.

Marte também possui o seu cânion, localizado na região equatorial e indiscutivelmente um de seus traços morfológicos mais imponentes e espetaculares. Trata-se do Valles Marineris, um incrível sistema de fraturas que se estende por 5.000 km no sentido leste-oeste e apresenta uma profundidade média de 6.000 metros. Essa gigantesca cicatriz, criada possivelmente a partir de um violento e súbito fluxo de água, começa na região de Noctis Labyrinthus e é formada por um complexo sistema de canais bastante escarpados.

Na parte central, o Valles Marineris é formado por vários outros cânions paralelos, dispostos, por sua vez, ao longo de vastas depressões. Essas impressionantes fossas vão se encontrar no centro desse monumental sistema, numa região denominada Melas Chasma — uma depressão de 160 km de largura. A leste, o Valles Marineris vai se juntar a uma outra imensa depressão — o Capri Chasma —, abarrotada de grandes blocos rochosos e formada de materiais diversos (Valles Marineris seria, possivelmente, o resultado inicial de um desmoronamento da parte superior do platô). Em seguida, os vales que o compõem parecem ter sido escavados pela erosão e por sucessivos deslizamentos de terreno. Tais deslizamentos devem ser relativamente recentes e talvez ainda ocorram até hoje.

Além dos múltiplos e variados aspectos topográficos, a superfície de Marte é caracterizada por uma acentuada assimetria entre os dois hemisférios. Do ponto de vista morfológico, isto se deve à existência de terrenos antigos, fortemente marcados pela presença de numerosos impactos de meteoritos ou núcleos cometários. Esses terrenos meridionais guardam uma grande semelhança com as chamadas terras lunares, assim como com as planícies mais jovens e pouco craterizadas ao norte do planeta. Mas é no hemisfério sul marciano que estão localizadas as grandes bacias, semelhantes às da Lua. Topograficamente, esses contrastes manifestam-se ainda por uma acentuada diferença de altitude entre os dois hemisférios marcianos: o hemisfério norte é consideravelmente mais baixo do que a metade sul do planeta.

As grandes planícies marcianas, situadas ao redor da calota polar norte, são geralmente 2 a 3 km mais baixas que os terrenos antigos do hemisfério meridional. Essa variação de altitude verifica-se numa distância de apenas algumas centenas de quilômetros. Aliás, é mais ou menos a mesma diferença existente entre os continentes e as bacias oceânicas da Terra. Tal assimetria poderia corresponder a uma diferença de espessura da crosta marciana, exatamente o que ocorre em nosso planeta, onde a crosta continental atinge entre 30 e 50 km de espessura, contra apenas 6 a 8 km da crosta oceânica.

O limite entre os terrenos antigos, fortemente craterizados, e as planícies recentes do hemisfério norte constitui um dos traços mais evidentes e

CAPÍTULO SEIS: PLANETA VERMELHO

dominantes da superfície de Marte. Os terrenos antigos representam a crosta primitiva, por certo intensamente bombardeada desde a sua formação. Nesses terrenos, podemos observar duas grandes populações de crateras de impacto. A primeira é formada por crateras que apresentam um diâmetro médio superior a 20 km. A segunda, constituída por um conjunto de crateras menores, localizadas em terrenos mais conservados. O primeiro grupo é mais antigo, produzido, com certeza, no início da história geológica de Marte. As crateras mais recentes correspondem, portanto, ao término dessa primeira fase e devem datar de 4 bilhões de anos.

Entre as numerosas crateras, os terrenos antigos apresentam uma grande rede de canais, que termina, abruptamente, nos limites das regiões recobertas por formações de planícies recentes. Esses canais são o resultado provável dos desmoronamentos da superfície. Calcula-se que esses colossais deslizamentos de terra também devam ter acontecido na primeira fase de Marte.

As imagens do Planeta Vermelho, obtidas pelas Mariners e Vikings, nos anos 70, já revelavam traços geológicos supostamente esculpidos pela água. Tais formações incluíam gigantescos canais abertos, quem sabe, por enchentes catastróficas e sistemas de vales parecidos com as bacias de drenagem dos grandes rios terrestres. Ao longo dos últimos 20 anos, a Mars Global Surveyor — que orbita o planeta desde 1997 — revelou de forma surpreendente a presença de canais pequenos e aparentemente jovens nas paredes de algumas crateras e cânions. Uma evidência inequívoca de água no passado? É possível, mas não necessariamente por longos períodos. É também possível que a água das enchentes possa ter drenado apenas alguns dias ou semanas naquela superfície, antes de congelar. Ou ter sido absorvida pelo solo ou mesmo evaporado.

Os vales marcianos poderiam ter sido formados inteiramente da erosão provocada pelo fluxo subterrâneo de água — processo conhecido como solapamento —, e não como resultado do movimento de água na superfície. Da mesma forma, as ravinas — depressões no solo — que aparecem nas imagens da MGS podem resultar de água corrente no subsolo, abaixo do gelo ou mesmo em depósitos de neve subterrâneos.

Uma das descobertas mais sensacionais é um tipo de formação semelhante aos deltas das desembocaduras dos rios. O exemplo mais representativo, também flagrado pelas lentes da MGS, encontra-se no final de uma rede que escoa para a cratera de Eberwald, a sudeste do sistema de Valles Marineris.

Esses canais terminam num leque estratificado — com 10 km de largura —, caracterizado por meandros entrecortados que mostram vários graus de erosão. Para muitos geólogos planetários, tal estrutura parece ter nascido após um antigo rio ter escavado cursos alternativos em meio aos depósitos de sedimentos. Esse sistema de leques não foi o único descoberto na superfície de Marte. Imagens de satélites revelaram outros. A hipótese de que se trata realmente de deltas fluviais marcianos é estimulante. Mas a questão permanece: por quanto tempo a água fluiu naquele mundo? Somente amostras de rochas desses sítios — e sua respectiva análise — poderiam nos dar a resposta.

> *Recentemente, a sonda Mars Global Surveyor revelou ao mundo uma face de Marte até há pouco tempo desconhecida. Suas câmeras registraram, além da existência de inúmeros sistemas de canais que se parecem muito com leitos secos de rios, vulcões que ainda podem estar ativos. O que significa tudo isso? Será que o nosso vizinho já foi geologicamente muito mais dinâmico do que se apresenta nos dias atuais? Há fortes evidências neste sentido.*

VIDA EM MARTE?

Havia realmente uma indisfarçável esperança. A discutida promessa de vida em Marte não estava totalmente descartada. Pelo menos até a chegada das Vikings, em 1976. A presença de vapor de água na atmosfera marciana era coisa conhecida há muito tempo. O fato, pois, mantinha os cientistas em discreta expectativa quanto à possibilidade de ser encontrada alguma forma de vida microscópica. Afinal, havia água no solo — embora permanentemente congelada — até as latitudes equatoriais. Restava a análise. Apesar das condições adversas, os módulos dos robôs estavam equipados com pequenos laboratórios capazes de realizar experiências variadas e complexas. O objetivo da delicada missão era o de detectar qualquer tipo de atividade que pudesse estar associada à vida. No primeiro teste, denominado Experiência de Liberação Pirolítica, uma pequena amostra do solo foi banhada em luz e mantida em contato com uma amostra de carbono levada da Terra. No caso do solo terrestre, que contém células vegetais de todo tipo, estas, na presença da luz, absorveriam o dióxido de carbono e o incorporariam aos seus tecidos. Se o dióxido de carbono fosse liberado e o solo aquecido a uma alta temperatura, os compostos de carbono do solo se decomporiam e,

CAPÍTULO SEIS: PLANETA VERMELHO 111

então, seria produzido o dióxido de carbono. Tal foi a primeira experiência efetuada no solo de Marte. Resultado: foi detectado o carbono 14 no momento certo, o que significava que as amostras daquele solo haviam se comportado como se tivessem células vivas.

Seguiu-se outro teste, chamado Experiência de Liberação Classificada. Neste, as amostras foram tratadas com uma solução de elementos químicos contendo carbono na água. Tais elementos continham carbono 14. Se não houvesse vida no solo, não haveria a consequente liberação de gases contendo carbono 14. Na época, um misto de hesitação e surpresa tomou conta dos responsáveis pelos aspectos científicos da missão, quando ficou provado que havia efetiva liberação de gases. Em outras palavras, o carbono 14 fora detectado uma vez mais.

Finalmente, foi realizada a experiência da troca de gases. Na Terra, como sabemos, os organismos vivos trocam gases continuamente com a atmosfera. Aqui, absorve-se oxigênio e libera-se dióxido de carbono. Nossas plantas verdes, por meio da utilização da energia solar, absorvem o dióxido de carbono e liberam o oxigênio. No último experimento no solo de Marte, as amostras foram umedecidas e a elas adicionados elementos químicos necessários à vida. A atmosfera acima do solo foi testada e descobriu-se que havia troca de gases. O oxigênio foi liberado com rapidez, e isto não teria acontecido se as amostras não tivessem sido aquecidas antes.

O resultado das três experiências foi mais ou menos o esperado. A dúvida, no entanto, persistiu, uma vez que foi detectada uma quantidade significativa de compostos orgânicos. A pergunta que se impunha era: como poderia existir vida em Marte se não havia tais compostos em seu solo? Talvez fosse devido à grande quantidade de radiação ultravioleta que atinge a sua superfície — é bom lembrar que a atmosfera marciana é extremamente rarefeita —, responsável pela decomposição das moléculas orgânicas. Nem mesmo uma porção de amostra recolhida debaixo das rochas — e que, portanto, não estava exposta à luz ultravioleta — mostrou qualquer sinal da presença de material orgânico.

O caráter não conclusivo das experiências efetuadas pelas sondas Viking prende-se ao fato de que, uma vez não tendo sido encontrados compostos orgânicos — logo, nenhuma vida —, como poderiam ser explicados os resultados positivos dos testes quanto à vida? Aventou-se a hipótese, defendida por alguns cientistas e encarada com reserva por outros, de que talvez a luz UV que atinge em cheio a superfície de Marte produza peróxidos — compostos químicos que não se encontram no solo terrestre. De acordo com alguns especialistas, esses peróxidos podem ter o mesmo comportamento esperado dos organismos vivos, o que justificaria ou talvez explicasse os resultados positivos obtidos naquelas três experiências.

Desta lição, o que foi possível extrair é que o solo marciano possui de fato uma química bastante curiosa. O desafio e a dúvida, portanto, persistem. De qualquer maneira, a questão sobre a possibilidade da existência de microorganismos no planeta não deve se esgotar por aqui.

Em 1984, foi encontrado na Antártica um dos 15 meteoritos de origem comprovadamente marciana — o ALH 84001. De longe, a pedra mais famosa oriunda do Planeta Vermelho. De maneira geral, os meteoritos marcianos, em sua composição química, se assemelham aos basaltos terrestres. Entretanto, a polêmica em torno do ALH 84001 tem uma razão especial: em 1996, pesquisadores da NASA revelaram ter encontrado possíveis evidências de atividades biogênicas naquele fragmento de rocha alienígena. Na época, a notícia causou sensação em todo o mundo, além de indisfarçável perplexidade no meio científico. Como sempre, opiniões se dividiram, é claro, e o debate a respeito do assunto ainda parece longe de ter se esgotado. Aos mais cautelosos, uma quase certeza, ou seja, os tão badalados micróbios marcianos não passam ainda de simples hipótese.

Todas essas questões, como vemos, ainda permanecem em aberto. A vida poderia ter existido em Marte, em algum lugar do passado? Até o momento não existem respostas de fato concludentes ou satisfatórias. Sequer sabemos ainda como a vida surgiu na Terra. A única certeza, ou quase, é que a vida já se encontrava presente em nosso planeta há 3,5 bilhões de anos e que a presença de água líquida foi um fator realmente determinante. E mais, que a vida na Terra soube se adaptar às condições primitivas mais adversas. Hoje se diz que a primitiva existência de microorganismos no nosso planeta teve sua origem nas moléculas orgânicas eventualmente trazidas pelos cometas. Será verdade? No caso de Marte, a questão que se coloca é a seguinte: a provável existência de oceanos líquidos por lá teria permitido que fossem criadas condições para o surgimento de algum tipo de vida? Se a resposta for positiva, outra pergunta parece se impor: os oceanos marcianos teriam existido durante tempo suficiente para que a vida pudesse ter se desenvolvido por lá? Se a resposta ainda for positiva, resta-nos a esperança de que microorganismos possam ser encontrados. Onde? Os locais mais prováveis seriam o fundo das grandes depressões do hemisfério norte marciano, regiões permanentemente protegidas

CAPÍTULO SEIS: PLANETA VERMELHO 113

dos raios ultravioletas oriundos do Sol. Em outras palavras, nas atuais condições, qualquer molécula orgânica complexa seria irremediavelmente destruída no solo de Marte. Talvez tenha sido esta a razão do resultado insatisfatório das experiências realizadas pelas Vikings.

PASSEIOS SOLITÁRIOS

Caminhar por aquele mundo, como fizeram os astronautas em nosso satélite natural, nos anos 60 e 70, ainda nos parece um sonho ou um exercício de fantasia. As reais dificuldades da chegada do homem a Marte são muitas, variadas e complexas, e de toda ordem: tecnológicas, biológicas... O contato direto com o Planeta Vermelho deu-se, até o momento, somente por intermédio do envio de sondas automáticas, na órbita ou na superfície, monitoradas desde a Terra, algumas delas ainda em funcionamento e atividade. Projetos e investimentos de bilhões de dólares, que, no fundo, sempre buscaram uma resposta, ao mesmo tempo simples e inquietante: saber se Marte já reuniu, ou ainda sustenta, condições favoráveis à vida.

Os primeiros objetos humanos a pousar em solo marciano foram as sondas Viking 1 e 2, lançadas pela NASA em 1975 (a chegada foi em 1976). Em 1997, a missão Mars Pathfinder levou os americanos de volta ao Planeta Vermelho, na primeira tentativa de utilização de robôs automáticos naquela superfície. Em seguida, vieram a Spirit e a Opportunity, que chegaram ao planeta em 2004. Esta última, após uma missão de 15 anos, foi declarada "morta" em 2019. A Spirit só foi inutilizada porque perdeu contato com a Terra, em 2010.

O último desses engenhos, o robô Curiosity, aterrissou próximo ao equador de Marte — na cratera de Gale — em agosto de 2012, após uma viagem de 567 milhões de quilômetros, quase nove meses no espaço e ao impressionante custo de 2,5 bilhões de dólares. Durante o primeiro ano da missão (a NASA estenderia esse prazo até outubro de 2018), um dos principais objetivos do Curiosity já fora alcançado: a descoberta sem precedentes, ou a confirmação, da existência de água líquida e corrente fluindo sobre a superfície e no subsolo de Marte. Suas imagens e medições mostraram sequências de sedimentos — como argila e sulfatos — a indicar que, no passado, aquele solo estivera inequivocamente em contato com água. Segundo os especialistas da NASA, um avanço bastante significativo e que pode finalmente apontar para a possível existência de vida naquele mundo. Com efeito, a presença de vários elementos químicos — minerais que só são formados na presença de água — semelhantes aos encontrados na Terra também já foi registrada no Planeta Vermelho. Entre eles, nitrogênio, hidrogênio, oxigênio, fósforo, enxofre e carbono, todos os ingredientes igualmente vitais para o desenvolvimento de bactérias e outros microorganismos.

Não apenas a atmosfera e a superfície — como vinha sendo feito até então — bastavam para os pesquisadores da NASA. Uma nova missão já estava prevista para 2018. Depois de sete meses de viagem, a sonda automática InSight finalmente chegou ao seu destino, em novembro daquele ano. O objetivo principal da missão será estudar a parte de dentro do planeta, ou seja, as camadas que formam o seu interior, entre três e cinco metros abaixo da superfície. Assim, ficaremos sabendo como e em que proporções o solo marciano libera calor e energia. Um dos equipamentos mais importantes que foram levados é uma espécie de estação meteorológica compacta, que irá monitorar parâmetros relacionados ao clima da Elysium Planitia, região onde a sonda pousou. Se tudo der certo, a missão da InSight (a oitava nave americana a pousar em Marte) durará um ano marciano, período que corresponde a 687 dias terrestres. Isto significa que a coleta de dados e informações — que ainda desconhecemos — irá durar até o fim de 2020.

DUAS BATATAS

Desde a invenção do telescópio (1608), dois séculos e meio se passaram (1877) sem que fosse encontrada qualquer lua de Marte. Outros satélites, de outros planetas bem mais distantes, foram descobertos durante esse longo período. Os primeiros foram os satélites de Júpiter, avistados por Galileu em 1610, uma das primeiras e mais importantes descobertas feitas com o novo instrumento. Seguiu-se o primeiro satélite de Saturno, entrevisto por Huygens em 1655, e vários outros do mesmo planeta, pouco tempo depois.

Após a descoberta de Urano em 1781, por William Herschel, seis anos transcorreram, até que ele próprio descobriu mais dois companheiros desse planeta. Netuno teve a sua vez, poucas semanas após ter sido achado em 1846; um dos seus satélites foi revelado na mesma época.

E Marte? Bem, suas duas pequeninas luas apresentam uma história diferente e curiosa. Inicialmente pelo simples fato de que ambas pertencem ao

CAPÍTULO SEIS: PLANETA VERMELHO

115

clube fechado de corpos celestes cuja existência foi prevista bem antes de serem vislumbrados. E aqui, uma vez mais, o Planeta Vermelho se vê envolvido em histórias e lendas. A mera predição da existência de um satélite é, em si, algo singular. Até hoje os cientistas não possuem uma fórmula, como a Lei de Titius-Bode (v. pg. 134), referente às distâncias entre os planetas e seus respectivos satélites. Uma lua, a menos que possua uma massa e um volume consideráveis, não poderia exercer influência gravitacional sobre o seu planeta. Além disto, um satélite de tais proporções seria facilmente visível e detectável, o que eliminaria a necessidade de predições.

Depois que Kepler anunciou sua desconfiança sobre a possível existência de satélites marcianos, estes passaram a ser esporadicamente mencionados na literatura de ficção, muito antes de serem descobertos. Jonathan Swift, o criador do imortal Capitão Gulliver, ao relatar as fantásticas aventuras de seu herói por terras imaginárias, refere-se ao enorme interesse dos habitantes de Laputa pela astronomia e a *descoberta* do par de satélites marcianos. Narra Swift: "Eles [os laputenses] descobriram ainda duas estrelas inferiores, ou satélites, que giram em torno de Marte, das quais a mais interna dista do centro do planeta exatamente três diâmetros e a mais afastada, cinco. A primeira completa sua órbita no espaço de 10 horas, e a outra em 21,5 horas. Assim, o quadrado dos seus tempos periódicos se aproxima proporcionalmente aos cubos de sua distância ao centro de Marte, o que demonstra serem governados pelas mesmas leis de gravitação que influenciam os outros corpos celestes." Profecia, dedução ou pura coincidência? A famosa obra *As viagens de Gulliver* foi publicada em 1726.

Em 1750, no seu divertido *Micrômegas*, Voltaire se refere a gigantescos seres provenientes de Saturno e da estrela Sirius. Em sua visita à Terra, onde se maravilharam fartamente com as loucuras dos humanos, eles puderam observar os dois satélites do planeta Marte.

Embora há muito tempo já existissem na imaginação de vários autores, as luas marcianas teimavam em se esconder dos astrônomos. Um verdadeiro jogo de esconde-esconde, que se prolongou até quase o final do século 19. Em 1877, nada menos de 18 satélites de outros planetas já eram conhecidos. Somente naquele ano, durante uma oposição particularmente favorável, é que seria resolvida a charada em torno dos esquivos satélites de Marte. O autor da proeza foi o astrônomo americano Asaph Hall, falecido em 1910. "Minha pesquisa para encontrar um satélite começou no início de agosto de 1877.

Primeiramente, meu interesse foi dirigido para alguns objetos de pouco brilho a certa distância do planeta, mas foi constatado que se tratava de estrelas fixas. A 10 de agosto, comecei a examinar a região próxima a Marte e dentro do resplendor de luz em volta do mesmo. Nessa noite, não consegui achar nada. A imagem do planeta era oscilante, e as luazinhas nesse momento certamente se encontravam bem próximas dele e, portanto, não poderiam ser vistas. A busca em torno de Marte entrou madrugada adentro. Às duas e meia da manhã, avistei um tênue objeto no bordo de fuga do planeta, ou seja, do lado oposto ao seu deslocamento. Achava-se um pouco ao norte, e mais tarde foi confirmado como sendo o satélite mais externo. Mal tive tempo de manter a observação, quando um nevoeiro proveniente do Potomac interrompeu o trabalho. O tempo nublado persistiu por vários dias. Na madrugada do dia 15, o tempo clareou e a pesquisa pôde continuar. Infelizmente, a atmosfera se achava em más condições e não pude mais avistar o objeto. No dia seguinte, ele foi localizado novamente no lado oposto ao deslocamento do planeta, e as observações desta noite confirmaram que se deslocava junto com Marte [...]. No dia 17, enquanto esperava e observava o satélite externo, descobri a luazinha interna. As observações dos dias 17 e 18 de agosto deixaram claro a natureza daqueles objetos, e as descobertas foram publicamente anunciadas pelo Almirante Rodgers."

Fobos e Deimos. Assim foram batizados por seu descobridor, em homenagem aos companheiros de Marte, o deus da guerra para os romanos. São, com toda certeza, os dois satélites mais singulares do Sistema Solar e diferem enormemente de todas as outras luas, a começar pelos tamanhos.

Fobos, o mais próximo de Marte, tem um diâmetro aproximado de 22 km, enquanto Deimos, o mais afastado, não ultrapassa os 12 km. Portanto, dois minúsculos corpos celestes que merecem muito pouco a denominação de astros. Inicialmente, ambos já foram tachados de asteroides capturados (na verdade, essas luazinhas se parecem demais com rochas espaciais) ou sobreviventes de um violentíssimo impacto na superfície de Marte há bilhões de anos. Tais eventos catastróficos não passam de especulações ou de teorias que apenas aumentam ainda mais um mistério a envolver o planeta.

Fobos é o mais desgarrado; contudo, não chega a se afastar 10.000 km de Marte e realiza uma revolução completa ao redor deste em cerca de 7 horas e meia. Ou seja, pouco menos de um terço do dia marciano, o que faz com que essa pequena lua cruze o céu marciano, pelo menos, duas vezes por dia.

É o único satélite, em todo o Sistema Solar, que circula à volta do seu respectivo planeta em menos tempo que este leva para completar um giro sobre o próprio eixo. Ao contrário da nossa Lua, que se afasta da Terra alguns centímetros por ano, Fobos vem gradativamente se aproximando de Marte, o que faz aumentar as tensões gravitacionais a que está submetido. O futuro desse pequeno satélite talvez seja a colisão ou a desintegração devido às forças gravitacionais a que está submetido. Cálculos mais recentes indicam que as rochas (o satélite é um agregado poroso e heterogêneo de rochas), resultantes da desintegração, continuarão a orbitar Marte e a se distribuir rapidamente em volta do planeta, formando um anel. Tais eventos catastróficos não são para já. Os números indicam que este anel (talvez jamais perceptível da Terra) só aparecerá daqui a 20 ou 40 milhões de anos e ficará em torno do planeta até seus fragmentos caírem em Marte como uma chuva de estrelas.

Fobos é a maior das luazinhas de Marte. Seu período de revolução parece estar diminuindo de maneira lenta e gradual. A causa do fenômeno pode estar associada ao lento atrito da atmosfera marciana, que estaria subtraindo energia da pequena lua, obrigando-a a girar mais perto de Marte.

Deimos encontra-se a aproximadamente 23.000 km de Marte e seu giro orbital leva cerca de 30 horas. Ambas as luas giram à volta do planeta no sentido direto. A exemplo da Lua e da maioria dos outros satélites, Fobos e

Deimos apresentam uma rotação sincrônica ao redor do planeta primário, ou seja, o período de rotação sobre os seus eixos é igual aos seus períodos de revolução em torno de Marte. O resultado disto é que ambos apresentam sempre o mesmo lado para Marte.

A origem e formação dos minúsculos satélites marcianos ainda não foram devidamente esclarecidas. O assunto, aliás, permanece como mais um tema de especulação sobre essa pequena família espacial. As luas de Marte seriam satélites naturais (apesar do tamanho), asteroides capturados ou satélites artificiais? Artificiais?! Até mesmo esta última hipótese já foi sugerida e debatida. Outra possibilidade é que ambas tenham sido formadas a partir de pedaços que escaparam de Marte e outros objetos que colidiram com o planeta no passado.

A enorme diferença de composição química entre as superfícies de Marte e de seus satélites torna muito difícil a hipótese de que tenham sido criados ao mesmo tempo. Alguns cientistas concordam que Fobos e Deimos foram formados na região externa do cinturão de asteroides e mais tarde capturados por Marte. Ambos, no entanto, possuem características que nos lembram uma mesma origem. Mas a ideia de uma única procedência para esses satélites não exclui controvérsias e algumas disputas.

Fobos e Deimos são os corpos mais escuros do Sistema Solar, mais ainda do que alguns asteroides do cinturão interno. Ambos apresentam uma coloração acinzentada, bastante carregada, e não refletem mais do que 5% da luz recebida do Sol. Tal circunstância, combinada à baixa densidade, indica que possuem apenas duas composições possíveis: basalto vesicular ou meteorito carbonado.

Dada a baixíssima gravidade, a velocidade de escape de Fobos é de apenas 12 m/s, e a de Deimos é mais ou menos a metade disto. As duas luazinhas apresentam-se pontilhadas de crateras de diferentes tamanhos, produzidas certamente por impactos de meteoritos. Considerando-se as dimensões desses buracos e também por se tratarem de astros extremamente frios, fica praticamente excluída a possibilidade de que tenham sido formados por vulcões.

Deimos e Fobos estão longe de ostentar uma forma esférica — mostram uma grande discrepância entre seus respectivos eixos maiores e menores. O resultado disto é o estranho aspecto que apresentam e que faz lembrar duas gigantescas batatas deformadas. A baixa densidade desses satélites indica que provavelmente são formados de um material rico em elementos leves, como os

CAPÍTULO SEIS: PLANETA VERMELHO

que constituem os meteoritos primitivos. Existiria água em seus respectivos subsolos? Nem um nem outro retiveram qualquer tipo de atmosfera e ambos tampouco apresentam qualquer atividade geológica interna.

Tanto em Fobos como em Deimos não foram encontrados nem água em estado líquido, nem vales fluviais, ou sequer quaisquer traços de enrugamento nas suas superfícies. Fobos, entretanto, apresenta algumas ranhuras isoladas e campos de sulcos paralelos de 200 metros de largura. Tais características abrangem grande parte da escura superfície dessa lua. Alguns desses sulcos parecem partir da cratera de Stickney, a maior, com aproximadamente 9 km de diâmetro — um terço da extensão maior do satélite. Além disto, Fobos apresenta, a intervalos regulares, fileiras ou grupos de cavidades paralelas que medem de 50 a 200 metros de diâmetro cada uma. A princípio, imaginou-se que se tratava de crateras de impacto secundárias, provavelmente produzidas pela queda de detritos. A grande proximidade entre elas e o fato de seus contornos serem distintamente irregulares, e não circulares, deixam muitas dúvidas sobre sua origem e formação. Deimos, ao contrário de seu irmão, não apresenta quaisquer dessas características em sua superfície. Nela, não vemos nem sulcos nem ranhuras, e muito menos as estranhas fileiras de buracos. No solo, assim como no fundo das crateras, parece existir uma considerável camada de poeira escura, que cobre completamente o pequenino astro.

DADOS	FOBOS	DEIMOS
Distância (média) de Marte	9.400 km	23.520 km
Revolução	7h 40min	30h 22min
Diâmetro	21 km	12 km
Albedo médio	5%	5,5%
Velocidade orbital	2,3 km/s	1,17 km/s

BOMBARDEIO ADIADO

Em julho de 1988, do centro de lançamento de foguetes do Cosmódromo de Baykonur, na antiga União Soviética, duas sondas — Fobos 1 e 2 — iriam bombardear com raios laser a superfície do satélite do mesmo nome. O principal objetivo da missão era a busca por novas informações sobre o processo de formação do Sistema Solar. Além, é claro, da confirmação, ou não, da

A HISTÓRIA DO SISTEMA SOLAR PARA QUEM TEM PRESSA

existência em Marte e em suas luas de elementos que pudessem conter água ou carbono, base da vida. Os especialistas esperavam que a intensa descarga de raios laser fosse capaz de provocar densas nuvens de partículas, que acabariam sendo recolhidas por um dispositivo. Os instrumentos científicos a bordo determinariam a composição espectrográfica dessas partículas, e os resultados seriam enviados à Terra. A operação deveria ser repetida uma centena de vezes enquanto os robôs permanecessem girando em volta de Fobos.

Infelizmente, nada disso aconteceu. O destino final daquelas sondas seria um silêncio cercado de mistério. Dois meses após seu lançamento, a Fobos 1 deixou de enviar qualquer sinal para a Terra. A Fobos 2 teve melhor sorte que a irmã gêmea. Antes de sua máxima aproximação do satélite — 190 km —, além de inúmeros dados sobre Marte e o próprio Fobos, a sonda chegou a enviar importantes observações sobre a atividade solar e o meio interplanetário. O fato, sem dúvida, viria atenuar em parte o sabor amargo do fracasso experimentado a partir do último adeus das Fobos 1 e 2.

Quatro anos depois, em 1992, a exploração de Marte iria sofrer outro revés. Desta vez com a sonda americana Mars Observer, de 2,5 toneladas, que se perderia pouco antes de chegar ao planeta. Levava consigo uma esperança acalentada há séculos: a detecção de água no solo.

Recentes imagens de canais e depósitos de sedimentos rochosos, captados pela Mars Global Surveyor, sugerem, finalmente, que a água em estado líquido pode estar aflorando na superfície do planeta. As informações enviadas por rádio parecem indicar que a água líquida deve estar escondida logo abaixo da superfície, em lençóis subterrâneos duas a três vezes maiores do que os cientistas poderiam supor.

O intrépido robô foi ainda mais longe: seu altímetro a laser registrou claros indícios de que, no passado, existiram verdadeiros oceanos em Marte (sabemos que a água tem como um de seus subprodutos químicos o oxigênio). Tais evidências são consideradas ponto de partida para uma nova fase da busca de vida no planeta vizinho. A partir de agora, a questão que se impõe é se Marte pode realmente abrigar seres primitivos, como microorganismos. A resposta definitiva é uma questão de tempo.

A noite de 4 de julho de 1997 marcou o início de uma nova etapa da conquista de Marte. No silêncio da madrugada marciana, pousava naquele solo pedregoso e gélido a sonda americana Mars Pathfinder, após uma viagem de quase seis meses. O local escolhido pela NASA, para sua primeira missão

CAPÍTULO SEIS: PLANETA VERMELHO

robotizada ao planeta, foi Ares Vallis, uma extensa planície arenosa. Tudo indicava que num passado remoto ali corria um rio. Ou vários. Ao redor da sonda-mãe e do Sojourner (um pequeno veículo do tipo rover), foi imediatamente identificada uma grande quantidade de rochas de todos os tipos e cores, certamente de composições muito diferentes entre si. Teriam sido arrastadas pela imensa massa líquida que dera origem àquele grande vale fluvial? É possível. Algumas elevações, de até centenas de metros de altura, ocupavam toda aquela paisagem deserta, cor de tijolo. Desde as primeiras fotografias enviadas à Terra ficava evidente que a sonda havia pousado numa região onde, no passado, devia existir, pelo menos, um rio muito caudaloso. Um dos cientistas da missão lembrou que um rio daquele tipo, na Terra, encheria todo o Mediterrâneo. Segundo a opinião dos especialistas da NASA, esse rio estava em plena atividade de 1 a 3 bilhões de anos atrás. Até aí nada de muito novo no que já se sabia por intermédio das fotos enviadas pelas sondas Viking, duas décadas antes.

A surpresa estava reservada a partir da análise de uma rocha do tamanho de uma bola de futebol — a Barnacle Bill. Os resultados, do ponto de vista geológico, foram surpreendentes e extremamente importantes. Ao contrário da grande maioria das rochas marcianas, a amostra escolhida não exibia a camada de poeira vermelha que cobre quase todo aquele solo. Sua composição era semelhante à das andesitas terrestres (do grupo dos feldspatos), encontradas especialmente no oceano Pacífico. Para a maioria dos cientistas, isso foi uma enorme surpresa. Ninguém esperava encontrar uma rocha com tal composição, uma vez que, pelas fotos, todos imaginavam que as rochas seriam quimicamente parecidas com os basaltos — as rochas vulcânicas.

A Mars Pathfinder (o contato foi perdido após 83 dias de missão) alcançou Marte em 4 de julho de 1997. O módulo do rover Sojourner revelou ainda uma enorme quantidade de dados sobre as características da atmosfera marciana. Um aspecto curioso é que a incrível quantidade de poeira permanentemente suspensa faz com que o alvorecer e o crepúsculo sejam mais longos que os terrestres. Essa camada atmosférica marciana flutua entre 35 e 40 km de altura.

Uma outra missão para Marte já tinha nome e estava prevista para 2003, a Mars Express. Desta vez, seria um consórcio europeu o responsável pela invasão do planeta enferrujado. A sonda europeia estava sendo projetada para fazer pousar em Marte três módulos com uma série de instrumentos que teriam a mesma mobilidade do Sojourner. Lá em cima, em órbita durante a missão, uma sonda automática seria equipada com um radar capaz de rastrear o planeta em busca de água ou gelo a uma profundidade de até 1 km. Além disto, esse orbitador contaria com uma câmera de televisão de altíssima resolução, um espectrômetro infravermelho — para a pesquisa mineralógica —, além de um interferômetro para analisar a composição e a dinâmica da atmosfera marciana. A sonda de descida, a Beagle 2, separou-se com sucesso da nave-mãe no dia 19 de dezembro de 2003, mas perdeu-se o contato com ela no dia 24. A Agência Espacial Europeia considerou-a definitivamente perdida em 1º de janeiro. A Mars Express, no entanto, permaneceu em órbita ao redor de Marte, a fim de estudar sua cartografia, composição química e atmosfera. Enviou dezenas de imagens do planeta e de seu satélite Fobos. No início de 2005, enviou uma série de fotografias do que se suspeita ser um mar gelado sob a superfície do equador.

> *Imagens de alta resolução, enviadas pela Mars Express, parecem não deixar margens a dúvidas: o Planeta Vermelho, no passado, teve um clima semelhante ao terrestre. Elas mostram pequenos vales nos platôs e paredes da região de cânions de Valles Marineris. Há fortes evidências de se tratar da ação da chuva ou do derretimento da neve.*

Em julho de 2018, viria o anúncio de uma descoberta enfim espetacular: a existência de um reservatório permanente de água líquida. Após anos de análise dos dados transmitidos pela Mars Express, foi detectado, 1,5 km abaixo de uma camada de gelo próxima ao polo sul marciano, "um verdadeiro lago com 20 km de diâmetro", apontavam os pesquisadores. Uma descoberta que, sem dúvida, pode finalmente transformar a busca por vida no Planeta Vermelho.

MARTE

Distância (média) do Sol	228.000.000 km
Diâmetro	6.786 km
Rotação	24 horas
Revolução	224 dias
Velocidade de escape	5 km
Inclinação do eixo	25º
Satélites	2

CAPÍTULO SETE

Mundos Liliputianos

Na mitologia romana, Ceres era a deusa dos cereais e da agricultura, aquela que ajudava os mortais a arar o solo, semear e colher os grãos. Tinha uma filha chamada Prosérpina, que se tornou mulher de Plutão e rainha do reino dos mortos. O primeiro asteroide descoberto levou o seu nome.

Eles podem ser contados aos milhares. A exemplo dos planetas e satélites, percorrem órbitas heliocêntricas, ou seja, circulam ao redor do Sol. A grande maioria desses pequenos objetos gira entre Marte e Júpiter, mas há os que chegam a passar por dentro da órbita de Mercúrio. Isto sem contar os desgarrados, aqueles que viajam além da órbita do longínquo Urano. São os asteroides — ou planetoides. Há fortes indícios de que se trata de restos de um planeta que não chegou a se formar, a partir do material difuso do qual se compunha o Sistema Solar primitivo. Tem quem admita que os asteroides não passam de núcleos de cometas que já perderam sua capa de gelo e foram aprisionados pelo campo gravitacional dos planetas gigantes. Aos primeiros deles, descobertos apenas no século 20, foram dedicados nomes de deuses e heróis da Antiguidade: Ceres, Eros, Vesta, Íris...

Os asteroides não eram conhecidos na Antiguidade. Mesmo 200 anos depois da invenção da luneta — século 17 —, esses pequenos mundos rochosos ainda permaneciam inteiramente fora do alcance daqueles que se interessavam pelo céu e o observavam com regularidade. A razão disto é simples: as modestas dimensões desses objetos celestes, meros pontinhos brilhantes confundidos com a miríade de estrelas no firmamento. Não é de estranhar, pois, que a descoberta dos asteroides tenha sido um episódio casual. Aconteceu na cidade de Palermo, na Sicília, no albor de um novo século que surgia, ou exatamente na madrugada de 1º de janeiro de 1801. O autor da façanha foi o astrônomo italiano e ex-monge Giuseppe Piazzi, que, na ocasião, acreditava ter descoberto um cometa. O primogênito da nova família celeste levou o nome de Ceres e, desde então, jamais foi descoberto outro com suas dimensões: cerca de 1.000 km de diâmetro.

Depois vieram outros e mais outros. Em 1802, no dia 28 de março, Wilhelm Olbers descobriu, na direção da constelação da Virgem, o segundo asteroide — Pallas, a filha de Tritão, a quem Júpiter confiou a educação de Minerva. O terceiro foi Juno, encontrado pelo astrônomo alemão Karl Harding, em 1º de setembro de 1804. Seu nome de batismo foi uma homenagem à filha de Saturno e Reia, esposa de Júpiter e rainha do céu. Finalmente, o quarto asteroide foi Vesta, o mais brilhante deles, também descoberto por Olbers, em 1807.

Após esses achados, seguiu-se um longo período de jejum na caça e localização de asteroides. Somente meio século mais tarde é que se reiniciaram novas descobertas do gênero. O estímulo à retomada da busca desses pigmeus celestes parece ter sido a descoberta inesperada do quinto asteroide, Adastreia, em 1845, pelo alemão Karl-Ludwig Encke. Em 1868, o número de asteroides conhecidos e catalogados chegava a quase uma centena. Apenas uma década depois, por volta de 1879, esse número já havia duplicado. Por fim, com o advento da fotografia estelar em 1892 — que teve como pioneiro o astrônomo alemão Max Wolf —, tudo ficaria bem mais fácil e simplificado. Até hoje, no entanto, a identificação e determinação das órbitas dos asteroides revestem-se num árduo exercício de perseverança e paciência.

Atualmente, encontram-se catalogados mais de 3.000 asteroides; contudo, há fortes suspeitas de que esse número seja insignificante, comparado com a população estimada desses objetos. Claro que todos os asteroides de grandes dimensões já devem ter sido descobertos. Mas restam ainda os menores — calculados em dezenas de milhares —, justamente aqueles que apresentam maiores dificuldades de detecção. Calcula-se que deva existir mais de 40.000 com magnitude inferior a 19. Nos dias atuais, os pesquisadores são unânimes em admitir ser extremamente improvável a descoberta de um novo asteroide com mais de 2 km de diâmetro.

A explicação científica da verdadeira origem desses mundos ainda permanece um desafio à imaginação. Nos últimos 150 anos, porém, arriscaram-se alguns palpites. Seriam fragmentos dispersos de um planeta que explodiu e que justamente ocupava o lugar vago entre Marte e Júpiter? Ou os asteroides não passariam de um planeta abortado que, em razão das forças de maré dos gigantes próximos, não conseguiu se condensar num único corpo celeste? Muitos especialistas admitem, como já vimos, que os asteroides são núcleos de cometas que perderam seu envoltório de gelo, mas que continuaram a girar em torno do Sol, atraídos pelo campo gravitacional dos planetas.

Uma ronda permanente de um asteroide: blocos rochosos possivelmente resultantes da desintegração de um grande corpo celeste, provocada por múltiplas colisões.

A primeira hipótese, a da desintegração, teve tanta aceitação popular como, mais tarde, tiveram os homenzinhos verdes de Marte. Olbers, por exemplo, era um defensor entusiasmado dessa versão. Mas, a despeito da popularidade de que gozou durante décadas, é a teoria menos plausível, pois restaria explicar o mecanismo através do qual um planeta, vencendo a atração de seu próprio campo gravitacional, viria a explodir. Acrescente-se a essa dificuldade a desconcertante constatação da diferença entre as órbitas dos asteroides. Embora a maioria seja quase circular, existem aquelas que se apresentam tão excêntricas quanto às de vários cometas de longo período.

Ao que tudo indica, resta a opção entre as duas outras alternativas. Quaisquer das escolhas, porém, não impede que a existência dos planetoides esteja curiosamente ligada à empírica lei de Titius-Bode, formulada 35 anos antes da descoberta do primeiro asteroide. De acordo com seus cálculos, Bode realmente previa a existência de um planeta a 2,8 unidades astronômicas do Sol. De qualquer forma, se aceitarmos os atuais asteroides como meros fragmentos desse hipotético planeta, não seria difícil imaginá-lo como um corpo bem pequeno. Estima-se que a massa de todo o material fragmentado que compõe o cinturão de asteroides não alcance meio milionésimo da massa da Terra.

Cinturão de Pedras

As descobertas de Netuno e Plutão vieram demonstrar que a tabela de Bode não é propriamente válida para todos os componentes do Sistema Solar. Pelo menos iria falhar no caso daqueles distantes planetas. Na verdade, os valores de 38,8 e 77,2 (correspondentes a Netuno e Plutão) estão incorretos, pois as distâncias do Sol desses dois planetas são, em média, 30,6 e 39,44 unidades astronômicas. Note-se, no entanto, que o valor 2,8 (entre Marte e Júpiter) corresponde, com razoável margem de precisão, à distância média onde se acham concentrados os asteroides.

A exemplo dos planetas e seus satélites, os asteroides apresentam, como vimos, órbitas heliocêntricas, o que significa que também giram à volta do Sol. A imensa maioria deles parece fazer parte do cinturão de asteroides, uma enorme faixa de 320 a 490 milhões de quilômetros de largura, compreendida entre as órbitas de Marte e de Júpiter. Mas existem outros, autênticos franco-atiradores, que fazem uma viagem bem diferente. Ou passam pelas vizinhanças do Sol — interior da órbita de Mercúrio — ou se afastam daquele à enorme distância, entre as órbitas de Saturno e Urano.

Asteroides como o Hidalgo, por exemplo, certamente foram expulsos do cinturão em consequência das repetidas colisões com outros asteroides e da influência gravitacional de Júpiter. Alguns atravessam a órbita de Marte, embora limitem-se a rodear externamente a órbita da Terra. Existem aqueles que chegam a cruzar a órbita terrestre várias vezes ao ano. Dessa categoria, já foram catalogados (2019) cerca de 250 megapedregulhos. Eros, descoberto em 1898 pelo astrônomo alemão Gustav Witt, faz parte do grupo. Trata-se de um asteroide especial e, sem dúvida, o primeiro deles estudado de maneira

CAPÍTULO SETE: MUNDOS LILIPUTIANOS

mais minuciosa. Isto graças a milhares de imagens e detalhadas informações sobre a composição física e química transmitidas pela sonda Near-Shoemaker, lançada pela NASA em fevereiro de 1996 (a missão desse robô espacial tornou-se um feito até então inédito, pois foi a primeira vez que um artefato humano pousava em um asteroide).

Eros é uma pedrona cósmica de 34 km de comprimento por 13 km de largura, localizada a cerca de 300 milhões de quilômetros da Terra. Sua dança ao redor do Sol se dá a cada 21 meses. Uma das estranhas características do asteroide é que ele gira sobre si mesmo em sentido anti-horário, levando 5 horas e 35 minutos para dar uma volta completa. As informações transmitidas pela Near-Shoemaker indicam que, na composição química de Eros, além do silício — um mineral arenoso e leve —, entram também o piroxênio e a olivina. Aliás, os dois minerais mais comuns do manto da Terra, ricos em magnésio e ferro. Durante o ano em que orbitou o asteroide, a sonda americana registrou cerca de 100.000 crateras naquela superfície escura e poeirenta, todas elas com diâmetro não inferior a 15 metros. Um mistério: a completa ausência de pequenas crateras em Eros, ao contrário do que acontece na Lua e em Mercúrio. Em 1975, esse asteroide passou a 22 milhões de quilômetros da Terra, uma insignificância em termos astronômicos.

Em geral, as excentricidades orbitais desses pequenos corpos não são significativas (inferiores a 0,3), assim como suas inclinações, a maioria inferior a 16 graus. No entanto, existem asteroides cujas órbitas ultrapassam em muito os limites daquela faixa principal. Hidalgo, por exemplo, possui uma inclinação de 43 graus e a excentricidade de Ícaro chega a 0,83. Thule, descoberto em 1888, parece ser o caso extremo: seu máximo afastamento do Sol alcança 4,28 unidades astronômicas. Este último, portanto, estaria mais para um cometa — sem cauda e sem cabeleira, é claro — do que para um asteroide.

A lenta dança desses pedregulhos cósmicos — uma velocidade média de 5 km/s — se caracteriza pela regularidade e pela monotonia. Apesar da baixa densidade de asteroides presentes no cinturão e do fato de se encontrarem separados uns dos outros até milhões de quilômetros, acontecem, às vezes, sérias colisões entre eles. Ao longo de um enorme lapso de tempo, desde a formação do Sistema Solar, esses acontecimentos catastróficos parecem ter se repetido uma infinidade de vezes. Não é difícil imaginar que tais eventos devem ter contribuído largamente para o gradativo esfacelamento desses corpos, em especial, é claro, aqueles de maiores proporções.

128 A HISTÓRIA DO SISTEMA SOLAR PARA QUEM TEM PRESSA

O ritmo desses choques diminuiu de maneira considerável nos últimos 4 bilhões de anos, ou seja, quando o Sol e seus planetas não tinham mais que 500 milhões de anos. É exatamente dessa época que data a formação da maioria das crateras de impacto na Lua, em Mercúrio e em Marte.

Com o passar do tempo, todos os asteroides vêm perdendo massa, devido justamente a esses constantes choques destrutivos. É até mesmo razoável admitir que boa parte dos meteoros que alcançam a Terra procede desses mundos rochosos, em processo permanente de desintegração. No entanto, isto é apenas uma conjectura, uma vez que não se tem igualmente certeza a respeito da origem dos meteoros.

Mesmo na faixa principal, a distribuição dos asteroides não apresenta uniformidade. Por lá existem verdadeiras brechas, denominadas "lacunas de Kirkwood", do nome de seu descobridor, o astrônomo americano Daniel Kirkwood. Trata-se, na verdade, de uma série de espaços vazios ao longo do cinturão, resultado provável das perturbações gravitacionais exercidas sobre as órbitas dos asteroides desaparecidos. O maior vilão parece ser Júpiter. Este gigante deve ter praticamente eliminado todos os objetos cujas órbitas apresentavam ressonância com a sua própria. Em especial aqueles planetoides colocados nos limites externos da faixa principal, mais próximos de Júpiter e, por isso, mais sujeitos à sua enorme influência. O mesmo fenômeno ocorre, por exemplo, com alguns satélites de Saturno: a perturbação gravitacional, exercida por eles, faz com que se modifique a excentricidade das partículas componentes dos anéis.

Em pleno cinturão de asteroides foram detectados recentemente — através da técnica do infravermelho — discretos anéis de matéria bastante fragmentada, pulverulenta. Subproduto daquelas colisões? É possível. Falta explicar o mecanismo por meio do qual essa poeira se juntou, formando tais anéis, finos e regulares.

Embora a imensa maioria dos asteroides realmente se concentre na faixa principal — compreendida entre 2,1 e 3,6 unidades astronômicas —, existem objetos que aparentemente pouco ou nada têm a ver com o cinturão propriamente dito. Ou, como vimos, estão mais próximos do Sol ou bem afastados dele. Da primeira categoria, podemos destacar três grupos:

• Os asteroides da família Hungaria, que apresentam baixa excentricidade e não chegam sequer a cruzar a órbita de Marte. Possuem uma

CAPÍTULO SETE: MUNDOS LILIPUTIANOS

acentuada inclinação orbital — 22 graus —, muito próxima, portanto, da do equador de Marte (25 graus). Há teorias que apontam a origem desses objetos como o resultado de matéria ejetada do vulcão marciano Pavonis Mons. Embora meio fantástica, tal possibilidade não deve ser descartada. Afinal, aqui na Terra também já foram recolhidos pedaços de rochas de origem marciana.

- Os asteroides Amor, cujas órbitas, suficientemente excêntricas, são capazes de cruzar a órbita marciana. Esses objetos levam, em média, 970 dias para dar uma volta completa ao redor do Sol. Nenhum exemplar chega a medir mais de 6 km de diâmetro, à exceção de Eros, o nome grego de Cupido, o deus do amor, descoberto em 1898; sem dúvida, o mais famoso deles e também um dos que mais se aproximam da Terra.

- Os asteroides Aten, que possuem período de revolução em torno do Sol inferior ao da Terra. O primeiro objeto desse grupo só foi descoberto em 1976. Mais tarde foram encontrados outros, o 2 340 Hathor e o 2 100 Ra-Shalon.

Finalmente, os objetos Apolo, pequenas montanhas flutuantes que chegam a cruzar a órbita terrestre a distâncias insignificantes em termos cósmicos. Em abril de 1989, por exemplo, um asteroide desse tipo empreendeu um autêntico mergulho em rota de colisão com a Terra, a incríveis 74.000 km/h. Esse asteroide — 1989 FC — media cerca de 815 metros de diâmetro e *raspou* a pouco mais de 700.000 km a superfície do nosso planeta, apenas pouco mais do dobro da distância que nos separa da Lua. Acredita-se que, entre esses membros da família Apolo, muitos realmente não passam de núcleos de cometas "apagados", verdadeiros cadáveres cometários.

Alguns asteroides apresentam órbitas que os levam a distâncias relativamente curtas do nosso planeta. São chamados de *Near Earth* ("Próximos da Terra"). Exemplos dessa categoria são Eros e Toutatis, que recentemente também andaram nos visitando.

Há ainda os que representam alguma ameaça aos humanos. Estimativas contemporâneas apontam que são cerca de 20.000 os objetos que podem estar numa faixa certeira de colisão com a Terra. A Spaceguard Survey (Vigilância da Guarda Espacial, da NASA), programa de observação por telescópio para esquadrinhar o espaço na nossa vizinhança, busca corpos com tamanho superior a 1 km, dimensão suficiente para causar uma destruição global. O programa já encontrou objetos com mais de 700 km, mas nenhum que venha a oferecer real ameaça nos próximos séculos. A taxa de descoberta desses corpos está se tornando menor, sugerindo que o levantamento já detectou perto de 75% do total. Cálculos indicam que as chances de um impacto com os 25% restantes é bem pequena, mas as consequências podem ser desastrosas (um asteroide, como o que matou os dinossauros, com 10 km de extensão, atinge a Terra, em média, a cada 100 milhões de anos).

Além dessas categorias, existem outras mais. Os troianos são um exemplo interessante e que não pertencem à faixa principal. Eles formam um conjunto de mais ou menos quinze asteroides que se mantêm circulando ao redor do Sol à mesma distância de Júpiter, formando, dessa maneira, um triângulo equilátero. Esses corpos, situados a 60 graus para diante e para trás de Júpiter, encontram-se exatamente sobre dois dos chamados "pontos de Lagrange", os quais, segundo demonstrou o matemático francês, em 1772, seriam pontos de equilíbrio num sistema formado por dois corpos, um a girar em torno do outro. O maior dos planetas parece não ser o único a apresentar companheiros desse tipo ao longo de sua órbita: é possível que todos os planetas tenham asteroides troianos.

A enunciação da teoria de Lagrange antecedeu em 134 anos a descoberta de Aquiles (1906), o primeiro asteroide desse grupo. Todos os seus membros foram batizados com nomes de heróis da Guerra de Troia: Pátroclo, Menelau, Ulisses, Agamenon, Heitor... Este último, aliás, é o maior dos asteroides troianos. Há sérios indícios de que este corpo rochoso seria formado por um par de objetos com mais de 100 km de diâmetro cada um, a girar regularmente um ao redor do outro. A prevalecer tal suspeita, teríamos então um caso típico de asteroide binário, ou seja, dotado de satélite!

Alguns especialistas acreditam também que o clã dos troianos possa ser muito mais numeroso. São de opinião que a maioria deles, algo em torno de 90%, ainda está para ser descoberta. Embora sua origem se mantenha como uma interrogação, uma coisa parece óbvia: esses asteroides ocupam uma órbita estável. Será que foram formados ali mesmo? Mas, se a resposta for negativa, de onde vieram os troianos?

Na noite de 18 de outubro de 1977, o astrônomo americano Charles Kowal descobriu um asteroide que rapidamente se tornaria bastante polêmico: o 2060 Quíron. Segundo cálculos mais recentes, esse objeto, de aproximadamente 200 km de diâmetro, circula ao redor do Sol a cada 50 anos. Faz parte de um grupo de quatro asteroides, denominados centauros, todos circulando em órbitas muito instáveis entre Saturno e Urano, e também além da órbita de Netuno. Para alguns especialistas, Quíron não é propriamente um asteroide, mas o núcleo de algum cometa não identificado, oriundo do chamado Cinturão de Kuiper. Tal desconfiança se justifica, pois, em 1993, as lentes do Hubble flagraram a existência de uma espécie de atmosfera (coma) ao seu redor. Seria mais adequado identificar Quíron como o núcleo de um cometa? Se a resposta for positiva, trata-se do mais ativo núcleo cometário conhecido, 25 vezes maior do que o Halley e bem mais brilhante.

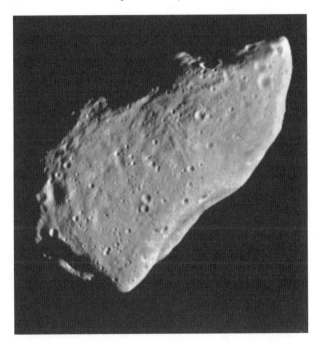

Lançada em outubro de 1989 com destino ao sistema jupiteriano,
a sonda Galileo foi protagonista de um acontecimento inédito:
a tomada das primeiras imagens em close de um asteroide.
O objeto, fotografado em novembro de 1991, foi o Gaspra, um dos blocos
rochosos resultantes da desintegração de um grande corpo celeste,
provavelmente provocada por múltiplas colisões.
O Gaspra apresenta um formato bem irregular, mede cerca de 16 km
(eixo maior) e é formado de minerais rochosos e metálicos,
entre eles o ferro e o níquel.

Quais seriam as características físicas dos asteroides? De que seriam formados? Essas questões só foram consideradas com mais seriedade a partir do fim da última guerra mundial. Especialmente depois que os cientistas começaram a antever a importância desses minúsculos corpos como eventual fonte de preciosas informações sobre a origem dos planetas.

Um raciocínio lógico: uma vez que as modestas dimensões desses corpos impediram os processos geológicos normais — diversos tipos de erosão, por exemplo —, é provável que muitas das suas propriedades primitivas ainda estejam intactas. Em outras palavras: os asteroides seriam verdadeiros fósseis vivos, capazes de nos fornecer uma pista sobre épocas bastante recuadas da história do Sistema Solar.

Os meios de observação desses pequenos mundos vêm se tornando muitíssimo sofisticados. Nos últimos anos, por meio das técnicas de radar, aprendeu-se demais a respeito das reais dimensões, do período de rotação e das características e composição de suas superfícies. Devido às suas reduzidas dimensões, tais objetos apresentam uma forma claramente irregular. Muitos deles apresentam-se densamente craterizados, como se pode constatar através das imagens transmitidas pela sonda Galileo durante sua aproximação dos asteroides Gaspra e Ida.

Um dos asteroides mais estudados e paparicados é, sem dúvida, Vesta, um corpo celeste de aproximadamente 500 km de diâmetro e que já mereceu uma atenção especial do telescópio espacial Hubble. Suas lentes proporcionaram a visão mais detalhada que temos da superfície de um asteroide. Os dados do Hubble indicaram que a estrutura geológica de Vesta é quase a mesma dos chamados planetas terrestres. Baseados nisto, alguns geólogos planetários chegam a admitir que Vesta, na verdade, é o quinto planeta do Sistema Solar. Seria verdade? Existem alguns indícios nesse sentido. Os espectros de Vesta já indicaram que certas regiões da superfície desse asteroide são formadas por materiais basálticos, que certamente fluíram em forma de lava. Isto indica que o interior de Vesta, num passado remoto, encontrava-se em estado de fusão, como o núcleo da Terra. O fato coloca em xeque a tradicional teoria de que os asteroides seriam corpos essencialmente frios, simples fragmentos rochosos ou meros resíduos de formações planetárias.

A sonda automática Dawn, a primeira espaçonave a orbitar um objeto do cinturão de asteroides entre Marte e Júpiter, foi lançada pela NASA em setembro de 2007. Em outubro de 2011, o engenho americano aproximou-se

CAPÍTULO SETE: MUNDOS LILIPUTIANOS

de Vesta para uma visita de seis meses. As imagens transmitidas revelaram, pela primeira vez e de muito perto, a superfície de um dos corpos celestes mais antigos do Sistema Solar. Juntamente com os dados recebidos, trata-se de um material de inestimável importância científica, que poderá revelar, segundo os pesquisadores, muitos mistérios sobre a formação dos planetas rochosos, como a Terra.

> *Os cientistas planetários acreditam que cerca de 5% dos meteoritos vêm de Vesta. A superfície desse asteroide, ao que tudo indica, encontra-se coberta por derramamentos de lava basáltica. Uma bacia certamente formada por um grande impacto esconde-se no polo sul. Ceres — o outro maior corpo do cinturão de asteroides — mostra evidências de possuir uma superfície primitiva e até uma fina atmosfera, com depósitos de gelo sazonais. Há suspeitas de que rochas e poeira cubram uma delgada camada de gelo de água naquele solo.*

De acordo com a composição química e mineralógica, podemos dividir os asteroides em três grupos distintos: os mais escuros e numerosos, ou seja, aqueles que refletem pouco a luz recebida do Sol (albedo entre 1% e 5%) e que parecem formados de material carbonado, como a maioria dos meteoritos. Estes, do tipo S — como são chamados —, ocupam preferencialmente a parte interna do cinturão, ou seja, cerca de 2,6 unidades astronômicas.

A segunda categoria — tipo C — é aquela formada pelos asteroides mais claros (albedo entre 8% e 40%), de origem provavelmente basáltica. São corpos ricos em silício e encontram-se a distâncias bem maiores do Sol. Tudo indica que parece haver uma relação entre as distâncias dos asteroides ao Sol e suas respectivas composições químicas. Talvez a questão esteja relacionada com as propriedades físico-químicas do próprio Sistema Solar primitivo.

Além das S e C, há ainda a categoria M, formada por asteroides ricos em compostos metálicos. Estes últimos são mais raros que os demais e consideravelmente mais densos. Teoricamente, podemos afirmar, com razoável segurança, que a densidade média dos asteroides é de cerca de 2 g/cm^3.

O período médio de rotação dos asteroides é de 9 a 10 horas. Mas existe uma variação muito grande: desde os "rapidinhos" — com diâmetro inferior a 100 km — até os mais lentos, aqueles com mais de 300 km de diâmetro,

134 A HISTÓRIA DO SISTEMA SOLAR PARA QUEM TEM PRESSA

cuja rotação sobre os eixos se faz num período de até muitos dias. Os que parecem girar mais rápido são os metálicos (ferroníqueis), justamente os mais densos.

A exemplo ainda dos satélites naturais (salvo exceções, como Titã (Saturno) e Tritão (Netuno)), os asteroides não apresentam qualquer vestígio de atmosfera. A explicação é simples: são corpos de pouca massa e que, portanto, não reúnem condições suficientes para reter átomos e moléculas de gás.

NOME DOS ASTEROIDES

As primeiras denominações foram inspiradas na mitologia clássica. Depois, a escolha dos seus nomes descambou para o insólito, baseando-se nos mais variados ramos de atividades: mitologia germânica, história bíblica, política, geografia, entretenimento etc. Existem asteroides que atendem pelos nomes de Cleópatra, Vitória (rainha da Inglaterra), Einstein, Marylin (Monroe), Paganini, Evita (Perón)... Atualmente, a cada novo astro descoberto é dado um nome provisório, até entrar em vigor a designação definitiva, depois de observações suficientes para que seja calculada a sua órbita. Assim, designa-se o asteroide pelo ano em que foi achado, seguido de duas letras. A primeira letra indica a quinzena da descoberta e a segunda, o número de ordem da descoberta naquela quinzena. A fim de evitar confusões, ficou estabelecido que as letras I e J são consideradas uma única.

LEI DE TITIUS-BODE

Haveria uma relação numérica precisa, aplicável às distâncias relativas dos planetas ao Sol? A esta questão, formulada certamente durante séculos, foi elaborada uma tentativa de resposta antes mesmo da descoberta dos chamados planetas telescópicos (Urano, Netuno e Plutão) e dos próprios asteroides (a partir de 1801). Ficou popularmente conhecida como Lei de Titius-Bode, formulada a partir de 1766. Esta regra consiste em tomarmos os números 0, 3, 6, 12, 24..., somar a estes valores o número 4 e, em seguida, dividir o resultado da soma por 10. Assim (tabela na página ao lado):

CAPÍTULO SETE: MUNDOS LILIPUTIANOS

	Mercúrio	Vênus	Terra	Marte	Asteroides	Júpiter	Saturno	Urano	Netuno	Plutão
	0	3	6	12	24	48	96	192	384	768
+ 4	4	7	10	16	28	52	100	196	388	772
: 10	0,4	0,7	1,0	1,6	2,8	5,2	10,0	19,6	38,8	77,2
Valores atuais	0.387	0.723	1.0	1.523	-	5.204	9.580	19.141	30.198	39.439

CAPÍTULO OITO

Rei dos Planetas

Júpiter é o maior planeta do Sistema Solar, tão grande que por pouco não alcança o status de estrela. Alguns astrônomos se referem a ele como "uma estrela que não deu certo". Outros preferem denominá-lo "anã marrom", um corpo celeste que permanece no estágio intermediário entre planeta e estrela. Além do colossal tamanho — seu diâmetro é 11 vezes superior ao da Terra —, Júpiter emite uma quantidade de energia maior do que a recebida pelo Sol. Na verdade, quase duas vezes mais. Sua descomunal massa representa mais que o dobro da de todos os demais planetas reunidos.

Júpiter encontra-se cinco vezes mais afastado do Sol que a Terra. Sua distância média da nossa estrela é de 770 milhões de quilômetros, e para dar uma volta completa ao seu redor — uma viagem de 4,8 bilhões de quilômetros —, leva quase 12 anos terrestres. Em outras palavras, um ano em Júpiter representa 12 anos aqui na Terra. Sua velocidade orbital é bem mais lenta que a nossa: o gigante viaja pelo espaço a 13 km/s.

Na sua trajetória regular através do zodíaco e contra o fundo do céu, podemos observar Júpiter menos brilhante que Vênus. Sua magnitude varia entre – 1,7 e – 2,5, dependendo de seu maior ou menor afastamento de nós. O quinto planeta reflete cerca de 45% da luz solar incidente.

Em apenas alguns aspectos, Júpiter assemelha-se aos demais planetas da família solar: sua excentricidade, que atinge 0,048 e a inclinação de sua órbita em relação à eclíptica. A exemplo da maioria dos planetas, tal inclinação é bem pequena: – 1,3 grau (Mercúrio e Plutão são as exceções, ambos inteiramente fora de esquadro, com seus planos orbitais inclinados 7 e 17 graus respectivamente). Outra particularidade interessante do maior dos planetas é

CAPÍTULO OITO: REI DOS PLANETAS

a inclinação de seu eixo: apenas 3 graus. Isto significa dizer que se encontra praticamente ereto em relação ao plano de sua órbita. Por isso, quase não conta com um ciclo de estações sazonais.

Em geral, os planetas são achatados nos polos e apresentam um raio polar menor que o equatorial; Júpiter não é exceção. Como os outros gigantes gasosos — Saturno, Urano e Netuno —, o rei dos planetas gira muito rápido sobre si mesmo. O resultado é que seu diâmetro polar é significativamente menor que o equatorial: uma diferença de 8.600 km. Esta diferença foi determinada pela primeira vez em 1655 pelo astrônomo italiano (naturalizado francês) Domenico Cassini. Durante observações de certas manchas na superfície de Júpiter, ele concluiu que o planeta girava sobre si mesmo em menos de 10 horas. Sem dúvida, um notável feito para a época. Hoje sabemos que seu verdadeiro período de rotação é de 9 horas e 55 minutos — o menor de todos os planetas do Sistema Solar. Esse ciclo varia, é claro, de acordo com as latitudes superficiais, ou seja, segundo o maior ou menor afastamento do equador. A razão disto é simples, basta lembrarmos que Júpiter não é um corpo sólido, mas essencialmente fluido. Dizemos então que sua atmosfera se apresenta em rotação diferencial.

Há pouco mais de três décadas, quando os radiotelescópios constataram que Júpiter era uma poderosa fonte de emissões radioelétricas, é que se descobriu que um outro planeta, além da Terra, era portador de um campo magnético — o de Júpiter é aproximadamente 12 vezes mais intenso que o terrestre e, a exemplo do nosso, também apresenta uma inclinação em relação ao eixo de rotação: 10 graus. A existência do campo magnético se deve ao fato da presença, em seu interior, de hidrogênio metálico líquido, que ao girar a grande velocidade se torna um excelente condutor. As características desse campo magnético são bastante semelhantes às do seu congênere terrestre: lá também há dois polos, porém invertidos. A agulha de uma bússola em Júpiter apontaria para o sul.

As particularidades do campo jupiteriano, assim como de sua magnetosfera, são atualmente bastante conhecidas. Em parte devido às observações radioastronômicas e também por conta das medidas efetuadas pelas sondas espaciais nas suas vizinhanças.

Existem, porém, algumas diferenças entre as magnetosferas de Júpiter e a terrestre: a daquele planeta se estende no sentido antissolar, muito além da órbita de Saturno. Ao contrário ainda da nossa magnetosfera, essencialmente formada de partículas de origem solar, Júpiter, graças às atividades de Io, seu satélite natural, possui uma espécie de cinturão de plasma, isto é, uma fonte muito importante de íons e elétrons. É bom lembrar que esse satélite é um dos raros corpos celestes conhecidos que abriga vulcões em plena atividade. Tais vulcões expelem, para a atmosfera de Io, grande quantidade de gases e poeira — essencialmente formada por compostos de enxofre —, que são ionizados pela radiação ultravioleta proveniente do Sol. O resultado é a existência de um enorme cinturão de plasma, que envolve Júpiter por inteiro, fato confirmado pela sonda Ulysses, em 1992.

Complexos sistemas de correntes elétricas parecem atuar entre o satélite e a ionosfera de Júpiter, fazendo com que a sua magnetosfera funcione como um gigantesco acelerador de partículas. Essas partículas de alta energia — íons e elétrons — podem ser observadas desde o interior da magnetosfera e até fora dela. Na verdade, o maior dos planetas é uma das principais fontes de raios cósmicos — de média energia — existentes no meio interplanetário e que se estende até as vizinhanças da Terra.

Júpiter é igualmente um respeitável emissor de ondas de rádio e raios X. A fonte dessas emissões parece encontrar-se no interior de sua magnetosfera. Seu estudo vem fornecendo informações preciosíssimas sobre a dinâmica dos elétrons energéticos nessa região do espaço. Aliás, a minuciosa análise das diferentes emissões radioelétricas foi causa determinante do melhor conhecimento do complexo campo magnético de Júpiter. Além disto, contribuiu para uma melhor avaliação do seu período de rotação, antes conhecido apenas através do movimento de sua espessa camada de nuvens.

A magnetosfera jupiteriana é, sem dúvida, o maior e mais extenso objeto de todo o Sistema Solar. Estende-se para além da órbita de Saturno; o planeta dos anéis, algumas vezes, chega até a passar por dentro dela. Dados recentemente enviados pela sonda Cassini confirmam que essa gigantesca magnetosfera é muito potente (a exemplo da magnetosfera da Terra, sua congênere em Júpiter é uma poderosa fonte de rádio), uma energia que se dissipa na atmosfera de Júpiter, por meio de suas auroras polares. Tanto os anéis desse gigante gasoso como vários de seus satélites têm suas órbitas dentro de um imenso cinturão de radiação, cujas partículas foram aprisionadas pelo campo magnético do planeta.

A superfície visível de Júpiter apresenta inúmeras faixas paralelas ao equador, de cores variadas, que vão do laranja, marrom, vermelho ao rosa, e do azul ao branco. As faixas escuras recebem o nome de bandas, e as mais claras são denominadas zonas. Todas elas, apesar de variarem de largura e intensidade, são acidentes permanentes naquela superfície eternamente animada por um movimento geral de oeste para leste e de movimentos diferenciais.

Caos Colorido

Há poucos anos, além de algumas características gerais, quase nada se conhecia sobre a complexa natureza e estrutura da atmosfera de Júpiter. Umas das perguntas mais recorrentes era: Júpiter e o Sol seriam constituídos dos mesmos elementos químicos? A quantidade de certos elementos, que se calcula existir na atmosfera de Júpiter (e de Saturno), parece indicar que esses corpos gigantes são realmente constituídos de matéria bastante semelhante àquela que se condensou para formar o Sol. No caso particular da atmosfera jupiteriana, e através dos espectros infravermelhos obtidos, foi possível comprovar a existência de hidrogênio, hélio, amoníaco, fosfina, etano e acetileno, além de vapor de água, germano, ácido cianídrico e óxido de carbono.

Como podemos verificar, um verdadeiro caldeirão químico. O hidrogênio é responsável por cerca de 82% da massa total de Júpiter; o hélio, outros 17%; e o restante é representado por todos os demais gases que compõem esse diversificado manto atmosférico. Até o momento não foi possível identificar a verdadeira natureza dos agentes corantes, que dão às imagens do planeta a inconfundível aparência de uma composição abstrata. Acredita-se que os vermelhos vivos possam ser atribuídos ao fósforo puro, que teria se formado devido à ação dos raios solares ultravioletas sobre as moléculas de fosfina.

Com o desenvolvimento da astronomia do infravermelho, foi possível aferir a temperatura da atmosfera exterior de Júpiter. Ela acusa, em média, 173 graus negativos, tendendo a aumentar gradativamente — cerca de 2 graus a cada quilômetro — em direção ao centro do planeta.

As fotografias transmitidas pela Voyager 1 revelaram que a atmosfera superior é incrivelmente turbulenta e tempestuosa, a própria imagem do caos. Ventos sopram em relação ao equador a uma velocidade de 130 m/s, na direção leste. As regiões próximas aos 20 graus de latitude, em ambos os hemisférios, caracterizam-se pela presença de ventos que sopram para oeste a 80 m/s.

Todas as nuvens parecem formar-se na troposfera, onde ocorrem os fenômenos de convecção — as camadas mais profundas são transportadas para a superfície em verdadeiros turbilhões. As camadas mais altas são cirros de amoníaco.

Recentemente, foi possível a observação, em detalhes, das auroras polares na atmosfera de Júpiter. O majestoso espetáculo já havia sido detectado durante a passagem das Voyagers, em 1979. As auroras polares jupiterianas apresentam-se como véus e teias de fosforescência verde-azulada, que ondulam em meio às nuvens vermelhas.

Até o presente, não existe um modelo definitivo, capaz de explicar os mecanismos de circulação dessa complexa atmosfera. Estima-se que ela deva se estender por mais da metade do raio planetário; além disto, essa fantástica massa gasosa parece receber, do interior de Júpiter, cerca de 70% da energia recebida do Sol. Para compreendermos sua estrutura e sua dinâmica, é muito importante o prévio conhecimento da possível composição interna do planeta. As informações disponíveis a esse respeito ainda são precárias ou incompletas.

As hipóteses que temos estão baseadas nas medidas da densidade de Júpiter, nas suas dimensões, no grau do achatamento provocado pela sua rápida rotação e, finalmente, nas medições do seu campo gravitacional. Com base nesses dados, os cientistas elaboraram um modelo que supõe a existência de três camadas básicas: um núcleo central, formado de rochas e gelo (5% da massa); uma camada de hidrogênio líquido metálico, com espessura de algumas dezenas de milhares de quilômetros, e, por fim, uma outra porção sobreposta à anterior, formada por uma mistura líquida de hélio e hidrogênio molecular. As temperaturas centrais devem variar de 20.000 a 30.000 graus, e a pressão, nessas profundezas, está calculada em centenas de milhares de vezes aquela que suportamos na superfície da Terra. Sob tais condições extremas, a solidificação da mistura de hélio e hidrogênio não acontece: a camada metálica estaria, portanto, em estado líquido.

Devido à rápida rotação do planeta, a camada intermediária, de líquido metálico, é sede de circulação de correntes elétricas geradas pelos elétrons livres que caracterizam seu estado físico. Tais correntes implicam, como vimos, a existência de um forte campo magnético; aliás, a característica dominante do espaço ao redor de Júpiter. Sua presença foi confirmada pelas medições diretas efetuadas pela Pioneer e aperfeiçoadas pelas Voyagers.

CAPÍTULO OITO: REI DOS PLANETAS   141

O mais espetacular e fascinante fenômeno da superfície de Júpiter é a célebre Grande Mancha Vermelha, observada pela primeira vez há mais de 300 anos — sua descoberta é atribuída ao físico e astrônomo inglês Robert Hooke. Na verdade, uma espécie de marca registrada do rei dos planetas. Localizada na zona tropical sul, sua forma é visivelmente oval e alongada, com o eixo principal paralelo ao equador. Embora o comprimento varie com o decorrer dos anos, a área ocupada por esse gigantesco redemoinho é colossal: nela caberia duas vezes o nosso planeta Terra. Apesar de algumas mudanças temporárias — especialmente as variações de tonalidade —, seu formato é permanente e isto encerra uma espécie de enigma para a ciência planetária. Embora a persistência dessa formação ainda permaneça misteriosa, tudo indica se tratar de um furacão perene, cujo material, oriundo das profundezas da atmosfera, é trazido de volta ao topo das nuvens.

Imagens de Júpiter captadas pelo Hubble, em 2006, apresentam claras evidências de que o gigante gasoso está atravessando um ciclo de mudanças globais. Em algumas latitudes de sua turbulenta atmosfera, a temperatura vem aumentando gradativamente.

Eis uma recente imagem de Júpiter, captada, em abril de 2006, pelo telescópio Hubble: Io, o ponto preto, transita bem em cima da Grande Mancha Vermelha. Há fortes indícios de que a camada mais alta de sua tempestuosa atmosfera seja formada de gelo de amoníaco.

Além do aspecto invulgar, outra característica da Grande Mancha Vermelha desperta enorme interesse: ela parece flutuar num oceano fluido, possui movimento independente, que também a faz girar sobre si mesma no sentido de um anticiclone, ora se atrasando, ora se adiantando em relação às regiões circunvizinhas. O seu período de rotação varia em torno de 9 horas e 56 minutos.

As nuvens que compõem a Grande Mancha Vermelha encontram-se em perpétuo movimento, como de resto toda a agitada "superfície" do planeta. Há fortes indícios de que sua camada mais alta seja formada de gelo de amoníaco, e as mais baixas de compostos de enxofre, sódio, além de gelo de água. Apesar do nome, a coloração dessa fantástica estrutura não se mantém permanentemente avermelhada. Ela varia desde o vermelho vivo, o lilás, o rosa-claro e até mesmo o branco. Admite-se que a mudança de colorido esteja relacionada às violentas tempestades que ocorrem na atmosfera de Júpiter, naquelas latitudes. Em outras palavras: grossas camadas de nuvens devem cobrir periodicamente o gigantesco ciclone. Nos anos de 1888, 1912, 1916, 1938 e 1944, a Grande Mancha simplesmente deixou de ser avistada.

Novas formações semelhantes à GMV vêm se formando por lá. A maior delas, denominada Mancha Vermelha Júnior, parece ter se formado a partir da anexação de três outros furacões ovalados, ocorridos entre os anos de 1998 e 2000. Dois deles já vinham sendo observados há mais de 100 anos.

Júpiter foi o terceiro planeta no qual o homem vislumbrou a presença de anéis. Saturno e Urano foram os dois primeiros e, a partir de agosto de 1989, Netuno também passaria a fazer parte desse seleto clube. A descoberta dos anéis em Júpiter — pela Voyager 1, em 1979 — não era esperada. O fato causou surpresa entre os cientistas; afinal, as teorias sobre a estabilidade dessas formações anelares simplesmente não previam sua existência ao redor do Planeta.

Um milhão de vezes mais tênues que seus similares em Saturno, não é de estranhar que os anéis jupiterianos tivessem passado despercebidos durante tanto tempo — sua banda mais luminosa não reflete mais que um décimo de milésimo da luz solar incidente. Sua espessura não é conhecida com exatidão, mas podemos estimá-la em 30 km, no máximo. Nesses anéis, a concentração de partículas sólidas parece ser desprezível. Devem ser constituídos de minúsculos fragmentos de rocha — um pó escuro que circula a uma altitude média de 55.000 km acima das nuvens superiores do planeta. Constatou-se também

CAPÍTULO OITO: REI DOS PLANETAS   143

que a densidade dessas nuvens é baixíssima. Tudo parece indicar que suas órbitas sejam instáveis, o que faz com que tais partículas deslizem lentamente num movimento espiralado em direção ao próprio planeta. A origem desses anéis pode ser a minúscula Adrasteia, uma minilua que vaga pouco além do limite externo desse colar de poeira. Outro forte candidato é Io, com suas permanentes erupções vulcânicas: a matéria expulsa por esse satélite natural se dispersaria em forma de poeira e fragmentos.

SATÉLITES CLÁSSICOS

Júpiter possui um variado e complexo sistema de satélites. Até o momento, o séquito que acompanha o maior dos planetas é formado por 79 corpos satelitários, uma espécie de extenso Sistema Solar. Os quatro maiores foram avistados pela primeira vez por Galileu, em janeiro de 1610. É bem provável que nem o próprio sábio italiano desconfiasse de que sua descoberta faria história.

Dentre todos os satélites naturais do Sistema Solar, Io, Europa, Ganimedes e Calisto são, sem dúvida, os mais famosos e populares. E, de longe, os mais importantes. Sua descoberta, no início do século 17, causou verdadeira revolução, não só científica, mas filosófica e até ideológica. Pela primeira vez, ficava demonstrado, na prática, que não ocupávamos o centro de nada. O conhecimento da existência desses corpos celestes, a girar em torno de um outro planeta, deu início a uma nova concepção cosmológica. Cerca de meio século mais tarde, aqueles mesmos astros seriam o pivô de uma descoberta científica crucial: foi estudando seus movimentos e eclipses que o astrônomo dinamarquês Olaf Römer, em 1675, mediu, pela primeira vez, a velocidade da luz.

Séculos depois dessas façanhas, continuamos a render homenagem a esse quarteto de pequenos mundos distantes e, claro, buscando descerrar um pouco mais o véu de mistério que ainda os envolve. Na década de 70, eles foram o alvo predileto das missões espaciais, as quais vieram ampliar consideravelmente o nosso conhecimento sobre a família do Sol. No intervalo de apenas poucos meses, as sondas Voyager 1 e 2 fizeram um verdadeiro "passeio" por aquelas remotas paragens, de lá enviando mais dados e informações científicas do que três séculos de observações e pesquisas a partir da Terra. Vejamos em síntese o que nos foi transmitido.

Io

Io é o menor, mais interno, denso, ativo e, certamente, o mais surpreendente dos satélites naturais de Júpiter. À exceção da Terra, é claro, foi o primeiro corpo celeste no qual o homem detectou a existência de vulcões em plena atividade (sabe-se, atualmente, que também há vulcões ativos em Tritão, satélite de Netuno, e, possivelmente, em Vênus). No caso particular de Io, seu intenso vulcanismo causou um verdadeiro impacto entre os cientistas planetários, nos anos 1970.

Esse satélite, quase do tamanho da Lua, completa um giro ao redor do planeta gigante a cada 42 horas, a uma distância de 421.000 km. Sua densidade é quase a mesma do nosso satélite: 3,5 g/cm³. Sua superfície praticamente não apresenta crateras de impacto ou bacias. Podemos considerá-la sem relevo, embora, nas vizinhanças dos polos, tenham sido vislumbradas algumas cadeias de montanhas. O fato aparenta evidenciar que Io possui uma crosta superficial bastante jovem e dinâmica, em permanente estado de renovação. A lava de seus vulcões parece cobrir, num ritmo acelerado, toda e qualquer cratera na superfície. Calcula-se que a massa projetada desse material alcance 10.000 t/s, para cada vulcão. No total, foram descobertas, até 2019, mais de 100 caldeiras (bocas) vulcânicas em Io. Ao redor delas foram captadas extensas correntes de material magmático, medindo vários quilômetros de comprimento e dezenas de quilômetros de largura. Uma atividade de fato sem paralelo em todo o Sistema Solar conhecido.

Trata-se de erupções constantes, de caráter contínuo? Tudo leva a crer que sim. Logo, qual seria o "motor" de tamanha atividade? Essa fonte de energia seria resultante da estupenda força gravitacional exercida por Júpiter? Poderíamos, então, falar de vulcanismo gravitacional? É possível. Na verdade, Io é um corpo celeste incrivelmente acossado, que sofre continuamente a atração gravitacional do planeta vizinho. E de outros satélites mais próximos, em especial de Europa. Tais forças de maré provocam, com toda certeza, fantásticas tensões no interior de Io, mantendo-o fundido, o que deve alimentar, de maneira incessante, esse seu frenesi vulcânico.

Quatro meses depois da Voyager 1 ter sobrevoado esse satélite e testemunhado oito vulcões em plena atividade, sua irmã gêmea, a Voyager 2, flagrou seis desse total ainda em erupção.

CAPÍTULO OITO: REI DOS PLANETAS

Em março de 2007, a sonda New Horizons — em sua longa viagem para Plutão — também fotografou Io. As imagens mostram um gigantesco "penacho" de vapor de enxofre saindo do vulcão Tvashtar Paterae. A velocidade das substâncias expelidas chega a 1 km/s e alcançam alturas que variam de 70 a 280 km. Essa incrível velocidade de escape deve-se ao fato de Io deter uma atmosfera extremamente rarefeita — 10.000 vezes mais tênue que a terrestre —, o que facilita a aceleração do material ejetado. Em outras palavras: esse material é acelerado e arremessado para tão longe por causa de sua expansão no vazio. Outra razão pode ser a de que o foco de erupção deve se encontrar a pouca profundidade. Tudo parece indicar que Io possui uma crosta superficial bastante delgada e solidificada, embaixo da qual se encontra um imenso lençol de enxofre.

Chegamos aqui a uma pergunta inevitável: de que é formado o material que cobre o satélite? Os espectros de reflexão obtidos pelas sondas não revelaram quaisquer indícios de água ou gelo de água. Em compensação, há clara evidência de que a superfície de Io é, de fato, coberta de enxofre e suas combinações (o enxofre, em forma de anidrido sulfúrico e hidrogênio sulfurado, é um dos principais produtos das erupções vulcânicas na Terra). A intensa coloração vermelha/laranja/amarela é uma das suas características mais marcantes. Sua cor púrpura é o resultado do provável esfriamento do enxofre e do anidrido sulfúrico, que inevitavelmente devem se condensar naquelas temperaturas tão baixas. As imagens das Voyagers mostraram também inúmeras manchas brancas e escuras, amplamente esparramadas em todas as latitudes do satélite. As primeiras são justamente a neve de anidrido sulfúrico; as demais, formadas, com certeza, de cinzas vulcânicas.

A temperatura superficial de Io gira em torno dos 140 graus negativos. Nas regiões polares, os termômetros despencam para quase 200. A essas baixíssimas temperaturas não se deve estranhar que os vapores de enxofre, uma vez na superfície, esfriem rapidamente. Em 1973, a Pioneer 10 descobriu uma grande nuvem de sódio e cálcio envolvendo Io. Tal envoltório gasoso apresenta-se mais denso no lado do satélite sempre voltado para Júpiter (como todos os satélites, também esse apresenta sempre a mesma face voltada para o planeta-mãe). Além desses elementos, foi detectada, mais tarde, a presença de hidrogênio neutro ao redor do satélite, assim como a existência de uma ionosfera. Isto significa dizer, ou confirmar, que Io detém um envoltório gasoso, embora extremamente rarefeito. Os outros dois satélites a possuir uma atmosfera são Titã e Tritão, respectivamente satélites de Saturno e Netuno.

EUROPA

Europa é disparado o corpo celeste mais liso do Sistema Solar. A comparação parece óbvia: a superfície dessa lua se assemelha a uma gigantesca bola de bilhar. É o segundo satélite galileano em ordem de afastamento de Júpiter e gira ao redor deste em três dias e meio, a uma distância de 670.000 km. Europa é pouco menor que a nossa Lua, e sua densidade — 3 g/cm³ — indica que o satélite é do tipo rochoso. Seu núcleo central é certamente formado por ferro e silicatos fundidos.

Até recentemente, as observações telescópicas nos davam uma pista de que a superfície de Europa se encontra coberta de gelo. Imagens enviadas pela Voyager 1 já revelavam um corpo celeste incrivelmente branco, riscado por uma intrincada teia de ranhuras, linhas que alcançam até milhares de quilômetros. Algumas dessas fantásticas cicatrizes chegam a envolver mais da metade da circunferência de Europa. O que seriam? Qual a origem? Tensões internas devidas à expansão e à compressão do gelo? Vestígios de fenômenos tectônicos? A fricção, produzida pelas forças de maré, esquentaria a crosta silicatada e certamente daria lugar a um tipo de atividade vulcânica nas profundezas de Europa. Sobre o assunto, por enquanto, só nos restam especulações. A primeira hipótese, no entanto, parece mais atraente. Ao contrário de Io, não foram encontrados em Europa quaisquer indícios superficiais de vulcanismo ativo.

O núcleo silicatado de Europa pode ser o berço de considerável quantidade de energia, eventual responsável pelas modificações na superfície e no manto. Através de movimentos convectivos, essa energia pode ser a causa das deformações na crosta gelada, dando origem às fraturas. Num tempo relativamente curto, tais fraturas, por sua vez, seriam preenchidas por gelo e dejetos provenientes do manto. Finalmente, esse material, em contato com a temperatura do meio ambiente externo, viria a se solidificar com rapidez.

CAPÍTULO OITO: REI DOS PLANETAS   147

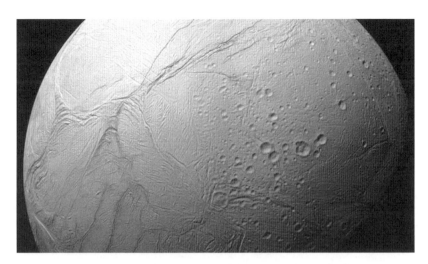

A sonda automática Galileo sobrevoou Europa, e suas informações vieram ajudar um pouco mais na compreensão do satélite. Para começar, a análise dos espectros de reflexão de Europa confirmou a presença de gelo e de água nas camadas abaixo da superfície. Sua capa de gelo deve alcançar profundidades consideráveis, da ordem de 100 km de espessura. Algumas esparsas crateras — com diâmetros inferiores a 5 km — foram vislumbradas aqui e ali. Isso nos leva a acreditar que se trata de uma crosta extremamente jovem, cuja renovação deve ser periódica.

As fissuras na crosta gelada de Europa puderam ser medidas: algumas alcançam dezenas de quilômetros de largura e profundidade de centenas de metros. O traçado dessas fendas não obedece a direções determinadas; são linhas retas, curvas e até em ziguezague. Imagens mais recentes, também enviadas pela Galileo em 1996, mostraram em detalhes regiões formadas por terrenos mais escuros e espalhadas ao acaso. As áreas pardacentas, criadas possivelmente por processos tectônicos, se devem ao afloramento de material do interior. Seria lodo de gelo? Não se sabe ainda. As fotografias de melhor resolução revelaram também que a camada de gelo que recobre o satélite aparece rompida em algumas zonas. Através dessas fendas foi possível perceber pedras separadas que parecem indicar a presença, sob o gelo, de um verdadeiro oceano líquido. Cálculos recentes indicam que o interior poderia se manter quente o suficiente para fundir o gelo a uma profundidade de 100 km e formar, assim, aquele oceano abaixo da superfície. Essa capa líquida teria a espessura aproximada de 100 km, o que representa, sem dúvida, um fantástico volume de água.

A existência, já confirmada, de água em estado líquido em Europa nos induz a aceitar a possível presença de formas primitivas de vida nesse satélite. Seria possível? A vida, tal como a conhecemos, requer três ingredientes fundamentais: energia, carbono e água em estado líquido. Em Europa poderiam estar presentes os três. Europa e Titã (satélite de Saturno) seriam, portanto, dois sérios candidatos a berço de vida microbiana. Quem sabe?

GANIMEDES

É o gigante dos satélites jupiterianos. Com um diâmetro de 5.270 km, supera Mercúrio e Titã, a maior lua de Saturno. Juntamente com esta última, forma a maior dupla de satélites naturais do Sistema Solar. Ganimedes completa uma volta em torno de Júpiter em pouco mais de sete dias, a uma distância de 1 milhão de quilômetros, em média. Sua densidade é baixa — 1,9 g/cm^3 —, o que nos leva a acreditar que seja essencialmente formado por uma mistura de gelo e silicatos. Até o sobrevoo das Voyagers, pouco ou quase nada se sabia a respeito de suas características superficiais. As imagens das sondas revelaram que a superfície gelada do satélite é formada de dois tipos distintos de terrenos: os escuros e os claros. Os primeiros, quase sempre planos, abrigam um considerável número de crateras de impacto. Muitas delas apresentam curiosos halos e estruturas radiais superbrilhantes, verdadeiros faróis isolados, de espelhos rachados. A diferença entre essas crateras em Ganimedes e suas congêneres na Lua ou em Marte é que apresentam um fundo côncavo, formado pelo congelamento do material fluido oriundo do manto e que se solidificou. A julgar pela quantidade de crateras, esses terrenos escuros devem ser muito antigos, ou seja, não mudaram desde o período inicial de formação do satélite, há bilhões de anos.

Os terrenos mais claros, intensamente brilhantes, são bem diferentes dos demais e permanecem um dos mais fascinantes enigmas de Ganimedes. São regiões saturadas de sulcos que, em muitas zonas, se sobrepõem, formando uma complexa rede de gretas paralelas, retorcidas e estreitamente espaçadas. Essas estranhas ondulações apresentam depressões com várias centenas de metros e alguns quilômetros de largura; algumas se estendem por centenas e até milhares de quilômetros. Curioso é que esses sulcos parecem sumir,

CAPÍTULO OITO: REI DOS PLANETAS

de maneira abrupta, sob os terrenos mais escuros. Tais estrias talvez tenham uma origem tectônica resultante da expansão da velha crosta de Ganimedes. Ou seja, sua crosta teria aumentado de volume. É bem possível.

Também há crateras de impacto nas áreas claras, mas em número bem menor do que nos terrenos escuros. Nessas regiões claras, também foram identificadas cadeias de montanhas, surgidas, ao que parece, das falhas existentes da crosta. O gelo que cobre esses terrenos mais claros aparenta ser diferente daquele que forma as superfícies escuras. Trata-se, talvez, de material renovado e denso, trazido à superfície por meio da convecção do manto.

Imagens tridimensionais, criadas a partir de dados transmitidos pela Galileo, revelaram que Ganimedes já teve, há mais de 1 bilhão de anos, inúmeros vulcões ativos, que ejetaram magma ou mesmo água. Hoje, eles estariam inteiramente inativos, mas os rios de magma gelado esculpiram curiosas formações na superfície do satélite. É bem possível que Ganimedes tenha sido moldado pela água vulcânica — o criomagma — que emergiu de seu interior. As imagens enviadas e analisadas sugerem ainda que o criomagma formou imensas planícies de gelo e cobriu um sem-número de crateras de impacto abertas por possíveis choques com asteroides.

Calisto

É o mais externo e, geologicamente, o mais antigo dos satélites clássicos de Júpiter. Em tamanho, é o segundo — 4.840 km de diâmetro — e o menos denso: mal alcança 2 g/cm^3. Algumas de suas características físicas o fazem bem diferente dos demais. Embora sua superfície esteja coberta de gelo, é o mais escuro dos quatro; reflete apenas 20% da luz que recebe do Sol — portanto, três vezes menos que Io ou Europa. Além disto, Calisto é de longe o mais craterizado de todos. Um verdadeiro saco de pancadas. Sua crosta apresenta-se perfurada à saturação e exibe, em média, as maiores crateras já registradas em todo o Sistema Solar. O que indica ter sido o alvo predileto de tudo o que vagava naquela região do espaço há mais de 4 bilhões de anos.

Calisto nos dá ainda outras provas do intensíssimo bombardeio a que foi submetido: suas grandes depressões, muito semelhantes aos mares lunares e à Caloris Planitia, em Mercúrio. Graças à renovação da sua crosta gelada, restam apenas os vestígios dessas gigantescas depressões. A grande exceção ficou por conta de Valhala, uma monumental bacia de 600 km de diâmetro, localizada no centro de uma série de 20 anéis concêntricos que se estendem, feito ondas, por 2.000 km. Valhala assemelha-se muito ao Mare Orientale, na Lua. Como foi o caso do nosso satélite, é possível que seja o resultado de um colossal impacto de algum asteroide. No caso de Calisto, é lícito perguntarmos como a sua crosta reagiu às tensões de tal choque.

A exemplo de Ganimedes, Calisto deve possuir um núcleo silicatado; esse caroço rochoso estaria envolto por um manto formado de gelo e água. No interior desse manto é provável que ocorram movimentos convectivos, que transportam para a superfície grande quantidade de material composto de gelo e silicatos. O processo deve ter gerado rompimentos das zonas mais fracas da crosta, apagando em grande parte todos os traços da fase anterior de Calisto. Uma superfície, portanto, seguramente instável e sobre a qual ficaram gravadas as marcas que até hoje exibe: milhares de crateras de todos os tamanhos, com idade não inferior a 3,5 bilhões de anos. Calisto é, assim, uma verdadeira peça arqueológica do Sistema Solar.

Até 1892, acreditava-se que o satélite mais próximo de Júpiter fosse Io. Naquele ano, o astrônomo americano Edward Barnard descobriu um minúsculo astro a girar no interior da órbita de Io, na altura do equador de Júpiter. Levou o nome de Amalteia, em homenagem à filha de Melisseu, rei de Creta, que alimentou Júpiter com leite de cabra. Trata-se de um corpo rochoso e de formato bastante irregular. Seu período de revolução é de quase 12 horas e apresenta sempre a mesma face voltada para o planeta, no caso, uma das extremidades do seu eixo maior. O diâmetro não ultrapassa 200 km e circula ao redor de Júpiter a apenas 180.000 km de distância.

Nos anos 70, as Voyagers descobriram outras três pequeninas luas: Métis, Adrasteia e Tebe, situadas na borda externa dos anéis, a cerca de 128.000 km de Júpiter. Devido às suas pequenas dimensões, essas luazinhas parecem não ser afetadas pelas forças de maré do gigantesco planeta. Métis e Adrasteia giram ao redor de Júpiter mais rápido do que o movimento rotacional do planeta. Ambas parecem aproximar-se gradativamente de Júpiter, ou seja, apresentam órbitas que decaem ao longo do tempo.

Além da órbita de Calisto, circula ainda um grupo de oito pequeninos satélites. Quatro deles — Leda, Himalia, Lisiteia e Elara — circulam no mesmo sentido de Júpiter, a uma distância média de 23 milhões de quilômetros. Leda, descoberta em 11 de outubro de 1974, é uma luazinha de apenas 16 km de diâmetro e originariamente, ao que tudo indica, um corpo

CAPÍTULO OITO: REI DOS PLANETAS

asteroidal, capturado pela atração gravitacional de Júpiter. Os outros quatro — Ananke, Carme, Pasifae e Sinope, em ordem crescente de distância de Júpiter — vagam na contramão, ou seja, em sentido retrógrado, e encontram-se muitíssimo mais afastados do planeta. Esses minúsculos satélites externos exibem órbitas acentuadamente excêntricas e bastante inclinadas — cerca de 28 graus — em relação ao plano equatorial de Júpiter. Seriam asteroides atraídos pelo campo gravitacional de Júpiter? É bem provável, embora o mecanismo de captura ainda não tenha sido convenientemente explicado.

No dia 5 de janeiro de 2001, uma equipe de cientistas da Universidade do Havaí anunciou a descoberta de 11 novos satélites jupiterianos, elevando, na época, para 28 o total de luas. Até aquela data, o recordista era Urano, com uma família de 21 luas.

Os novos satélites naturais de Júpiter são corpos pequenos — entre 3 km e 8 km de diâmetro —, de conformação bastante irregular e que apresentam órbitas incrivelmente excêntricas. Trata-se, ao que tudo indica, de objetos que também teriam sido capturados pela intensa força gravitacional do gigante. Entre os dias 23 e 26 de novembro de 2000, nada menos que nove deles foram encontrados, circulando a uma distância média de 21 milhões de quilômetros de Júpiter. Todos apresentam um movimento retrógrado, o que eleva para 14 o número de satélites jupiterianos com essa característica. Uma outra luazinha foi descoberta no dia 5 de dezembro de 2000. Gira no sentido normal, a uma distância de 11 milhões de quilômetros. O décimo primeiro membro daquele novo grupo foi detectado em 21 de novembro do mesmo ano e circula a uma distância de 6 milhões de quilômetros. Ao que parece, este último satélite é o mesmo descoberto por Charles Kowal, em 1975, e que foi dado como perdido durante 25 anos.

Em 2003, foi finalmente anunciada a descoberta de 23 novos satélites de Júpiter. Na época, os achados elevaram o total desses corpos para 61. Até o início de 2020, o maior planeta do Sistema Solar já contava com 79 satélites naturais conhecidos; destes, 26 ainda aguardam um nome oficial.

JÚPITER

Distância (média) do Sol ....778.000.000 km
Diâmetro (equador) ....142.796 km
Massa (Terra = 1) 317
Rotação ....9 horas
Revolução ....12 anos
Temperatura (média) ....– 121° C
Velocidade de escape ....60 km/s
Velocidade orbital ....13 km/s
Inclinação do eixo ....3°
Satélites 79

Capítulo Nove

Senhor dos Anéis

Saturno é, sem dúvida, o mais belo e fascinante planeta observado pelo homem desde a Antiguidade. Sob muitos aspectos, é o mais notável e o mais distante visível a olho nu. Seus magníficos anéis parecem justificar toda a fama e majestade do segundo maior planeta do Sistema Solar. Apesar da inegável beleza, somente há pouco mais de três décadas foi possível conhecê-lo melhor. Isto graças às visitas que lhe fizeram as sondas americanas Pioneer 11 e Voyager 1 e 2. Saturno foi visitado recentemente outra vez pela sonda automática Cassini, lançada em 1997, numa das mais ambiciosas missões espaciais empreendidas neste início do novo milênio.

Observado da Terra, à vista desarmada, o planeta dos anéis apresenta-se como uma bela e reluzente estrela de primeira grandeza, de brilho fixo e inequivocamente amarelado. Devido à enorme distância do Sol, o deslocamento na abóbada celeste é bastante lento. Saturno desloca-se no espaço três vezes mais devagar que a Terra — cerca de 10 km/s. São quase 30 anos para dar uma única volta em torno da nossa estrela, da qual mantém uma distância média de 1,5 bilhão de quilômetros. Ou seja, Saturno está cerca de 10 vezes mais afastado do Sol que a Terra. A gigantesca esfera gasosa, de 120.000 km de diâmetro, detém 95 vezes mais massa que o nosso mundo; portanto, só superada pelo descomunal Júpiter.

Saturno apresenta uma baixíssima densidade, a menor dentre todos os planetas: 0,5 g/cm^3. Na verdade, é o único membro do Sistema Solar menos denso que a água. Se fosse possível colocá-lo numa hipotética piscina, flutuaria como uma bola de vôlei. Seu globo, essencialmente gasoso e semelhante ao de Júpiter, gira muito depressa sobre si mesmo, o que faz com que também seja o planeta mais achatado da família do Sol.

Lá, os dias são curtíssimos, duram pouco mais de 10 horas, o que significa dizer que o Sol nasce e se põe uma vez a cada cinco horas aproximadamente. Observado através do telescópio, Saturno revela-se coberto de uma sucessão de faixas paralelas ao equador e de aspecto nebuloso. Essas bandas, de um colorido ligeiramente alaranjado, são bem menos marcadas e contrastantes que suas similares em Júpiter, embora ambos possuam praticamente a mesma estrutura e composição. A atenuação dos contrastes com relação ao maior dos planetas é devida às temperaturas mais baixas predominantes em Saturno. Além disto, a presença de hidrocarbonetos nas camadas mais externas contribui para esmaecer os limites entre as faixas. Em Saturno, as cores dominantes são o branco das nuvens (cristal de amônia) e o alaranjado (hidrossulfito de amônia). A própria existência dessas estruturas raiadas corresponde às diferenças de temperatura e, portanto, das altitudes das diversas camadas atmosféricas. Ao contrário do que ocorre em Júpiter, todo o conjunto circula no sentido da rotação do planeta.

Saturno encontra-se incessantemente açoitado por ventanias de causar inveja aos nossos mais violentos furacões. Na superfície da Terra, é raro os ventos ultrapassarem os 200 km/h. Pois bem, em 1980 e 1981, as Voyagers revelaram a existência de fantásticos ciclones a varrer a atmosfera superior de Saturno. Foram registradas velocidades cinco vezes superiores às nossas. Isso tudo cortado por relâmpagos que riscam constantemente aquele turbilhão gasoso em todas as latitudes. Há alguns anos, descobriu-se que as tempestades no polo sul de Saturno envolvem furacões de uma violência absurda. As câmeras da sonda Cassini flagraram esse tipo de fenômeno naquela região do planeta. Com cerca de 8.000 km de extensão e 70 km de altura, esses furacões desenvolvem ventos de até 560 km/h (para se ter uma ideia, os ventos do furacão Katrina, que devastou Nova Orleans, atingiram 233 km/h).

Tal agitação é o resultado de uma série de fatores, entre os quais a veloz rotação de Saturno, sua considerável fonte interna de energia — o planeta emite 80% mais energia do que a que recebe do Sol — e os permanentes movimentos convectivos de sua densa massa gasosa.

Os dois principais componentes da atmosfera de Saturno são o hidrogênio (96%) e o hélio (3%). Estudos espectroscópicos revelaram também a presença de intensas bandas de absorção, características do metano, além de um certo número de bandas mais fracas, indicando a existência do amoníaco. Mas há

CAPÍTULO NOVE: SENHOR DOS ANÉIS

também por lá: etano, acetileno, etileno e fosfinas. É curioso observar que todas essas substâncias são normalmente incolores, não se sabendo ao certo a que atribuir as cores e manchas observadas na alta atmosfera. Seriam outros constituintes — ou substâncias corantes — de origem ainda desconhecida?

A temperatura média no topo das nuvens é de 160 graus negativos. Onde quer que Saturno se encontre em sua órbita, a quantidade de luz e calor que recebe do Sol é 100 vezes menor do que a que recebemos aqui. Trata-se, sem dúvida, de um mundo extremamente frio, pelo menos em sua superfície visível. Considerando a acentuada inclinação de seu eixo de rotação — 27 graus —, Saturno também deve possuir um ciclo sazonal como a Terra. Lá, essas estações não são certamente tão definidas devido ao enorme afastamento do Sol.

A exemplo de Júpiter, as sondas em Saturno também registraram a presença de auroras polares nas camadas mais altas da atmosfera. O fenômeno ocorre numa faixa limitada e localiza-se nas altas latitudes, em torno dos 80 graus, em ambos os hemisférios. Ao contrário das terrestres, as auroras polares em Saturno são permanentes, mas também estão associadas à intensidade das atividades solares.

Durante boa parte do ano de 1990, Saturno foi palco de um acontecimento extraordinário: o planeta foi literalmente varrido pela maior e mais violenta tempestade já registrada no Sistema Solar. Concentrada na região equatorial, a tormenta espalhou-se rapidamente ao redor de todo o globo de Saturno, numa extensão de 380.000 km. O fantástico evento parece ocorrer uma vez a cada ano de Saturno, ou seja, a intervalos de 30 anos terrestres. Em 1876, 1903, 1933 e 1960 foram igualmente registradas quatro gigantescas manchas brancas muito semelhantes àquela última. As causas do fenômeno parecem estar associadas ao aquecimento provocado pelos raios solares e pelo calor oriundo do interior de Saturno, transportado por meio de correntes de convecção até o topo das nuvens.

Para provar mais uma vez sua semelhança com Júpiter, o planeta dos anéis também possui uma fonte interna de energia: irradia para o espaço quase três vezes mais energia do que recebe do Sol.

Saturno formou-se, ao que tudo indica, pela contração de uma gigantesca nuvem de gás, e a energia gravitacional liberada durante o processo foi se transformando progressivamente em calor, depois irradiado para o espaço. Júpiter e Saturno parecem não estar totalmente esfriados e continuam a se contrair, embora de maneira imperceptível. Aceito durante muito tempo, o modelo anterior foi recentemente substituído por outro, mais atraente: o calor interno de Saturno seria o resultado da energia gravitacional — transformada em energia térmica — liberada a partir da queda das gotas de hélio, que caem como chuva em direção ao planeta.

Esta imagem foi registrada pela Voyager 1 em novembro de 1980.
Os anéis de Saturno formam estruturas concêntricas, e durante muito tempo acreditou-se que fossem gasosas, depois que fossem sólidas, formadas de uma só peça. Atualmente, sabe-se que essas formações anelares são compostas de milhões de pequeninas rochas de gelo.

Sabemos que os planetas gigantes não possuem uma superfície sólida, como os corpos do tipo terrestre e os satélites. Como seria então o interior, ou melhor, o núcleo de Saturno? Acredita-se que seja rochoso, composto de óxido de magnésio, silício, sulfureto de ferro, óxido de ferro etc. Esse núcleo, bem mais maciço que o de Júpiter, compreenderia 25% da massa total de Saturno. Ao seu redor existe um manto, constituído de hidrogênio e hélio moleculares, que compõe a capa externa do planeta e onde se iniciam as camadas inferiores da atmosfera. Em consequência das enormes pressões reinantes no núcleo, é quase certo que o hidrogênio se encontra em estado metálico líquido. Isto significa que o mesmo se constitui em excelente condutor de eletricidade, daí a provável origem do expressivo campo magnético do planeta.

CAPÍTULO NOVE: SENHOR DOS ANÉIS

Da mesma forma que aqui e em Júpiter, o campo magnético em Saturno é dipolar, mas, ao contrário dos outros dois, praticamente coincide com o seu eixo de rotação. Apesar da modesta intensidade desse campo — 0,21 gauss —, a magnetosfera saturniana apresenta dimensões consideráveis, que variam de acordo com a intensidade do fluxo de radiação solar. Trata-se, aliás, de uma das mais complexas estruturas de todo o Sistema Solar. Em períodos de intensa agitação do Sol, a magnetosfera de Saturno apresenta-se comprimida, voltando a se dilatar quando aquela perturbação diminui. Em média, essa área de radiação, povoada de partículas neutras e eletricamente carregadas, se estende na direção do Sol por cerca de 23 raios planetários, enquanto uma longa cauda se arrasta na direção oposta, resultado da interação do vento solar e do campo magnético do próprio Saturno. Acredita-se que esse campo magnético seja solidário com o interior do globo, girando mais ou menos no mesmo período deste.

Anéis Gelados

Em 1610, quando Galileu apontou sua luneta para Saturno, percebeu, surpreso, que aquele objeto tinha uma aparência estranha. O que seria aquilo?, indagou o sábio italiano. As limitações de seu instrumento — um aumento de apenas 30 vezes — não lhe permitiram a definição exata do que estava observando. A princípio, acreditou que se tratava de um "planeta triplo", com um globo central maior que os outros dois, em lados opostos. Naquela época, Galileu já havia descoberto quatro corpos girando ao redor de Júpiter, como a Lua em torno da Terra. Existia então — questionou — dois "subordinados" a Saturno? Bem, nesse caso eles deveriam se mover à volta do planeta, passando pela frente e por trás dele, como os satélites de Júpiter e a Lua. Mas Galileu logo notou que, com Saturno, não era assim. A qualquer hora ou dia que o planeta era observado, suas pequenas esferas (em formato de azeitonas, lembrou em seu diário) se encontravam sempre em ambos os lados do planeta, como se estivessem fixas no espaço. E isto realmente o deixou intrigado.

A partir de então, muita gente passou a acreditar que aquilo que Galileu avistara em sua luneta não passava de uma ilusão de ótica. Diante de muitos comentários maldosos a respeito da descoberta, o polímata italiano decidiu manter-se em silêncio, até conseguir uma explicação. Será que fora ele o primeiro a ver aquelas estranhas estruturas? Resolveu então enviar uma carta ao seu amigo Johannes Kepler. Nela, escreveu um amontoado de palavras aparentemente sem qualquer sentido. No entanto, lembrava a Kepler, se ele as arrumasse de maneira correta, aquelas palavras queriam dizer: "Vi o planeta triplo mais exterior."

Em 1612, novas observações mostraram a Galileu que o curioso objeto triplo havia se reduzido a um só disco. Ele registrou assim em seus apontamentos: "Saturno devorou os próprios filhos!" Mais tarde, os dois pequeninos globos voltaram a aparecer, deixando-o bem confuso até o fim de sua vida.

A explicação do fenômeno só iria surgir quase meio século mais tarde, por volta de 1655. Foi Christian Huygens, matemático e físico holandês, o primeiro a concluir que Saturno tinha dois braços ou "alças", ligeiramente afastados. A partir daí, em condições mais favoráveis de visibilidade, pôde distinguir a estrutura de um anel largo e achatado em torno do planeta (foi nessa época que o próprio Huygens descobriu também o primeiro satélite de Saturno, Titã). Curiosamente, era o único planeta que apresentava uma espécie de anel à sua volta. Claro que no céu nada se parecia com Saturno. Com a modéstia e a humildade de um verdadeiro homem de ciência, Huygens escreveu em seu opúsculo *Sistema Saturnium*: "Se os observadores que me precederam pudessem ter utilizado instrumentos mais potentes, equipados com melhores lentes, não há dúvida de que teriam visto o mesmo que eu."

Historicamente, o primeiro a reconhecer a natureza dos anéis de Saturno foi o matemático francês Pierre-Simon de Laplace, em 1785. Segundo ele, aquelas estranhas estruturas eram formadas de partículas, ou melhor, de numerosos corpos sólidos de pequenas dimensões. Explicava, acertadamente, que a distância é que dava a impressão de uma estrutura contínua. Hoje, sabemos que estamos falando de milhões de rochas geladas que flutuam distribuídas na altura do plano equatorial de Saturno.

Essas complexas estruturas medem cerca de 270.000 km, de um lado a outro, e flutuam praticamente coladas à superfície gasosa do planeta, as mais próximas estão a apenas 17.000 km do topo de suas nuvens — um quinto da distância que separa a Terra e a Lua. Todo o conjunto contrabalança a imensa gravidade de Saturno e equilibra-se harmoniosamente à velocidade de 50.000 km/h. Essa finíssima lâmina encontra-se inclinada 27 graus, a mesma inclinação do eixo planetário.

Enquanto Saturno realiza sua revolução ao redor do Sol, os majestosos anéis podem ser avistados daqui da Terra, de diferentes ângulos. Ora podemos vê-los em cima, ora embaixo, dependendo da posição de ambos os

CAPÍTULO NOVE: SENHOR DOS ANÉIS

159

planetas. Às vezes, no meio dessa longa trajetória, os anéis tornam-se completamente invisíveis para qualquer observador terrestre. É bom lembrar que esses anéis são bem finos: 2,5 km de espessura.

Há muito tempo temos conhecimento de que esses anéis não formam um disco sólido, feito de uma só peça. As imagens e os dados recolhidos pelas sondas Voyager permitiram confirmar que eles são formados por uma miríade de minúsculas partículas, separadas entre si, comportando-se cada uma delas como um microssatélite independente. A massa total dessas partículas pode ser considerada desprezível — apesar da grande aproximação das sondas espaciais, suas trajetórias não sofreram qualquer desvio ou perturbação. Calcula-se que um corpo formado por sua acumulação não teria diâmetro superior a 100 km.

Atualmente, o sistema de anéis de Saturno é dividido em seis segmentos. Os três primeiros são denominados anéis A, B e C. São os chamados anéis clássicos. Os dois primeiros são conhecidos há séculos. No anel A, existe uma separação estreita — 320 km —, que recebeu o nome de divisão de Encke, em homenagem ao astrônomo alemão Johann Franz Encke, seu descobridor. O terceiro, denominado anel de crepe, foi descoberto em 1850. No anel B, os pequenos blocos de gelo alcançam tamanhos superiores a 15 metros, considerados, portanto, suficientemente grandes. Sobretudo se os comparamos com as rochas geladas que formam os anéis A e C, que possuem diâmetro máximo de 2 metros. O quarto — anel D —, descoberto em 1969, é muito fino e transparente. É provável que a sua parte interna termine nos estratos superiores das nuvens de Saturno.

Um quinto sistema de anéis, batizado de anel F, situa-se fora dos limites dos anéis clássicos e foi descoberto pela Pioneer 11, em 1979. Este apresenta particularidades interessantes, a começar por sua forma acentuadamente elíptica. Há suspeitas de que essa estrutura anelar, que às vezes se mostra mais espessa em certos pontos, não é permanente, ou seja, forma-se e se dissolve ao longo do tempo.

Fora do anel F, a uma distância que varia entre 500 e 2.000 km, a Voyager 1 descobriu uma pequenina lua, de poucos quilômetros de diâmetro. No interior do anel, a sonda americana encontrou ainda outro minúsculo satélite, mais ou menos do mesmo tamanho do primeiro. Esses dois corpos foram batizados de "luas pastoras", verdadeiros guardiães dos anéis, prováveis responsáveis pela não dispersão do delicado material de que é formado o anel F.

Em julho de 2004, a sonda Cassini entrou em órbita ao redor de Saturno e explorou uma lacuna existente entre os anéis. A partir das imagens recebidas, pode-se perceber que essas delicadas estruturas têm muito mais detalhes do que se podia imaginar. Por exemplo, nas lacunas entre os anéis foram encontradas duas luazinhas, batizadas de Pã e Dafne.

Mais tarde, em 13 de abril de 2005, novas imagens obtidas pelo robô automático revelaram ainda outros pequeninos satélites escondidos nos vãos entre os anéis, além de inúmeras estruturas exóticas, associadas a essas luas. A pequena lua Prometeu, por exemplo, produz uma espécie de flâmula comprida quando se aproxima a cada 14 horas do anel F. Houve quem afirmasse que Prometeu foi flagrado roubando material desse anel. Essa minúscula lua viria a mergulhar mais fundo no anel F em 2009. Isto certamente deverá criar fossos, nós e canais mais pronunciados naquelas delicadas estruturas.

Finalmente, o sexto anel, além de ser o mais delgado e rarefeito de todos, se estende bem para fora de Saturno — até 400.000 km aproximadamente —, invadindo, portanto, as órbitas dos satélites até Dione. Esse anel E, constituído de minúsculos grãos de gelo, é ainda pouco conhecido e varia muito de densidade, sobretudo na faixa da órbita de Encélado, o que sugere ser este último a fonte do material.

Os anéis A, B e C são aqueles que melhor vemos da Terra. Daqui eles parecem sólidos, mas isto não é verdade. As fotografias transmitidas pelas sondas mostram perfeitamente que eles são formados de milhares de finos anéis concêntricos.

Acredita-se hoje que a influência dos satélites de Saturno é que modulou a dinâmica dos anéis, de maneira que certas zonas são muito mais densas de partículas. As chamadas luas pastoras, como Atlas, Pandora e Prometeu, indicam ser de grande importância para manter os anéis em seus lugares. As perturbações gravitacionais — no caso, a ressonância mecânica — exercidas pelos satélites parecem ser as responsáveis pelo espaçamento e incremento da energia cinética dessas partículas, criando uma acumulação aqui, uma espécie de vácuo entre anéis acolá... Em outros casos, como a célebre divisão de Cassini — uma espécie de falso vazio entre os anéis A e B —, as sondas fotografaram cinco anéis bem nítidos. Isto foi realmente uma surpresa para os especialistas. O anel C, tão transparente que é possível ver o perfil de Saturno através dele, também apresenta uma particularidade muito interessante: dentro há um outro anel, muitíssimo tênue, que mais se assemelha a uma esteira de poeira flutuante.

CAPÍTULO NOVE: SENHOR DOS ANÉIS

As estruturas radiais, ora escuras, ora brilhantes, muito parecidas aos aros de uma roda de bicicleta e que se desenham no anel B, são certamente minúsculas partículas de gelo presas acima do plano desse anel. Parece tratar-se de acumulações locais, pois estão sempre se renovando. A origem é desconhecida, mas pode estar relacionada com fenômenos do tipo magnético ou eletrostático. Trata-se, sem dúvida, de mais outro fascinante enigma ligado a Saturno.

Os anéis saturnianos são constituídos, portanto, em parte por uma poeira fina de gelo e rocha, e também por blocos de poucos metros de diâmetro. Um verdadeiro enxame de pequenos icebergs a flutuar no espaço, ocupando um diâmetro ou uma largura suficiente para que se alinhassem 22 planetas das dimensões da Terra.

A opinião a respeito da origem dos anéis de Saturno vem mudando demais ao longo do tempo, em especial depois da descoberta de que não constituem um fenômeno raro no Sistema Solar. Afinal, Júpiter, Urano e Netuno também possuem anéis, embora bem menos espetaculares, claro. São duas as teorias que tentam explicar a origem dessas formações. A primeira poderia ser chamada "lua destruída" e sugere que o material responsável pela formação dos anéis estaria anteriormente concentrado numa única lua a girar ao redor do planeta. Esse satélite teria se despedaçado de maneira violenta, transformando-se numa infinidade de pequeninos fragmentos. A segunda teoria pode ser denominada "lua abortada". A ideia básica é que, a exemplo do que aconteceu com o Sistema Solar, o sistema de anéis de Saturno deve ter se formado a partir de um disco de partículas em órbita próximo ao plano equatorial; seus anéis seriam, assim, uma espécie de fóssil da época primitiva do Sistema Solar. Ao que tudo indica, a controvérsia sobre essas complexas e majestosas estruturas ainda está longe do seu fim.

Luas Congeladas

Saturno é o planeta que apresenta a maior quantidade de luas. O número exato ainda não é conhecido (só em 2019 foram descobertas 20), entretanto, calcula-se, atualmente, em cerca de 82 os satélites naturais do gigante gasoso (Júpiter tem 79). Desde a descoberta de Titã, em 1665, que seguimos encontrando satélites naturais por lá.

As luas saturnianas apresentam características ao mesmo tempo fascinantes e surpreendentes. São de todas as dimensões, tipos e formatos. As menores, recentemente descobertas, não passam de blocos de rocha e gelo, de uma

162 A HISTÓRIA DO SISTEMA SOLAR PARA QUEM TEM PRESSA

dezena de quilômetros, e a maior — Titã — ostenta dimensões planetárias. Com base no estudo de suas órbitas, esses satélites podem ser agrupados em duas categorias: regulares e irregulares. Os primeiros apresentam órbitas quase circulares, pouco inclinadas e diretas, ou seja, no mesmo sentido de rotação de Saturno. Mimas, Encélado, Tétis, Dione, Reia e o próprio Titã são exemplos dessa categoria. Fazem parte dos irregulares Hipérion, Jápeto e a pequenina Febe. Esta última é a mais excêntrica de todas, pois gira na contramão e sua inclinação é de 150 graus! Há fortes suspeitas de que seja um asteroide capturado e aprisionado pelo campo gravitacional de Saturno.

O aspecto mais notável desses satélites é a preponderância do gelo em sua constituição. Aliás, a abundância de gelo nessas distantes regiões do Sistema Solar decorre diretamente das temperaturas registradas por lá, da ordem de 160 a 180 graus negativos. Não é de estranhar, portanto, que na composição desses satélites haja mais gelo que rochas.

As imagens inéditas, enviadas pelas Voyager 1 e 2, em 1981, mostraram que, na maioria dos casos, as superfícies dos satélites de Saturno são salpicadas de crateras. Uma lembrança de colisões com detritos cósmicos, ocorridas em épocas bastante remotas. Além dessas crateras e depressões, inúmeras luas do planeta também apresentam sulcos, vales e enormes marcas brilhantes.

Mimas, conhecido desde o século 18, é o menor e o mais próximo dos satélites clássicos de Saturno. Seu diâmetro não ultrapassa 400 km e gira ao redor do planeta em apenas um dia terrestre, a uma distância de 186.000 km. Mimas possui 1.000 vezes menos massa que a Lua, e toda a sua superfície se apresenta uniformemente saturada de crateras antiquíssimas. Não há quaisquer sinais de atividade vulcânica nessa lua gelada. Sua característica mais marcante é uma gigantesca cratera de 130 km de diâmetro, cerca de um terço do diâmetro do próprio satélite. Seu pico central, bastante íngreme, ergue-se a mais de 6.000 metros. Um impacto um pouco mais violento teria despedaçado esse pequeno corpo celeste. Quem sabe, se isso tivesse ocorrido, Saturno talvez contasse com mais um anel ao seu redor.

Encélado orbita a uma distância de 240.000 km de Saturno e seu diâmetro não excede 500 km. As primeiras imagens, obtidas pela Voyager 1 a uma distância de 90.000 km, revelaram toda a sua originalidade: ele reflete quase 100% da luz que lhe chega do Sol, como uma espécie de espelho. A presença de uma tênue atmosfera em Encélado causou uma enorme surpresa. Ela foi detectada muito recentemente, em 2005, através do magnetômetro da sonda Cassini, quando esta

CAPÍTULO NOVE: SENHOR DOS ANÉIS

passou próximo ao satélite, em março daquele ano. A gravidade desta lua, no entanto, é fraca demais para manter uma atmosfera por muito tempo, o que nos leva a acreditar que ela vem sendo alterada. Tais fontes de renovação podem ser vulcões, gêiseres ou gases que escapam da superfície ou do seu interior. O solo, quase desprovido de crateras, é aplainado o suficiente para o compararmos com Europa, o mais liso e brilhante de todos. Os modelos de composição de Encélado indicam uma altíssima porcentagem de gelo, cerca de 80%. Embora congelado por fora, de seu interior parece vazar um material quente e fluido, que aplaina as bordas das crateras, em sua maioria bastante desgastadas. A superfície dessa lua parece indicar um anterior rejuvenescimento da crosta e, em épocas mais recentes, um posterior recobrimento de gelo. Imagens transmitidas pela Voyager 2 já mostravam que Encélado também apresenta planícies e terrenos enrugados, recortados por uma série de estrias entrecruzadas. Tais acidentes parecem indicar que essa lua ainda esteja geologicamente ativa. A região polar sul, por exemplo, é muito jovem do ponto de vista geológico. Fraturas ziguezagueiam em sua superfície branca e expõem um denso gelo azulado. Vários instrumentos a bordo da Cassini descobriram gigantescas plumas de vapor de água na região polar sul do satélite. As plumas que ela detectou sobem além dos 500 km acima da superfície. Outra enorme surpresa e que veio confirmar antigas suspeitas: a descoberta da existência de um grande oceano de água salgada entre a crosta congelada e o núcleo rochoso. Acredita-se que tal oceano possa até se manter líquido devido ao calor gerado pela maré gravitacional do próprio Saturno. Mais uma pergunta que não quer calar: o oceano em Encélado pode apresentar condições favoráveis ao surgimento da vida? Ainda parece cedo para uma resposta definitiva, mas tal descoberta mudou, sem dúvida, a perspectiva científica sobre onde procurar indícios de atividade biológica fora da Terra.

Tétis e Dione, descobertos em 1684 por Domenico Cassini, apresentam quase as mesmas dimensões, ou seja, cerca de 1.000 km de diâmetro. Mas há diferenças. Tétis é certamente formado de 90% de gelo, e seu companheiro apenas metade disto. Ambos mostram um solo crivado de crateras de diferentes tamanhos e profundidades. Tétis, por exemplo, exibe uma, de cerca de 400 km de largura, além de inúmeros sulcos muito profundos. Um deles é igualmente gigantesco: 900 km de comprimento, e se estende de um polo ao outro, cortando toda aquela superfície gelada. É possível que essa imensa cicatriz seja o resultado do estiramento do córtex de Tétis sobre um interior gelado. Tudo indica que tais acidentes sejam decorrentes de uma grande atividade interna dessa lua.

Há indícios de que sua superfície também foi rejuvenescida, o que teria apagado uma infinidade de outras crateras. Algumas teorias sugerem a hipótese de Tétis ter sido, no início da sua formação, quase todo líquido, solidificando-se em seguida, da crosta para o interior. Esse satélite é acompanhado na sua órbita por duas luas menores de Saturno, do tipo troiano: Telespo (60 graus à frente) e Calipso (60 graus à retaguarda), nos dois Pontos de Lagrange, mas descobertas somente em 1980.

Dione, por sua vez, apresenta uma curiosa diferença entre suas duas faces. Numa delas existe uma rede de faixas brilhantes, o que indica se tratar de terrenos mais recentes, talvez de puro gelo. Tais estrias ou fraturas parecem preenchidas por material procedente do interior do satélite. Em Dione, observam-se ainda longos e tortuosos sistemas de vales e fossas, provável resultado de antigas fraturas da crosta. Este satélite conta também com uma minúscula parceira — Helene —, que flutua 60 graus à sua frente.

Reia é o segundo satélite de Saturno em tamanho — 1.500 km de diâmetro — e o maior deles sem atmosfera. Gira ao redor do planeta a cerca de meio milhão de quilômetros. Sua superfície é muito parecida com a da nossa Lua, mas as suas crateras, com diâmetros entre 30 e 100 km, mostram um número bem maior de contornos irregulares. Sua baixa densidade permite supor que tenha um pequeno núcleo rochoso. Esse satélite apresenta ainda manchas muito brilhantes, sendo provável que se trate de gelo vivo, liberado a partir de impactos meteoríticos mais recentes. A superfície escavada e rugosa de Reia faz supor a existência de uma crosta frágil, mas que se solidificou antes dos choques. De qualquer forma, a consistência de seu solo deve ser realmente a da neve compactada, bastante dura, resultado do intenso frio reinante por lá. Também Reia apresenta uma assimetria entre os hemisférios; num deles quase não se observam crateras, mas, por outro lado, as poucas imagens disponíveis mostram uma rede de estrias de origem ainda não esclarecida.

Febe é o mais externo e excêntrico dos satélites de Saturno. Inclinado cerca de 15 graus em relação ao plano equatorial do planeta, sua órbita é retrógrada, ou seja, essa lua circula em sentido contrário ao de Saturno e a uma enorme distância deste — 13 milhões de quilômetros. Tais características nos levam a admitir que talvez não passe de um ex-asteroide aprisionado pelo campo gravitacional do planeta. A hipótese de sua captura não é nada absurda, e se essa é a verdadeira história de Febe, sua análise equivale à de um fóssil vivo, ou seja, a oportunidade de se estudar as particularidades dos primeiros corpos sólidos que se formaram no Sistema Solar.

As imagens enviadas pela Voyager 2 mostravam Febe como um objeto de 200 km de diâmetro, quase esférico e, ao contrário das demais luas geladas de Saturno, extremamente escuro. Curioso é que as dimensões e o período de rotação (9 horas) quase não se distanciam dos valores determinados para muitos asteroides. Mesmo assim, o planeta dos anéis encontra-se bem distante da zona dos asteroides compreendida entre Marte e Júpiter, o que não exclui a hipótese da captura de Febe pela ação gravitacional conjunta de Saturno e Júpiter. Em junho de 2004, Febe foi visitada pela Cassini. Era a primeira oportunidade para se estudar de perto esse satélite natural desde a passagem da Voyager 2. A nave obteve imagens de altíssima resolução de grande quantidade de crateras na sua superfície e do espectro da luz solar refletida, o qual revelou água e dióxido de carbono em forma de gelo.

Jápeto é tão estranho quanto Febe e suas dimensões se assemelham às de Reia. É um corpo celeste que apresenta uma órbita acentuadamente inclinada, cuja densidade — 0,5 g/cm^3 — mostra-se, portanto, bem próxima à do gelo. Jápeto não apresenta componentes rochosos muito significativos. Sua particularidade mais interessante, conhecida há três séculos, é a de que só fica visível quando de um lado de Saturno (como muitos outros satélites, apresenta um movimento síncrono e completa uma volta ao redor do planeta no mesmo tempo em que dá um giro em torno do próprio eixo). Esta lua se apresenta dividida em dois hemisférios distintos; um deles é cinco vezes mais luminoso. Em outras palavras, metade de sua superfície encontra-se coberta por uma estranha substância escura. O que seria? Os geólogos planetários arriscam duas hipóteses: o responsável pelo fenômeno pode ser uma espécie de lava, isto é, matéria oriunda do interior do satélite e que, sob um forte impacto externo, teria se fundido e vazado para a superfície. A outra ideia é de que um material pouco refletor esteja continuamente caindo sobre o hemisfério mais escuro. Especula-se que essa espécie de poeira poderia proceder de Febe, cuja superfície parece ser um alvo permanente de micrometeoros. O material levantado do solo de Febe seria capturado pela gravidade de Jápeto e, ao depositar-se na superfície, faria o satélite tão escuro como se mostra.

Hipérion apresenta um formato bastante irregular, além de uma grande excentricidade orbital. Fotografado em detalhes pela Voyager 2, o satélite revelou uma forma curiosamente assimétrica e intrigante. Trata-se de uma lua com três eixos e uma série de rugosidades e arestas de dimensões consideráveis. Tais particularidades nos levam a acreditar que a origem de Hipérion foi violentíssima. Esse estranho satélite, tal como se mostra atualmente, não passaria de um enorme fragmento do corpo original, possivelmente destruído por um brutal impacto. Resta saber por que o satélite primitivo, uma vez destruído, não teria juntado seus próprios cacos e se tornado outra vez esférico. A superfície de Hipérion está cheia de calombos e crivada de profundas crateras de impacto.

Em 1966, foi descoberto um novo satélite muito próximo dos anéis, denominado Janus. Seu nome é uma alusão à divindade romana representada por dois rostos opostos. Na época, não foi possível determinar com precisão sua órbita, mas sabe-se que essa pequenina lua gira ao redor de Saturno a uma distância média de 160.000 km. Trata-se, na verdade, de dois satélites — o outro foi batizado de Epimeteu —, cuja existência só foi confirmada alguns anos depois, em 1979. Distam apenas 10.000 km do anel F e são objetos de proporções bem modestas.

Mistério Distante

Titã é, certamente, o mais importante e intrigante satélite de Saturno. Descoberto em 1655 pelo astrônomo holandês Christian Huygens, é também o maior deles, com os seus respeitáveis 5.140 km de diâmetro, maior, portanto, que o próprio Mercúrio! Comparado em tamanho aos demais satélites do Sistema Solar, Titã só perde para Ganimedes, a gigantesca lua de Júpiter. Titã gira no plano equatorial de Saturno a cerca de 1 milhão de quilômetros de distância e seu período orbital é de aproximadamente 16 dias.

A mais notável característica de Titã não é o tamanho, mas a presença de uma densa atmosfera, cinco vezes mais espessa que a terrestre. À exceção de Tritão, a maior lua de Netuno, Titã é o único satélite a possuir uma considerável camada de nuvens. É o único corpo do Sistema Solar que possui uma atmosfera cuja composição é bem parecida com a nossa.

Em setembro de 1980, a Voyager 1 chegou bem próximo de Titã, a menos de 6.500 km. Suas telecâmeras já revelavam um estranho globo alaranjado, e nos confirmaram o que, na época, já não era mais novidade: o principal constituinte daquela densa atmosfera é o nitrogênio, o elemento mais abundante do manto atmosférico da Terra. A sonda americana não encontrou

CAPÍTULO NOVE: SENHOR DOS ANÉIS

167

oxigênio em Titã, mas, além do nitrogênio, foram detectados vestígios de metano, cianogênio e traços de ácido cianídrico. Tudo isto somado a vários outros hidrocarbonetos. Tratava-se, na verdade, de uma singular camada opaca de nuvens, que, a exemplo de Vênus, também se desloca a uma incrível velocidade: 10 vezes mais rápido que o próprio satélite. Esse manto atmosférico mede cerca de 200 km de espessura, onde reinam temperaturas que variam entre 160 e 180 graus negativos. Inúmeras outras raias espectrais, na época ainda não devidamente identificadas, indicavam a virtual presença em Titã de componentes de química orgânica. O fato revelava a possibilidade de que aquele remoto corpo celeste pudesse abrigar uma intensa atividade química.

A análise preliminar das imagens de Titã indicava ainda que esse satélite é aquecido por uma espécie de efeito estufa, o que faz com que sua gélida temperatura se torne um pouco mais quente. Os cientistas parecem manter a convicção de que, sem esse mecanismo, a maior lua de Saturno provavelmente congelaria naquelas baixíssimas temperaturas. O nitrogênio, além de outros gases, capta o calor solar e eleva a temperatura dos termômetros por lá em cerca de 12 graus.

Planetas como a Terra e Vênus podem reter uma atmosfera por causa de suas dimensões e massa. O caso de Titã não deixa de ser curioso, se o comparamos com Mercúrio, por exemplo, um planeta desprovido de uma capa gasosa. Como se explicaria o fato? Nos idos da década de 1940, o astrônomo americano Gerard Kuiper sugeriu uma resposta que parece razoável: a capacidade de retenção de gases de um corpo celeste não depende exclusivamente de sua gravidade, mas também da temperatura. No caso particular de Titã, esse satélite é obviamente bem mais frio que Mercúrio.

Permanentemente encoberto por um cerrado manto de nuvens, Titã ainda não permitia uma avaliação de seu solo. Como seria a superfície desse remoto e misterioso satélite? Muito pouco se sabia a respeito, exceto que devia ser uma superfície bem escura, a julgar pela enorme distância do Sol e a espessura da atmosfera. Durante algum tempo, especulou-se que deveria existir por lá uma estranha paisagem, formada de vastas planícies e montanhas geladas, além de crateras e vales alagados de metano e nitrogênio. Tudo isto certamente envolto em um intenso e constante nevoeiro. Seria mesmo verdade?

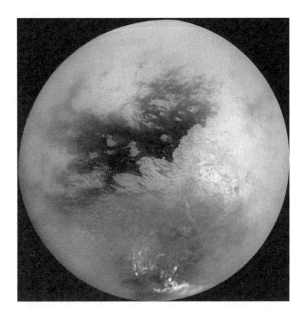

Mares e lagos de metano líquido marcam a superfície de Titã.

O mistério permanece, embora resultados mais recentes, obtidos por radar, parecessem excluir a possibilidade de Titã ser recoberto por um oceano. O que se sabe de mais positivo diz respeito à sua constituição: cerca de metade da massa de Titã é composta de rochas e a outra metade formada de gelo de água. Uma composição, aliás, não muito difícil de ser deduzida, uma vez que a densidade do satélite é conhecida: 1,88 g/cm^3, ou seja, meio caminho entre a densidade da rocha e a do gelo de água.

Visita Indiscreta

As Voyagers se foram; contudo, nos anos que se seguiram, as expectativas a respeito de Titã só fizeram aumentar. Cientistas chegaram a sugerir que verdadeiros oceanos de etano e metano estariam na origem da presença deste último gás naquela atmosfera. Mas qual seria realmente a fonte, uma vez que a luz solar decompõe essa molécula? Alguns encararam a atmosfera esfumaçada de Titã como um verdadeiro laboratório de química pré-biótica. Um exagero? Mas mesmo que Titã não parecesse um lugar promissor onde se procurar vida, a hipótese não podia ser inteiramente descartada.

CAPÍTULO NOVE: SENHOR DOS ANÉIS   169

A missão Cassini-Huygens surgiu a partir daí.

Os segredos de Titã pareciam estar com os dias contados, e o prazo-limite seriam os primeiros três ou quatro anos do século 21. A Cassini-Huygens — missão assim chamada em homenagem ao astrônomo franco-italiano que descobriu quatro luas de Saturno — previa colocar um orbitador automático ao redor do planeta dos anéis. Lançado em 15 de outubro de 1997, o engenho — o primeiro artefato humano a orbitar aquele planeta — passou a girar ao redor de Saturno em julho de 2004. Acoplado a este, havia uma sonda automática — a Huygens — concebida para um mergulho no desconhecido. Levava a bordo um laboratório inteiramente automatizado, destinado a efetuar inúmeras medições químicas e físicas, além de pesquisas sobre a composição da atmosfera e da superfície de Titã. Depois de romper suas nuvens e antes mesmo de chegar ao solo, uma câmera especial ficaria encarregada de enviar imagens daquele mundo ainda inexplorado e eternamente velado.

Em 14 de janeiro de 2005, após uma longa jornada de sete anos e mais de 3,5 bilhões de quilômetros percorridos, a sonda Cassini-Huygens finalmente atingia o momento culminante de sua missão a Saturno: o mergulho na atmosfera de Titã. Tratava-se do maior lugar ainda não explorado do Sistema Solar. O último grande mistério. Então, em 21 de julho de 2006, os radares da Cassini captaram imagens que pareciam mostrar lagos de hidrocarboneto líquido — como metano e etano — nas latitudes norte do satélite. Seria a primeira descoberta da existência de lagos em qualquer corpo celeste fora da Terra. Esses lagos mediriam entre 1 e 100 km de extensão. Meses depois, em março de 2007, a existência de lagos de metano e etano, no hemisfério norte do satélite, seria confirmada. Finalmente, em 30 de julho do ano seguinte, foi anunciada, e bastante festejada pelo pessoal da NASA, a descoberta de um imenso lago líquido próximo à região polar sul de Titã. O lago, com 15.000 km^2, foi batizado como Ontario Lacus e, ao que tudo indica, bem mais parecido com um grande deserto de sal ou um grande lamaçal de hidrocarbonetos do que exatamente um lago como conhecemos.

Sim, já se sabia da existência do metano em Titã desde a década de 1940. E desde então decifrar os segredos desse satélite significava compreender o papel desse gás, tanto na sua atmosfera como em sua superfície. E o que seria mais intrigante: a associação entre o metano e a vida. Eis aí parte do fascínio relativo àquele corpo celeste a flutuar em regiões remotas do nosso espaço. Durante o Programa Voyager, Titã havia negado a visão de sua superfície.

O espectrômetro de ultravioleta da Voyager 1 detectou nitrogênio molecular na atmosfera, e experimentos de rádio mediram uma pressão atmosférica na superfície: uma vez e meia maior que a da Terra. Na ocasião, a sonda da NASA confirmou a existência de uma espessa atmosfera a envolver o satélite.

A sonda Cassini-Huygens não encontrou evidências convincentes dos grandes mares imaginários no satélite. Mas ficou claro que a paisagem de Titã é coberta de canais escavados por um fluido. Acredita-se que tal fluido seja de fato o metano líquido. Os instrumentos da sonda mediram um aumento de vapor de metano depois que se chocou com o solo, e que aqueceu a superfície. Há suspeitas, portanto, de que o metano líquido possa estar contido sob o solo a profundidades rasas.

Foram igualmente enviadas imagens de seixos arredondados, como os seixos rolados dos leitos dos rios da Terra. Outras mostram coisas surpreendentes, entre elas uma rede de canais de drenagem que esculpem brilhantes platôs. Ao redor, algo que seria uma praia adjacente a uma grande e escura planície. A planície, agora, está seca. Sabe-se disto porque foi lá exatamente que a Huygens aterrissou. Essa planície, ao que tudo indica, deve ter sido inundada no passado.

Sabe-se agora que as regiões equatoriais escuras de Titã são como dunas de areia, e que estas se alimentam com os ventos predominantes de leste para oeste. Ao contrário da Terra, essa areia não é de quartzo e tampouco de basalto, como em Marte, mas provavelmente de algum resíduo orgânico. Tal material deve se precipitar da atmosfera superior de Titã após reações químicas que envolvem a radiação ultravioleta do Sol.

Já as regiões brilhantes em Titã correspondem aos terrenos elevados. O misterioso satélite apresenta poucas formações, como crateras de impacto ou vulcões ainda reconhecíveis em suas formas originais. De acordo com as imagens transmitidas, a maioria dos terrenos elevados parece uma mistura caótica de escombros, ou severamente erodida. Canais e crateras de impacto erodidas sugerem tempestades de metano.

Sabemos que a radiação ultravioleta costuma transformar rápida e irreversivelmente o metano em partículas orgânicas sólidas. O fato nos leva a acreditar que Titã necessite de uma fonte (permanente) de metano. Qual seria? Alguns pesquisadores especulam que, além dos lagos polares, existe um vasto reservatório de metano líquido no subsolo do satélite, possivelmente bem próximo da superfície. Segundo eles, há evidências substanciais, mais do

CAPÍTULO NOVE: SENHOR DOS ANÉIS

que no caso de Marte, de que o metano armazenado no interior de Titã não teria dificuldade de sair pela superfície e evaporar para a atmosfera. Outros especialistas imaginam que o gás é expelido diretamente sob a superfície, podendo criar nuvens temporárias.

Durante um sobrevoo em Titã, a nave Cassini fotografou uma gigantesca nuvem estendida sobre a região polar sul. A nuvem, que cobre as latitudes mais ao norte do satélite, tem cerca de 2.400 km de diâmetro. Modelos computacionais daquela atmosfera antecipavam que essas nuvens poderiam se formar, mas somente durante a inspeção da sonda foi possível uma primeira observação detalhada. Dados do Espectrômetro de Mapeamento Visual e Infravermelho da sonda indicam que a nuvem contém etano, metano e outros compostos orgânicos — justamente o material necessário para encher os lagos de hidrocarbonetos. Alguns desses lagos em Titã parecem ter nível baixo, talvez devido à evaporação. A nuvem também sugere a existência de uma troca global entre a superfície e a atmosfera, com hidrocarbonetos "chovendo" sobre a superfície e evaporando de volta para a atmosfera, como, aliás, ocorre no ciclo hidrológico na Terra.

Em fins de julho de 2008, a cortina de mistério que cerca Titã seria levantada um pouco mais. Na data, a surpreendente notícia da descoberta de evidências de compostos em estado líquido na remota lua de Saturno surpreendeu o mundo científico. As imagens do Ontario Lacus no infravermelho registradas em dezembro de 2007 pela Cassini não deixavam mais dúvidas: Titã seria o único corpo no Sistema Solar, além do nosso planeta, a apresentar líquidos em sua superfície. A análise dos dados confirmou que o Ontario Lacus é realmente composto por hidrocarbonetos em uma solução líquida. O material é formado principalmente por etano, misturado a nitrogênio e outros hidrocarbonetos de baixo peso molecular. Tudo isto parece reforçar as suspeitas de que por lá também exista metano líquido (na verdade, esta seria uma das poucas moléculas capazes de permanecer nesse estado sob as condições da superfície de Titã). As observações das imagens também sugeriam que o lago estaria evaporando, pois é cercado por uma praia escura, em contraste com uma linha costeira brilhante.* De acordo com os especialistas, o fato de a praia apresentar-se mais escura que a linha costeira significa que estaria molhada de compostos orgânicos ou coberta por uma fina camada de

---

* Resultados de pesquisas anteriores à captura de imagens pela sonda Cassini já revelavam a evidência de erosão e da existência de lagos e mares similares aos da Terra no satélite.

compostos orgânicos líquidos. Sim, já se sabia que a atmosfera de Titã era rica em hidrocarbonetos, e acreditava-se que poderia até mesmo haver chuvas desses compostos.

O retrato de Titã sugere que certamente essa lua exibe um ciclo líquido. Algumas pistas são as rochas arredondadas que parecem ter sido selecionadas e dispostas em camadas de acordo com o tamanho, como se estivessem no leito de um curso d'água, no interior de um lago seco.

Último Adeus

No dia 15 de setembro de 2017, após uma missão de 20 anos, que de maneira inédita ajudou a desvendar muitos segredos do sexto planeta, a Cassini se desintegrou, ao penetrar nas camadas mais externas da atmosfera de Saturno. Uma morte prevista ou um suicídio controlado, mas que representou o que a NASA definiu como o *grand finale* daquela missão. Afinal, suas descobertas foram fundamentais para provar que pode haver vida em outros lugares do Sistema Solar. Durante seus últimos meses de vida, a Cassini atravessou o espaço entre os anéis — percorridos a cada metro, em certos momentos — e alguns satélites do planeta, numa área até então completamente inexplorada pelo homem. Entre outras façanhas, identificou gêiseres de água que indicam um oceano interno em Encélado e ajudou a definir, nos mínimos detalhes, outros 58 satélites do senhor dos anéis. Suas imagens e dados coletados serão certamente analisados pelos cientistas durante as próximas décadas.

SATURNO

Distância (média) do Sol	1.427.000.000 km
Diâmetro	120.000 km
Massa (Terra = 1)	95
Rotação	10 horas
Revolução	30 anos
Velocidade de escape	35 km/s
Velocidade orbital	9,64 km/s
Inclinação do eixo	26°
Satélites	82

CAPÍTULO DEZ

Planeta Deitado

William Herschel, seu descobridor, chamou-o inicialmente de Georgium Sidus, a Estrela de Jorge, em homenagem a Jorge III, rei da Inglaterra. Outros astrônomos, mais simpáticos ou fiéis à mitologia, propuseram-lhe o nome de Netuno. Mas o que prevaleceu foi mesmo Urano, o sétimo planeta da família do Sol e o terceiro maior do Sistema Solar.

Mil vezes menos brilhante que Júpiter e 15 vezes mais maciço que a Terra, Urano está afastado de nós cerca de 3 bilhões de quilômetros. Ao telescópio, não vemos dele senão um disco pequenino e fosco, azul-esverdeado, e nada de detalhes. Naquele mundo distante e gelado, os dias têm a duração de 42 anos terrestres, e as noites se arrastam pelo mesmo período. Desde sua descoberta, no século 18, somente em 2049 Urano estará completando seu terceiro giro ao redor do Sol.

A partir de 13 de março de 1781, as fronteiras do Sistema Solar seriam inesperadamente ampliadas. Até aquela data, o último planeta conhecido era Saturno, o privilegiado e cioso guardião da família do Sol. Para além dele, os homens sequer suspeitavam existir algum outro astro a definir os limites do nosso quintal celeste. Pelo menos não havia evidências de qualquer outro corpo planetário a vagar além do belo planeta dos anéis. Talvez tenha sido essa a razão de tanta perplexidade e confusão com o anúncio da descoberta de Urano.

O responsável por todo o rebuliço era um pacato ex-músico de igreja, que sempre alimentara uma secreta paixão pelos céus. Seu nome era William Herschel, um homem que não dispunha de recursos para adquirir um telescópio, mas que, certo dia, resolveu construir um sozinho. E depois outros mais. Com um deles tornou-se famoso, aos 43 anos de idade.

174 A HISTÓRIA DO SISTEMA SOLAR PARA QUEM TEM PRESSA

Naquela noite histórica, através de suas lentes, Herschel acreditou, a princípio, ter descoberto um cometa na constelação de Gêmeos. Intrigado com o diâmetro do novo astro — maior que os outros — e com o fato do tal cometa não apresentar nem cauda nem cabeleira, resolveu utilizar lentes cada vez mais potentes. Ficou logo evidente que tampouco se tratava de uma estrela, pois seu diâmetro ia aumentando cada vez mais. Nos dias que se seguiram, deve ter lhe faltado coragem, ou sobrado modéstia, para admitir publicamente que o objeto recém-descoberto fosse um novo planeta. Contrariando qualquer evidência, Herschel acabou descrevendo como cometa o que havia observado com suas oculares. Pelo menos foi assim que comunicou a descoberta à Royal Society de Londres, em 26 de abril de 1781.

Em fins daquele mesmo ano, os cálculos referentes à trajetória vieram demonstrar que se tratava inequivocamente de um planeta, situado muito além da órbita de Saturno. Eis, em resumo, a crônica da famosa descoberta de William Herschel.

A história da Astronomia, no entanto, está repleta de surpresas e ironias. Entre 1690 e 1780, o futuro planeta já havia sido localizado no céu diversas vezes, vagando anonimamente entre as estrelas. Sua presença constava, inclusive, em algumas cartas celestes. O que ninguém sabia, ou ousava suspeitar, era que se tratava de mais um corpo planetário, além dos cinco conhecidos desde os tempos mais recuados. Debruçados em intrincados cálculos, os astrônomos e matemáticos franceses Pierre Simon de Laplace e Pierre le Monnier definiram de vez o assunto: o "intruso" seguia uma órbita precisa, quase circular e bastante mais distante do Sol que Saturno. Não se tratava, pois, nem de um cometa e muito menos de uma estrela.

Visto da Terra, o pequeno disco de Urano apresenta um diâmetro aparente de 4 segundos de arco, ou seja, um milésimo do grau. Visualmente, não passa de um astro minúsculo, quase despercebido — de magnitude 6 — e percebido, assim, nos limites da observação sem instrumentos. Devido ao enorme afastamento, Urano recebe apenas 4% da luz solar incidente, o que significa 350 vezes menos radiação do que a recebida aqui na Terra. Por se tratar de um corpo essencialmente gasoso, sua densidade média é baixa, mas, comparativamente, trata-se de um gigante, 60 vezes mais volumoso que o nosso planeta. Todo esse descomunal globo gira sobre si mesmo em pouco mais de 17 horas.

Urano leva 84 anos para dar uma única volta em torno do Sol, a uma velocidade média orbital de 7 km/s. Durante esse tempo e a essa velocidade, percorre cerca de 5,6 bilhões de quilômetros, uma distância equivalente a 19 vezes o caminho percorrido pela Terra ao redor da nossa estrela.

Sua órbita é quase circular, mas apresenta alguma excentricidade: 0,046. E é também bem pouco inclinada — 0,73 grau — em relação ao plano da eclíptica. No afélio, Urano distancia-se do Sol cerca de 3 bilhões de quilômetros; no periélio, ao contrário, aproxima-se 2,7 bilhões de quilômetros. Duas vezes mais afastado que Saturno, o terceiro maior planeta passou pelo periélio nos anos de 1799 e 1883, voltando à sua máxima aproximação do Sol em 1967. O próximo periélio de Urano só irá acontecer no ano 2051.

MISTÉRIOS

O eixo de rotação dos planetas apresenta-se, grosso modo, perpendicular aos seus respectivos planos orbitais. Em Urano, essa regra não prevalece. Trata-se, na verdade, de uma curiosa exceção, pois esse planeta encontra-se fantasticamente inclinado: 98 graus, o que corresponde a uma rotação retrógrada. Isso também significa que um polo recebe verticalmente o calor do Sol, enquanto o polo oposto atravessa uma longa noite de 42 anos terrestres.

Qual a causa dessa incrível inclinação? Por que o planeta apresenta-se praticamente deitado? Dentre as teorias sugeridas até hoje, a do físico russo V. S. Safronov parece a mais consistente, ou a que melhor se ajusta a uma possível explicação do fenômeno. Segundo ele, a última fase da formação de Urano caracterizou-se por violentos bombardeios de corpos gigantes, alguns deles de dimensões planetárias.

Mas o que seriam e de onde viriam? Uma espécie de núcleos planetários, formados na mesma região de Urano? O autor da teoria afirma que sim, e que os mesmos teriam sido formados longe dali e desviados para as vizinhanças de Urano por meio da força gravitacional de Júpiter e Saturno.

Embora nada se saiba sobre a verdadeira natureza desses bólidos, é razoável supor que tais colisões catastróficas possam, de fato, ter modificado radicalmente a originária rotação de Urano. Se efeitos semelhantes não se fizeram sentir em Júpiter ou Saturno, é porque certamente esses gigantes são bem mais maciços que aquele planeta.

Com a exagerada inclinação de seu eixo — apontado, como vimos, quase diretamente para o Sol —, era de esperar que o equador de Urano e o seu polo oposto fossem mais frios que o polo diretamente atingido pela radiação solar. No entanto, a partir dos dados transmitidos pela Voyager 2, e para espanto dos cientistas, verificou-se que o equador do planeta é tão quente quanto seu polo iluminado. Não apenas isto, mas que uma região localizada acima do polo é até mais aquecida que o lado ensolarado. Entre tantos outros, trata-se de mais um mistério à espera de uma solução.

Oceano em Ebulição

Como seria Urano propriamente dito? Como se apresentaria sua superfície, eternamente escondida sob uma fantástica camada de nuvens? Essas e outras questões já estavam ligadas à natureza desse mundo gelado e distante, bem antes da visita da Voyager 2, em 1986. Especulava-se sobre a possível existência de um oceano superaquecido a envolver todo o planeta. Uma hipótese, sem dúvida, atraente e até razoável. A análise dos dados transmitidos pela sonda veio oferecer algumas pistas. Hoje, muitos especialistas concordam que já existem provas suficientes de que Urano está literalmente coberto por um vastíssimo oceano, quiçá formado por grande quantidade de elementos que também existem nos cometas. Ao contrário de Júpiter e Saturno, planetas bem mais próximos, Urano seria então um colossal aglomerado de cometas derretidos? Informações enviadas pela Voyager 2 já pareciam indicar que o planeta é realmente formado por grande quantidade de elementos que também existem nos cometas.

Esse vasto mar superaquecido estaria, portanto, a envolver um núcleo rochoso de 17.000 km de diâmetro, em grande parte liquefeito e essencialmente formado de silicatos, ferro e outros elementos pesados. A temperatura daquele oceano atingiria milhares de graus, mas devido à alta pressão* exercida por uma atmosfera com milhares de quilômetros de espessura a água, misturada com metano e amoníaco, simplesmente não ferveria. Meras especulações? Possivelmente não.

---

* Calcula-se que a pressão central de Urano seja fantasticamente grande, da ordem de 20 milhões de bars (a pressão atmosférica da Terra é de 1 bar). As temperaturas nessas regiões centrais não devem ser inferiores a 6.000 graus.

CAPÍTULO DEZ: PLANETA DEITADO

A quase completa ausência de emissões de rádio oriundas do planeta indicava que seu campo magnético era muito mais fraco que o esperado, ou mesmo que não existisse. Puro engano. O campo magnético uraniano é 50 vezes mais forte que o terrestre. Os cientistas da NASA ficaram assombrados com os dados que indicavam que o campo magnético de Urano apresenta uma inclinação de aproximadamente 60 graus. Ou seja, que seu eixo não passa pelo centro do planeta, mas atravessa um ponto situado a um terço de distância entre a superfície e o centro. Segundo os especialistas, tamanho deslocamento sugere que tal campo magnético não derive de fenômenos que possam ocorrer no núcleo. Mas possivelmente originado de um fluxo de partículas eletricamente carregadas no extenso manto líquido que envolve o planeta.

A inclinação do eixo de rotação de Urano é de 98 graus, o que significa dizer que o mesmo está praticamente situado no plano orbital do planeta. Trata-se do único exemplo em todo o Sistema Solar. Os polos norte e sul apontam alternadamente para o Sol, ao longo dos 84 anos de duração da revolução de Urano.

A constituição e a estrutura dos planetas gasosos — Júpiter, Saturno, Urano e Netuno — são muito diferentes daquelas dos planetas terrestres. Na alta atmosfera de Urano, por exemplo, foi detectada a presença de metano, que é formado de carbono e oxigênio. Um atento exame das imagens recebidas mostrou que o polo que aponta para o Sol apresenta uma coloração ligeiramente rosada. É possível supor que isto seja causado por hidrocarbonetos, substâncias que existiam na Terra quando a vida se formou. Em Urano, esses elementos são certamente mais complexos, formados pela ação da luz sobre o metano.

A alta, densa e gélida atmosfera uraniana — 210 graus negativos — consiste basicamente de hidrogênio (70%) e de hélio (12%), além de metano. Nela não foi detectada água nem amônia. É possível que se trate de uma atmosfera fóssil, ou seja, formada residualmente pelos elementos que existiam na fase inicial da formação desses corpos celestes. As camadas superiores desse profundo invólucro gasoso estendem-se até Miranda, o mais interno dos principais satélites naturais do planeta. A rotação dessa camada atmosférica se faz no sentido contrário ao dos ponteiros de um relógio, e é mais rápida que a parte sólida do planeta; todas as nuvens giram de oeste para leste. O período de rotação dessas nuvens varia de acordo com as latitudes, mas a média fica entre 16 horas e 18 minutos, nas latitudes próximas ao equador, e 16 horas e 54 minutos, nas altas latitudes.

Se compararmos com Saturno e Netuno, parece ter havido menos retenção de elementos voláteis na atmosfera de Urano, talvez devido à sua massa ser menor. Em compensação, observa-se em Urano — mas também em Netuno — um aumento relativo de elementos mais pesados, como o carbono, o nitrogênio e o oxigênio. O fato justifica a densidade média em Urano ser maior que em Júpiter ou Saturno.

As nuvens da alta atmosfera de Urano deslocam-se em diferentes velocidades — próximas de 300 km/h —, o que indica que são impulsionadas por ventos. Tamanha atividade não deixa de ser algo estranho, num planeta que comparativamente recebe bem menos energia do Sol que a Terra. Qual seria a fonte de tanta energia, capaz de movimentar essa colossal capa atmosférica? Talvez algum tipo de energia residual, herança da época em que o planeta concluiu sua fase de formação. Tal energia, gerada no interior de Urano, seria transportada, por convecção, até as camadas mais externas do seu manto gasoso.

A Voyager 2 também registrou descargas de rádio semelhantes à estática produzida em rádios AM, durante tempestades na Terra. Os cientistas concluíram que tais descargas possuem todas as características do ruído produzido por relâmpagos (trovão), possivelmente gerados pela densa e turbulenta atmosfera de Urano. Aliás, este planeta não é o primeiro no qual foi registrada atividade elétrica em forma de raios. Tais fenômenos já tinham sido assinalados em Júpiter e Saturno, sendo que no primeiro é onde ocorrem as maiores tempestades desse tipo.

Colares Escuros

O próprio Herschel já desconfiava da existência, ao redor do "seu" planeta, de alguma coisa parecida com anéis. Mas a confirmação da presença dessas estruturas circulares em Urano é relativamente recente. Isto aconteceu no dia 10 de março de 1977, por meio das observações dos astrônomos americanos James L. Elliot, E. Dunham e D. Mink, do Centro de Radiofísica e Pesquisas Espaciais da Universidade de Cornell, em Nova York.

Suspensos a 12.000 metros de altitude sobre o oceano Índico — a bordo do Observatório Aerotransportado Kuiper, um avião Lockheed C-141

CAPÍTULO DEZ: PLANETA DEITADO

179

adaptado —, os três cientistas se preparavam para observar a ocultação de uma estrela (a SAO 158687) da constelação de Libra. Esse astro, cinco vezes maior que o Sol e a 500 anos-luz de distância, seria ocultado pelo disco de Urano, um fenômeno pouco comum. Os três ficaram surpresos ao notar variações de luminosidade da estrela. E também estupefatos ao constatar cinco ocultações secundárias e inesperadas em ambos os lados do planeta. O fenômeno ocorreu antes e depois de a estrela ter sido eclipsada pelo disco planetário. A única explicação razoável era de que Urano também possuía um sistema de anéis. Na ocasião, foram descobertos nove: três circulares e outros seis que apresentavam uma órbita ligeiramente elíptica. Essa formação anelar cerca o planeta a uma distância entre 42.000 e 52.000 km do centro de Urano.

Ao contrário dos majestosos anéis de Saturno, seus congêneres em Urano são tênues e opacos. Além de bastante estreitos — oito não alcançam 10 km de largura —, estão intercalados por vastos espaços vazios. Essas estranhas estruturas flutuam ao nível do equador de Urano e apresentam-se como os objetos mais escuros do Sistema Solar. Todo o conjunto não chega a refletir 5% da luz recebida do Sol, o que nos leva à certeza de que, ao contrário dos saturnianos, formados de gelo, os anéis de Urano são constituídos por minúsculas partículas muito escuras. Quem sabe criadas a partir de luas que sofreram impactos de meteoritos e se pulverizaram?

Depois do sobrevoo de seis horas nas vizinhanças dos anéis, a Voyager 2 detectou a presença de mais duas dezenas dessas curiosas formações. Os mais estreitos são quase circulares; os outros são mais largos e ligeiramente elípticos e apresentam-se um pouco inclinados. O anel épsilon, composto de pedregulhos de gelo de tamanho considerável, é o mais largo deles e também o mais excêntrico. Sua extensão radial varia proporcionalmente à sua distância de Urano, ou seja, começa com uma largura de 20 km — no ponto mais próximo do planeta — e chega a ter 100 km no ponto de maior afastamento. Épsilon é singularmente sombrio — descobriu-se ser de cor cinza — e, ao contrário dos demais, curiosamente bem mais escuro nas suas bordas. As luazinhas Cordelia e Ophelia agem como satélites pastores para esse anel.

De que são compostas essas partículas? Tudo indica que não são formadas de gelo, material paradoxalmente bastante abundante naquelas paragens. É possível que sejam formadas de silicatos ricos em compostos que absorvem a luz solar, como os óxidos de ferro e os compostos carbonados. Especula-se também que essas formações, cuja origem não está devidamente esclarecida, sejam uma das mais recentes estruturas do Sistema Solar e seguramente bem mais jovens que Urano.

Estranha Família

Os principais satélites de Urano já eram conhecidos bem antes da aproximação da Voyager 2, no final de dezembro de 1985. São os chamados satélites clássicos. Os quatro maiores e mais externos, com diâmetros que variam de 1.000 a 1.600 km, foram batizados com nomes de ilustres personagens de Shakespeare: Ariel, Umbriel, Titânia e Oberon.

Os dois últimos foram descobertos pelo próprio Herschel, em 1787. Além desses, há um quinto satélite — Miranda —, o mais interno e o menor deles. Os cinco circulam no plano do equador de Urano e apenas Miranda inclina-se um pouco mais: 3,4 graus. Essas cinco luas, como é de praxe, giram no mesmo sentido do planeta, e, no caso de Urano, esse movimento é retrógrado. Trata-se de corpos constituídos de gelo — água, metano, amônia, dióxido de carbono e rocha.

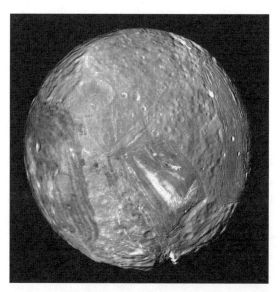

Um verdadeiro massacre geológico. Apesar de seu modesto tamanho,
a lua Miranda mostra gigantescas montanhas e vales muito profundos.
Sua superfície, incrivelmente recortada por estrias e despenhadeiros,
seria o resultado de uma agitada atividade sísmica?
Ou o resultado de uma catástrofe cósmica?

CAPÍTULO DEZ: PLANETA DEITADO 181

Miranda apresenta um diâmetro que não alcança 500 km. Do ponto de vista geológico, não há nada parecido em todo o Sistema Solar. Esse pequeno satélite parece reunir as formas geológicas mais variadas e espetaculares: centenas de crateras, gigantescas fendas em forma de vales, picos, despenhadeiros, montanhas do tipo cânion, além de planícies sulcadas por fossas tectônicas de até 20.000 metros de profundidade. Alguns especialistas admitem ter descoberto a origem das estranhas rachaduras e depressões encontradas na superfície dessa lua. Acreditam que Miranda pode ter sido um asteroide de órbita errática durante milhões de anos, época em que teria sofrido violentas colisões com outros corpos celestes — isso antes de ser capturada pelo campo gravitacional de Urano. Miranda teria sido destruída por tais impactos e mais tarde voltado a se formar.

Umbriel é o mais escuro dos satélites de Urano, e aparentemente não apresenta indícios de atividade geológica. Revelou uma crosta muito antiga, uma mistura de gelo e rochas, que parece inalterada desde que se formou. Pelo menos não apresenta uma superfície tão massacrada quanto Miranda ou Titânia. O fato não deixa de ser curioso, pois essa lua está situada entre corpos extremamente ativos do ponto de vista geológico.

Oberon é o mais desgarrado dos satélites de Urano; leva nada menos de 13.400 dias — cerca de 37 anos terrestres — para completar uma volta em torno do planeta. Sua superfície, razoavelmente brilhante — reflete cerca de 30% da luz solar —, está coberta de gelo de água. Essa lua apresenta incontáveis falhas na sua crosta, mas escassos sinais de fraturas tectônicas. Sua superfície está salpicada de crateras de até 100 km de diâmetro, o que prova que permaneceu praticamente inalterada desde que se formou. No fundo de algumas de suas crateras, inúmeras manchas escuras foram observadas, possível herança de erupções vulcânicas. Uma curiosidade: a detecção de gelo na superfície desses satélites corresponde à maior distância do Sol em que a água foi descoberta pelo homem.

Ariel é três vezes menor que a nossa Lua, mas muito pouco craterizada. Em compensação, apresenta vestígios de uma intensa atividade geológica. O resultado foi a formação de inúmeros e gigantescos vales, depressões e picos bastante íngremes. Em alguns trechos de sua superfície existem cristas e sulcos, algo semelhante com o que acontece nas erupções de lava do fundo dos oceanos terrestres. O vulcanismo nessa lua não é muito diferente do de alguns satélites de Júpiter e Saturno. A crosta superficial de

Ariel parece consideravelmente mais jovem que a de Oberon, Titânia e Umbriel.

Titânia, a maior lua de Urano — 1.594 km de diâmetro —, é, sem dúvida, a superfície mais craterizada de todas. As crateras antigas, possivelmente formadas ainda na infância geológica desse satélite, teriam sido apagadas por meio de um longo processo de renovação da superfície. É possível também que o vulcanismo tenha começado durante os primeiros bombardeios e as crateras maiores encheram-se de lava. Imagens enviadas pela Voyager 2, em 1986, revelaram profundas cicatrizes cortando o equador desse satélite. Trata-se de vales bastante escarpados, possivelmente recobertos por recentes depósitos de gelo.

Além desses corpos já conhecidos, a sonda espacial, na sua máxima aproximação de Urano, descobriu uma dezena de pequeninas luas, com diâmetros inferiores a 100 km. Foram igualmente encontradas luazinhas ainda menores, denominadas pastoras, medindo entre 15 e 30 km de diâmetro. Elas recebem esse nome porque são suas energias orbitais que mantêm os anéis uranianos próximos ao planeta.

Os dois satélites mais internos de Urano — Cordélia e Ophelia — foram descobertos pela Voyager 2, em janeiro de 1986. Durante 14 anos, no entanto, ambos os pequenos corpos celestes foram dados como perdidos. Só voltaram a ser detectados graças às lentes do telescópio Hubble, em junho de 2000.

A partir de 1997, Urano teve cinco novos satélites descobertos pelo telescópio espacial da NASA. Os três mais destacados são: Próspero, que leva cinco anos para completar uma volta ao redor do planeta; Setebos, que apresenta a órbita mais excêntrica, pois circula entre 8 e 27 milhões de quilômetros de Urano, e, finalmente, Stephano, uma luazinha que gira, em média, a uma distância de 8 milhões de quilômetros e que completa uma volta a cada dois anos. Os outros dois desse grupo são Caliban e Sycorax, minúsculos corpos que circulam entre 7 e 12 milhões de quilômetros do planeta-mãe. Em 2003, as lentes do Hubble localizaram mais duas luazinhas internas — Cupido e Mab. Finalmente, naquele mesmo ano, foi anunciada a última descoberta — Margareth.

Essas descobertas parecem realmente não esgotar o infindável rol de novidades e surpresas que cercam mais esse membro dessa fantástica família. Na verdade, ainda estamos longe de conhecer-lhes todos os segredos.

URANO

Distância (média) do Sol...2.800.000.000 km
Diâmetro..51.120 km
Massa (Terra = 1)...14
Velocidade de escape...21 km/s
Inclinação do eixo..98º
Rotação..17 horas
Revolução..84 anos
Satélites..27

CAPÍTULO ONZE

Último Gigante

Absolutamente invisível a olho nu, manteve-se um astro inteiramente desconhecido até meados do século 19. Sua existência foi prevista através do cálculo matemático antes que os homens pudessem vislumbrá-lo ao telescópio. Sem dúvida, não somente uma façanha da mecânica celeste, mas a confirmação de que Newton — e sua Lei da Atração dos Corpos — estava certo. Situado a cerca de 5 bilhões de quilômetros do Sol, sequer completou ainda uma única volta em torno deste, desde que foi descoberto em 1846. Netuno é o último dos gigantes gasosos do Sistema Solar. Antes de seu mergulho rumo ao infinito, a Voyager 2 sobrevoou Netuno e seu principal satélite, Tritão. Chegava-se, assim, ao fim da Idade de Ouro da exploração espacial.

Por volta do ano 1820, astrônomos e matemáticos europeus começavam a se questionar sobre as estranhas anomalias observadas na órbita de Urano — a última fronteira conhecida do Sistema Solar até a época. Segundo eles, havia de fato qualquer coisa de inexplicável a provocar aquelas perturbações sobre o "planeta de Herschel". Qual seria a causa? Por que o astro apresentava um comportamento orbital incompatível com as previsões teóricas? Uma vez que os planetas giram em órbitas elípticas, já se sabia que as mesmas estavam sempre mudando em relação às suas distâncias do Sol. No caso de Urano, contudo, além desse fenômeno conhecido, algo de anormal ocorria. Inicialmente, a desconfiança recaiu sobre Saturno. Estaria o planeta dos anéis perturbando a tranquila viagem orbital de Urano? Essa desordem chegou até a colocar em risco, ou em dúvida, a exatidão da Lei da Gravitação Universal, formulada por Newton havia mais de um século. Questionar sua validade era, sem dúvida, uma espécie de ousadia que poucos teriam a coragem de assumir.

CAPÍTULO ONZE: ÚLTIMO GIGANTE 185

Alguns astrônomos arriscaram, então, uma nova hipótese, certamente menos drástica, mas igualmente revolucionária: a possível existência de um outro planeta a girar despercebidamente além da órbita do longínquo Urano.

O véu do mistério começou a ser levantado graças à coragem e ao gênio matemático de um estudante inglês de apenas 23 anos, John Adams. Em 1845, após dois meses de infindáveis e intrincados cálculos, o aluno de Cambridge estava convencido de que os desvios orbitais de Urano se deviam à presença de um outro astro — seguramente um planeta, a circular numa órbita ainda mais externa. A convicção veio se juntar à desconfiança de um jovem astrônomo francês, Urbain le Verrier, intrigado com o fenômeno e também mergulhado na busca de uma explicação. Adams e Le Verrier sequer suspeitavam da existência um do outro, mas é a eles que devemos a proeza da descoberta — na ponta do lápis — do oitavo planeta a peregrinar em torno do Sol.

Em 23 de setembro de 1846, o mais novo membro do clã solar foi finalmente localizado no céu, na constelação de Aquário. Seu descobridor — munido, é claro, daquelas oportunas previsões matemáticas — foi o astrônomo alemão Johann Gottfried Galle, na época assistente do Observatório de Berlim. Alguns historiadores de ciência afirmam que Galileu chegou a observar Netuno através de sua tosca luneta, em janeiro de 1613, portanto 233 anos antes da descoberta oficial. Lembram que, nos dias 28 de dezembro de 1612 e 22 de janeiro de 1613, o planeta desconhecido achava-se angularmente próximo de Júpiter e que o sábio italiano chegou a registrar a posição de Netuno, considerando-o uma simples estrela.

Observado através de grandes aumentos, o pequeno disco de Netuno, azul-esverdeado e de magnitude 8, não ultrapassa dois segundos de arco, ou seja, 0,0005 grau. Talvez, por essa razão, a estimativa de seu verdadeiro diâmetro tenha permanecido uma questão apenas subjetiva por mais de um século. Seu diâmetro equatorial, no entanto, chega próximo dos 50.000 km — cerca de quatro vezes o terrestre.

Netuno é aproximadamente 60 vezes mais volumoso e 17 vezes mais maciço que a Terra. Comparada com a da água, sua densidade — 1,6 g/cm^3 — não é suficiente para definir Netuno como o mais denso dos planetas gigantes. O fato, aliás, sugere que Netuno possui um sólido núcleo rochoso a ocupar um terço do planeta. Sua verdadeira natureza e constituição, no entanto, ainda são desconhecidas. O modelo mais aceito indica que esse núcleo é formado por silício, ferro e outros elementos pesados, de tipo rochoso.

Tudo isso, provavelmente envolto por metano, amoníaco ionizado e outros compostos de carbono e nitrogênio. A pressão no centro de Netuno já foi calculada: 20 milhões de bars. A temperatura média, no topo das nuvens, marca 215 graus negativos. O albedo de Netuno praticamente equivale ao de Urano: 0,5. O calor do Sol alcança aquele distante mundo com uma intensidade 1.000 vezes inferior àquela que recebemos na Terra.

Afastado do Sol pouco menos de 5 bilhões de quilômetros, Netuno viaja a uma velocidade orbital de 5 km/s e leva quase 165 anos para completar uma única revolução. Sua excentricidade é realmente baixa, o que significa que sua órbita é praticamente circular. Durante muito tempo o período de rotação de Netuno nunca pôde ser determinado com precisão, pois, observada da Terra, sua superfície visível apresenta-se lisa e, portanto, sem pontos de referência. As emissões de rádio da Voyager 2 vieram finalmente estabelecer o período de rotação: um dia lá dura pouco menos de 16 horas terrestres. Isto significa que o planeta gira mais rápido que seu irmão gêmeo, Urano, mas bem mais devagar que Júpiter e Saturno.

As camadas superiores da atmosfera terrestre se aquecem devido à absorção da radiação ultravioleta proveniente do Sol. Processo semelhante ocorre nas atmosferas dos planetas gasosos, formadas essencialmente de hidrogênio e hélio. Netuno não seria uma exceção. Em sua atmosfera, além dessas substâncias, está presente o metano em grande abundância. E traços de amônia e acetileno. Seu magnífico colorido, de um azul intenso, se deve justamente à absorção, pelo metano, de grande parte da radiação vermelha e infravermelha emitida pelo Sol.

Uma das características mais espetaculares de Netuno são os seus ventos, permanentes e violentíssimos, que podem chegar até 2.400 km/h, um recorde absoluto em todo o Sistema Solar. Os dados coletados pela Voyager 2 confirmaram que Netuno possui igualmente uma considerável fonte interna de calor, ou seja, que a quantidade de energia emitida é quase o triplo daquela recebida do Sol. Tudo indica que o calor gerado nas regiões centrais talvez esteja na origem dos fortíssimos furacões na superfície.

Até a visita daquela sonda automática, em 1989, não havia qualquer certeza da existência de um campo magnético netuniano. Mas ele existe: aproximadamente 27 vezes mais poderoso que o da Terra e alvo de consideráveis oscilações a cada giro do planeta. Os instrumentos de bordo registraram uma intensidade entre 0,2 e 0,4 gauss. Tais valores foram considerados baixos,

CAPÍTULO ONZE: ÚLTIMO GIGANTE

187

sobretudo se comparados às medições efetuadas nos cinturões de radiação dos outros planetas gigantes.

A exemplo de Urano, Netuno curiosamente também apresenta um eixo magnético bastante inclinado em relação ao seu eixo de rotação: 48 graus. E não apenas isto: ele também encontra-se deslocado — cruza um ponto a meio caminho entre a superfície e o núcleo do planeta.

CRISTAIS GELADOS

As primeiras fotografias de alta resolução da Voyager 2, obtidas do topo da atmosfera de Netuno, revelaram um espetáculo inesquecível e de rara beleza. O maior e mais impressionante acidente naquele agitado oceano gasoso é, sem dúvida, a Grande Mancha Escura, do tamanho da Terra. Esse descomunal turbilhão de gás fica localizado no hemisfério sul — 25 graus abaixo do equador. Todo o conjunto, de um azul intenso, quase violeta, gira sobre si mesmo a mais de 300 m/s e leva aproximadamente 18 horas e 20 minutos para "varrer", no sentido leste-oeste — portanto, contrário ao da rotação — toda a atmosfera do planeta.

Um pouco abaixo e ao redor da Grande Mancha Escura, a uma altura de 50.000 metros, flutuam brilhantes nuvens brancas, semelhantes aos cirros terrestres. Essas nuvens são provavelmente formadas de cristais de metano congelado. Mais ao sul, as câmeras da sonda revelaram ainda outros acidentes majestosos e curiosos. Um deles, uma mancha clara semelhante a uma nuvem esbranquiçada a flutuar loucamente naquela superfície gasosa. Essa macha clara recebeu um apelido dos cientistas da NASA, aliás, bastante oportuno: *scooter* (patinete, em inglês). Uma outra mancha escura, algo semelhante, mas bem menor que a primeira, foi fotografada mais ao sul — 51 graus de latitude. No seu centro, pode-se perceber uma espécie de nuvem clara e de aspecto mutável, certamente uma formação convectiva, pois apresenta movimentos ascendentes de camadas gasosas.

A exemplo de Júpiter, também foram observadas bandas escuras na superfície de Netuno, embora bem menos acentuadas ou contrastantes. Essas faixas opacas riscam o planeta azul em sentido longitudinal, nas altas latitudes meridionais, próximo ao polo. Outra imagem soberba, vinda daquele remoto e surpreendente mundo, foi a dos fiapos de nuvens brancas (espécie de novelo de algodão desfiado) localizados na altura do equador. As sombras dessas altas nuvens — 50.000 metros — projetam-se nas camadas mais profundas da atmosfera de Netuno. Um espetáculo até então jamais visto em qualquer outro planeta.

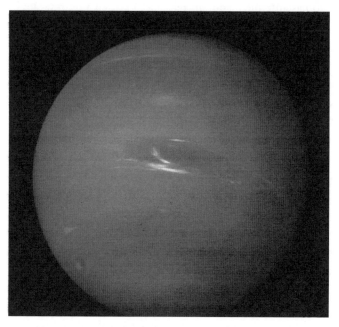

O último adeus da Voyager 2: o mais impressionante acidente da superfície visível de Netuno é essa imponente mancha ovalada do tamanho da Terra. Localizada no hemisfério sul, a Grande Mancha Escura é um gigantesco anticiclone efetuando uma rotação completa ao redor do planeta em 18 horas e 20 minutos.

A aceitação de anéis em Netuno faz parte de uma história antiga e controversa, que remonta ao século passado. Indireta e precariamente vislumbradas através de ocultações — desde a época da descoberta de Netuno —, essas estruturas anelares mantiveram-se enigmáticas, polêmicas e, na verdade, muito pouco conhecidas. O que, de fato, era observado na altura do plano equatorial do planeta? Para encurtar a história, podemos afirmar que, antes da visita da Voyager 2 àquele mundo, nada de concreto se sabia a respeito. É verdade que em 1981 e 1985 — durante observações de cinco importantes ocultações — parece ter ficado clara a presença de material difuso a flutuar ao redor de Netuno. De início, essas formações pareciam estranhamente fragmentadas e

CAPÍTULO ONZE: ÚLTIMO GIGANTE

189

possivelmente descontínuas. Naquela época, falava-se, inclusive, de arcos não fechados, um verdadeiro desafio às leis da estabilidade dinâmica. O esclarecimento do mistério só veio no dia 24 de agosto de 1989, por meio de centenas de fotografias tiradas de Netuno, a média e a curta distância. A primeira informação, sem dúvida tranquilizadora, foi de que não se tratava de arcos fragmentados, mas de anéis contínuos, realmente pouco luminosos e muito tênues. Esses anéis são formados por milhões de partículas que, prisioneiras da gravidade, descrevem ao redor de Netuno trajetórias quase circulares. Sua massa total é 10.000 vezes inferior à dos anéis de Urano.

Além dos dois principais anéis — denominados 1989N1R e 1989N2R, de 17.000 km de largura, em média —, foi revelada, pela primeira vez, a presença de outras duas estranhas formações anelares, mais internas e bem mais escuras que as duas primeiras. Uma espécie de disco de pó, possivelmente fragmentos silicatados de antigas luazinhas pastoras, destruídas pelas forças de maré ou pelos choques de meteoritos.

Mais tarde, uma análise das propriedades de difusão da luz viria informar que a composição química dos sombrios anéis de Netuno não é muito diferente da de seus similares em Urano. Em ambos os casos, dificilmente seriam formados de gelo, como os luminosos anéis de Saturno, mas de substâncias capazes de absorver a luz solar. É possível que, nos próximos anos, a minuciosa análise dos dados recolhidos pela Voyager 2 venha fornecer pistas concretas a respeito dessas misteriosas estruturas filamentares.

VULCÕES GELADOS

Em apenas duas horas, o pouco que se sabia sobre um dos satélites netunianos teve de ser rápida e radicalmente reformulado. Foi o tempo levado pela Voyager 2 a sobrevoar Tritão, a maior lua do planeta. Pode-se afirmar que a verdadeira crônica desse incrível corpo celeste — descoberto pelo astrônomo inglês William Lassell em outubro de 1846 — começava a ser escrita a partir daquele memorável 25 de agosto de 1989.

Tritão deixou realmente estupefatos os cientistas e técnicos da NASA, que acompanhavam as imagens e as informações transmitidas para a Terra. Naquele dia, as surpresas pareciam se multiplicar a cada instante, sobretudo a partir da máxima aproximação da sonda — pouco menos de 40.000 km — e da chegada das primeiras fotografias de melhor resolução.

Para começar, Tritão revelou-se menor e muitíssimo mais frio do que se imaginava. Seu diâmetro não ultrapassa os modestos 2.800 km — menor, portanto, que a nossa Lua —, e as temperaturas são as mais baixas jamais encontradas — e imaginadas! — em qualquer outro lugar do Sistema Solar: 236 graus negativos. Apenas 37 graus acima do zero absoluto.

Embora localizado nos confins do Sistema Solar, Tritão provou ser um satélite extremamente ativo, ainda em plena e surpreendente fase de evolução. A maior lua netuniana apresenta, de fato, um quadro geológico extremamente variado e complexo. Estranhamente dividida em duas regiões distintas — uma delas bastante lisa e clara, e a outra bem mais escura e marcada por cicatrizes profundas —, sua superfície gelada é de uma alucinante diversidade: cadeias de montanhas, geleiras, depressões em forma de vales, fraturas, caldeiras vulcânicas — quatro vulcões foram flagrados em plena atividade —, além de imensas áreas inteiramente cobertas por vastos oceanos de nitrogênio congelado. Esta superfície, se comparada com a maioria dos satélites dos planetas gigantes, é muito pouco craterizada. Apenas, aqui e ali algumas esparsas e modestas crateras, possivelmente resultantes de impactos, ou mesmo colisões com cometas de longo período. A escassez de crateras parece provar que se trata de fato de uma superfície bastante jovem, em perpétuo processo de mutação.

Um dos aspectos mais impressionantes desse estranho mundo foi proporcionado por seus vulcões gelados, movidos sabe-se lá por que tipo de energia. Interna ou solar? No caso particular de Tritão, a misteriosa fonte de ainda não está devidamente explicada. Alguns especialistas admitem a hipótese de que a fraca luz do Sol, ao atingir a superfície do satélite — essencialmente formada de nitrogênio gelado e, portanto, sólido —, possa derreter o material subjacente, gerando as curiosas colunas de gás fotografadas pela Voyager 2. Esses jatos, muito finos e escuros como fuligem, chegam a subir verticalmente 8.000 metros e a uma velocidade de 100 m/s. A partir daí, tornam-se horizontais, como se varridos por ventos.

Qual o mecanismo responsável por tais fenômenos? Algum efeito estufa que talvez possa estar ocorrendo em Tritão? Muitos cientistas não apenas concordam com esse modelo, mas também arriscam a hipótese de que o Sol, ao aquecer o material abaixo da crosta gelada, pode vaporizar o gás e fazer com que se projete, em alta pressão, através de rachaduras na superfície.

CAPÍTULO ONZE: ÚLTIMO GIGANTE

Além da hipótese de que tais colunas de pó escuro sejam produzidas por erupções semelhantes aos gêiseres da Terra, há uma outra possível explicação: Tritão poderia ser constantemente varrido por tornados ou redemoinhos de vento. Esses vendavais seriam o possível resultado de diferenças de temperatura que parecem existir por lá. Segundo tal modelo, o nitrogênio da atmosfera, solidificado, ou melhor, pulverizado, seria sugado, criando os estranhos efeitos observados. Restaria explicar como, numa atmosfera tão rarefeita, seria possível a existência de ventos capazes de levantar tanta poeira. A própria natureza desse material ainda se mantém desconhecida.

Outra descoberta curiosa foi a das manchas escuras, cercadas de halos mais claros e aleatoriamente distribuídas no solo do satélite. O que seriam? Talvez o resultado de impactos de detritos cósmicos e a consequente emersão e congelamento do material líquido antes retido no subsolo. Há fortes evidências da presença de dióxido e monóxido de carbono congelados naquela estranha superfície. É possível que o primeiro tenha sido exalado do interior do satélite e o monóxido de carbono, apenas seu parente químico, modificado pela radiação solar ao escapar para a superfície. De qualquer maneira, a existência desses materiais numa lua é um fato inédito.

As surpresas certamente não param por aí. Tritão também viria a ser o segundo satélite conhecido — o outro é Titã — a possuir um manto atmosférico. Muito rarefeito, é verdade — a pressão atmosférica lá é 15 milionésimos da existente na Terra —, mas formado justamente pelo elemento mais abundante na Terra, o nitrogênio. Essa rala capa atmosférica estende-se até cerca de 800 km acima da superfície. Foram encontrados também traços de metano naquela atmosfera frígida, mas em altitudes bem inferiores. Até aproximadamente 25.000 metros do solo, ergue-se uma espécie de nevoeiro. Ao que tudo indica, resultado do esfriamento do metano ou da interação dos raios solares, formando assim um envoltório gasoso, constituído possivelmente de partículas de hidrocarbonetos.

Além dessas facetas, é o único dos grandes satélites do Sistema Solar que trafega na contramão. Seu movimento orbital retrógrado sugere que tenha sido capturado pela ação gravitacional de Netuno — formado longe deste, como parece ser o caso de Plutão. Sua excentricidade é praticamente nula, o que significa que seu passeio ao redor de Netuno é circular. Uma característica surpreendente de Tritão é que ele vem se aproximando de Netuno, de forma lenta porém gradativa. Calcula-se que dentro de alguns poucos milhões de anos esse satélite possa se chocar com o seu planeta.

192 A HISTÓRIA DO SISTEMA SOLAR PARA QUEM TEM PRESSA

Tritão leva seis dias para dar uma volta completa em torno de Netuno. Gira sincronicamente, ou seja, apresenta sempre a mesma face voltada para o planeta. Este parece ser o caso das demais luas de Netuno descobertas pela Voyager 2. Quanto à densidade, ela pode ser considerada bastante alta: 2 g/cm³. Rivaliza, portanto, com Io e Europa, satélites silicatados de Júpiter. Este dado nos leva a pensar que Tritão talvez possua um considerável núcleo, formado de silicatos e de raio aproximado de 1.000 km.

Nereida, a terceira maior lua de Netuno, só foi descoberta no século 20, no primeiro dia de maio de 1949, pelo astrônomo americano Gerard Kuiper. Seu nome é uma homenagem às nereidas da mitologia, as ninfas do mar, filhas de Nereu e Dóris. Essa luazinha, de pouco mais de 300 km de diâmetro, percorre a órbita mais alongada dentre todos os demais satélites do Sistema Solar; leva nada menos que 365 dias para dar uma única volta em torno de Netuno. No perigeu, aproxima-se do planeta 1,3 milhão de quilômetros, e na extremidade oposta, no apogeu, afasta-se cerca de 10 milhões de quilômetros. Há fortes desconfianças de que se trata de um asteroide que se aproximou suficientemente de Netuno, até ser capturado pelo seu campo gravitacional. Uma outra hipótese nos leva a acreditar que Nereida tenha sido um dos pequeninos corpos que, no início da formação dos planetas, se uniram para formar Netuno, mas que, devido à sua enorme distância dos outros, conseguiu se manter independente.

Estudada desde alguns anos aqui da Terra, a luz refletida por Nereida é diferente da de qualquer outra observada nos demais satélites ou asteroides. Tem um brilho peculiar e que varia anormalmente de intensidade. O que pode haver de diferente com esse satélite? É bem possível que sua superfície não seja uniforme. Infelizmente, dado seu enorme afastamento em relação à trajetória da Voyager 2 — cerca de 4,5 milhões de quilômetros —, a resposta a essa pergunta fica adiada até uma outra futura missão espacial àqueles mundos.

Além dos dois satélites anteriormente conhecidos, mais seis pequenas luas foram finalmente descobertas pela Voyager 2, a partir de julho de 1989. Esses pequeninos corpos já foram batizados, e seus nomes estão associados à mitologia marinha: Proteu, Larissa, Galateia, Despina, Talassa e Náiade. Todos os seis giram ao redor de Netuno em órbitas muito pouco inclinadas, quase circulares e no sentido direto. Suas dimensões são bem modestas — à exceção de Proteu, cerca de 80 km maior que Nereida — e variam de 90 a

200 km de diâmetro. Suas órbitas encontram-se muito próximas dos anéis de Netuno, sendo que quatro dessas luas flutuam no interior das órbitas das duas principais estruturas anelares do planeta.

NETUNO

Distância (média) do Sol	4.500.000.000 km
Diâmetro	49.500 km
Massa (Terra = 1)	17
Rotação	16 horas
Revolução	165 anos
Velocidade orbital	5.5 km/s
Inclinação do eixo	29º
Satélites	14

Capítulo Doze

Planeta Anão

Ele só foi descoberto 84 anos depois de Netuno e, a exemplo deste, também através de cálculos matemáticos. Devido ao seu tamanho diminuto e à enorme distância do Sol, Plutão jamais fora observado antes de 1930. A história conta que Percival Lowell, famoso por seus estudos sobre Marte, dedicou-se exaustivamente à busca de um objeto que ele acreditava existir além da órbita de Netuno. Sua crença se baseava nas perturbações do movimento orbital deste planeta. Apesar de 14 anos de contínuas observações, Lowell morreu com a frustração de nunca ter encontrado o misterioso astro. A façanha se deveu a um jovem ajudante do Observatório de Flagstaff, o americano Clyde Tombaugh, falecido em 1997.

Até o polêmico rebaixamento em 2006, quando deixou de ser classificado como planeta (passou a ser chamado de planeta anão), Plutão era o mais remoto de sua categoria e o único ainda não visitado por sondas espaciais. Desde a descoberta, muito pouco se avançou no sentido de conhecê-lo melhor. Sua verdadeira natureza e constituição continuam sendo uma espécie de desafio para a astronomia planetária. Devido às características físicas e à incrível excentricidade de seu plano orbital, alguns astrônomos já concordavam que nem devesse ser chamado de planeta. "Plutão é um desajustado, pois desafia a visão convencional sobre a arquitetura do Sistema Solar", lembrou certa vez o cientista planetário Alan Stern, do Southwest Research Institute, no Texas. Recentemente, no entanto, o pequeno astro voltaria ao noticiário graças às fotografias inéditas obtidas pelo telescópio espacial Hubble, assim como os admiráveis flagrantes enviados pela sonda New Horizons, em 2015.

CAPÍTULO DOZE: PLANETA ANÃO

Sobre sua origem, uma das hipóteses o apontava como sendo um antigo satélite de Netuno e que, em consequência de um choque com outro corpo, teria escapado da atração gravitacional do gigantesco vizinho. Outra teoria, talvez mais convincente, diz tratar-se de um astro formado por asteroides agregados e que orbitavam o Sol, ou mesmo parte do material originalmente destinado à formação de Netuno. A primeira hipótese, a de um satélite netuniano, foi recentemente derrubada por meio da reconstituição das órbitas do próprio Plutão e de Netuno. Ficou demonstrado que ambos não se aproximaram um do outro, pelo menos nos últimos 120.000 anos.

Novas observações vêm levando os especialistas a imaginar que Plutão seja um objeto mais semelhante a um cometa — ou asteroide — do que a um verdadeiro planeta. Segundo os cientistas, é mais provável que o remoto astro provenha de uma zona externa do Sistema Solar: o chamado Cinturão de Kuiper, localizado além de todas as órbitas planetárias.* Essa região seria formada por uma aglomeração de pequenos corpos gelados — restos da formação do Sistema Solar há quase 5 bilhões de anos — que rodeariam toda a família do Sol. Se esse é o seu verdadeiro berço, Plutão, apesar da fama já conquistada, jamais voltará a recuperar o status de planeta.

Uma imensa distância separa esse estranho objeto do Sol. Ela oscila entre 29 e 49 vezes a distância Terra-Sol, ou seja, 6 bilhões de quilômetros, em média. Por isso, o tempo empregado por Plutão para completar uma órbita ao redor da nossa estrela é muito longo: seu ano corresponde a 248 anos terrestres.

A órbita de Plutão é marcadamente excêntrica, mais irregular que a de qualquer outro corpo celeste nos domínios do Sol, excetuando-se, é claro, os cometas e alguns poucos asteroides. Trata-se de uma excentricidade tão acentuada que o pequenino astro chegou a cruzar o interior da órbita de Netuno por 20 anos. Assim, até o final do século 20, Plutão iria se manter, não o último, mas o penúltimo planeta em ordem de afastamento do Sol. Além desse enorme alongamento, sua órbita é muito inclinada em relação à

---

* Os domínios internos desse cinturão — já definidos desde 1943 pelo astrônomo irlandês Kenneth Edgeworth — iniciam-se além da órbita de Netuno e avançam até depois da órbita de Plutão. Desse modo, entre 6 e 12 bilhões de quilômetros do Sol, o Cinturão de Kuiper abriga corpos que, na maioria dos casos, dão uma volta ao redor da nossa estrela a cada 250 anos.

eclíptica: 17 graus. Plutão gira sobre si mesmo em pouco mais de seis dias, e sua velocidade orbital não chega a 5 km/s.

Plutão tem um diâmetro de 2.360 km, menor, portanto, que o nosso satélite natural, a Lua. A densidade equivale a duas vezes a da água, o que não deixa de surpreender, pois o seu espectro eletromagnético (medição da radiação emitida) mostrou que a superfície é certamente coberta de metano congelado, e sabemos que o metano sólido é duas vezes menos denso que a água.

Durante todo o ano de 1983, cientistas do Laboratório de Propulsão a Jato (JPL), em Pasadena, na Califórnia, mediram as emissões de calor produzidas por Plutão: revelou-se que sua temperatura superficial é de aproximadamente 220 graus negativos. Mas, em pleno verão, é igualmente gélida: 190 graus negativos. Nessas incríveis temperaturas, os raios solares devem provocar a evaporação do envoltório de metano, criando assim uma atmosfera bastante rarefeita. Durante os períodos de máximo afastamento do Sol, sua capa atmosférica se congela, caindo como neve na superfície escura e também congelada.

Imagens recentemente captadas pelo Hubble revelaram cerca de 85% da superfície de Plutão. Nela é possível perceber regiões claras e escuras, que apresentam intensos contrastes de luminosidade. Seriam crateras de impacto? Antigas planícies de lava? Ou complexas distribuições de áreas congeladas a se moverem de acordo com os ciclos sazonais? Ninguém sabe ainda.

Recentemente, astrônomos americanos confirmaram a descoberta de uma fina atmosfera em torno de Plutão, supostamente formada por metano gasoso. A novidade deveu-se a uma circunstância rara, quando o distante astro eclipsou uma estrela de magnitude 12, em julho de 1989. Antes, porém, já havia evidências da presença de gases ao seu redor. Afirmam os cientistas que essa atmosfera seria, de fato, bastante diferente da terrestre; certamente muito mais fria e escassa que a nossa. Outro detalhe interessante é que essa hipotética capa de gás parece estender-se muito além da superfície do pequenino planeta. O fato pode ser creditado à sua baixa força gravitacional, insuficiente para reter uma atmosfera qualquer. Sobre a constituição química, sabe-se igualmente muito pouco, embora dados mais recentes confirmem que a atmosfera seja formada essencialmente de metano, um gás composto de carbono e oxigênio. O elemento já existiu em abundância na atmosfera da Terra, na época da formação do nosso planeta.

CAPÍTULO DOZE: PLANETA ANÃO 197

Enfim... visitado pelo homem: eis um flagrante do longínquo Plutão, obtido pela sonda New Horizons, em 2015. Recentemente foi confirmada a descoberta de uma fina atmosfera em torno do planeta, supostamente formada por metano gasoso.

Percebe-se que o pequeno astro é de fato um mundo incrivelmente frio e estranhíssimo. Para conhecê-lo de perto, foram produzidos estudos para a realização de uma missão espacial russo-americana, denominada Pluto Express, programada para 2001. O robô automático, de tecnologia supersofisticada, levaria calculadamente 12 anos para atingir o minúsculo Plutão. O projeto foi cancelado e substituído pela missão New Horizons, uma sonda de cerca de meia tonelada, lançada em 19 de janeiro de 2006, época em que Plutão ainda era considerado um planeta. A bordo, além de seus instrumentos científicos, o engenho levava um tanto das cinzas do seu descobridor, falecido aos 90 anos. A New Horizons (a nave mais rápida da história), após nove anos e meio de viagem e quase 5 bilhões de quilômetros percorridos, foi o primeiro artefato a sobrevoar Plutão e a fotografar algumas de suas minúsculas luas. O principal objetivo dessa missão era a análise e o estudo da geologia e da morfologia da dupla Plutão-Caronte, além do mapeamento de suas respectivas superfícies. A breve visita daquele engenho automático já proporcionou informações bastante reveladoras: a descoberta de montanhas e encostas com possíveis fluxos vulcânicos. Esses vulcões gelados (ainda ativos?) na superfície de Plutão têm vários quilômetros de altura e, ao que tudo indica, expelem uma espécie de lodo fundido, formado por substâncias, como água gelada, nitrogênio, amoníaco e metano. Quem sabe essas surpreendentes imagens — de alta definição em estéreo — e as novas informações permitam, em definitivo, nos trazer revelações sobre mais alguns mistérios do Sistema Solar.

> *Em junho de 2008, Plutão voltava a ganhar uma nova classificação.*
> *Depois de rebaixado para planeta anão, o astro recebeu um prêmio de consolação. A partir de agora será classificado como plutoide, a exemplo de outros planetas anões do Cinturão de Kuiper. O novo termo foi definido numa reunião do comitê executivo da União Astronômica Internacional (IAU), em Oslo. Os cientistas decidiram definir como plutoides todos os astros que orbitam o Sol além de Netuno. Apenas uma exigência: para entrar nessa categoria, o astro deve ter massa suficiente para sua gravidade criar uma forma quase esférica e ter o mínimo de luminosidade. Até agora, dois objetos se encaixam na nova classe: Plutão e Éris, um planeta anão cuja descoberta levou ao rebaixamento do antigo nono planeta. Um outro planeta anão, Ceres, está fora porque fica aquém de Netuno, no cinturão de asteroides entre Marte e Júpiter.*

Na verdade, há algum tempo que já se especulava que a superfície de Plutão fosse formada, entre outros elementos, por nitrogênio sólido e metano. Uma confirmação, portanto, já feita. O óxido de carbono, em quantidades bastante modestas, é ainda outro forte candidato a compor sua crosta gelada. Alguns modelos indicam que, sob essa superfície, existiria um manto de 230 km de espessura, formado por gelo. Embaixo de tudo, haveria um núcleo provavelmente rochoso e parcialmente hidratado.

CARONTE E SEUS IRMÃOS

O pequenino Plutão possui cinco satélites conhecidos. O maior, Caronte, foi descoberto em julho de 1978. Sua origem ainda é um mistério, embora possamos imaginar que essa luazinha seja produto de uma eventual colisão de Plutão com um gigantesco asteroide.

CAPÍTULO DOZE: PLANETA ANÃO

Caronte mede pouco mais de 600 km de diâmetro e gira ao redor do planeta a cada seis dias. Seu período de revolução é igual ao período de rotação de Plutão, o que significa dizer que Caronte se encontra sempre sobre o mesmo ponto da superfície planetária. Em outras palavras: é um satélite natural que nunca nasce e nunca se põe. Devido às diminutas proporções e à distância que os separa, meros 19.000 km (a distância entre a Terra e a Lua é 20 vezes maior), podemos dizer que ambos os corpos formam um planeta duplo. Na verdade, chegam a compartilhar a mesma atmosfera; trata-se do único exemplo conhecido.

Sabe-se que a superfície de Caronte é menos refletora que a de Plutão. De acordo com observações espectrográficas, essa superfície deve estar em grande parte recoberta por gelo, além de outros compostos ainda não identificados. Recentes medidas da órbita de Caronte permitiram revelar ainda a massa total do sistema Plutão-Caronte: aproximadamente 400 vezes menor que a da Terra. Apesar das dificuldades, foram realizadas duas tentativas para medir as densidades de Plutão e Caronte. O resultado, ainda não confirmado, é de que a densidade de ambos gira em torno de 2 g/cm^3, mas a de Plutão parece ser ligeiramente superior.

Entre os dias 15 e 18 de maio de 2005, as lentes do Hubble descobriram outros dois corpos satelitários ao redor de Plutão, inicialmente designados S/2005 P1 e S/2005 P2. A órbita dessas novas luas é quase circular e se encontra no mesmo plano de Caronte. O fato de os três satélites ocuparem o mesmo plano orbital sugere que se formaram em uma mesma colisão catastrófica, possivelmente entre um antigo objeto do Cinturão de Kuiper e Plutão. Por outro lado, pergunta-se por que uma ocorrência desse tipo teria dado origem a objetos tão pequenos e, além disto, somente dois? Haveria outras luas, ainda menores, movendo-se sorrateiramente no sistema de Plutão? Sim. Novas observações foram feitas, de fevereiro a março do ano seguinte. A quarta luazinha, Cérbero, foi anunciada em junho de 2011, e a última, Estige, em julho de 2012.

O período orbital de P1, distante cerca de 64.000 km do planeta, é de aproximadamente 38 dias, enquanto o de P2, praticamente a mesma distância de Plutão, é de mais ou menos 25 dias. Até o momento se desconhece o albedo desses corpos, mas, com base apenas nas possíveis variações da medida do brilho de ambos, podem ser feitas estimativas das dimensões. É provável que o diâmetro de P1 seja de 61 a 167 km, enquanto o de P2 estenda-se de 46 a 137 km. Ambas certamente bem pequenas, se comparadas com o próprio Caronte, que tem pouco mais de 605 km de diâmetro. As luazinhas foram mais tarde batizadas de Nix e Hidra, respectivamente. Os nomes foram tirados da mitologia: Nix é a deusa da escuridão e a mãe de Caronte, aquela que conduz as almas pelo rio Archeron. Hidra é o monstro de nove cabeças.

ANÕES DISTANTES

Qual a definição de planeta anão? Segundo a IAU, esses corpos celestes — os mais desgarrados da família solar — devem apresentar as seguintes características básicas: orbitar o Sol, não se tratar de um satélite (portanto, ostentar uma órbita própria) e possuir uma forma acentuadamente esférica. Além do próprio Plutão, uma meia dúzia desses astros já foi classificada e incorporada ao novo clã: Pallas, Ceres, Éris, Makemake, Haumea e Hígia. Este último, um asteroide situado no cinturão entre as órbitas de Marte e Júpiter, é o menor anão de todos — seu diâmetro não ultrapassa 430 km. Éris, avistado em 2005, é o maior deles e encontra-se tão distante do Sol — cerca de 14,5 bilhões de quilômetros — que a nossa estrela, avistada dos céus daquele mundo, não passa de um pontinho brilhante. Descobriu-se que Éris leva cerca de 560 anos terrestres para completar uma única volta ao redor do Sol. A exemplo de Plutão, sua órbita é bastante excêntrica e sua constituição, ao que parece, é uma mistura sólida de gelo e água. Com a descoberta de Disnomia, o pequenino corpo satelitário avistado ao seu redor, foi possível calcular a sua massa: aproximadamente 27% maior que a de Plutão. Os termômetros naquele remoto mundo acusam algo entre 230 e 250 graus negativos.

No início de janeiro de 2019, a sonda espacial New Horizons foi o primeiro artefato humano, desde os tempos das Voyagers, a visitar mundos distantes do Sistema Solar. Depois de uma visita a Plutão, foi a vez da Ultima Thule, agora rebatizado de Arrokoth (céu, numa língua indígena norte-americana), o corpo celeste mais distante a ser visitado por uma nave terrestre: 6,5 bilhões de quilômetros.

CAPÍTULO DOZE: PLANETA ANÃO

O termo planeta anão, ou plutoide, poderá vir a ser aplicado a outros 12 corpos do Sistema Solar (três asteroides e nove transnetunianos). Todos eles já se encontram selecionados e na lista da União Astronômica Internacional. Alguns trazem nomes estranhos: Caos, Orco, Sedna, Quaoar, Varuna, Íxion...

PLUTÃO

Distância (média) do Sol	5.900.000.000 km
Diâmetro	2.360 km
Rotação	6 dias
Revolução	248 anos
Velocidade orbital	4,75 km/s
Excentricidade orbital	17°
Satélites	5

CAPÍTULO TREZE

Eternos Vagabundos

São os mais surpreendentes, imprevisíveis e estranhos de todos os membros da família do Sol. Um grande número deles nem avisa quando vai chegar; simplesmente passam, isolados e silenciosos, cruzando a órbita regular dos planetas. E vão-se embora, da maneira tão misteriosa como aparecem. Assim são os cometas. Possivelmente mais antigos que a própria Terra, esses autênticos mensageiros dos céus sempre fascinaram e intrigaram o mais comum dos mortais. No seu rastro de poeira e gás, e através dos abismos profundos do espaço, os cometas parecem guardar todos os mistérios da origem do próprio Sistema Solar.

Desde sempre que uma boa parte da humanidade vê os cometas com especial temor. Em praticamente todas as culturas pode-se encontrar registros de um inesgotável anedotário, feito de risos e lágrimas, ligado às aparições desses astros nebulosos. Há mais de 5.000 anos que os seres humanos passaram a se dedicar à observação dos céus, e os cometas foram certamente o fenômeno celeste que mais nos excitou e desconcertou. Enviados dos deuses, ora irados, ora vingativos, ou simplesmente mal-humorados, esses astros, no passado, quase sempre estiveram associados a desgraças de todo tipo. Sua passagem significava a proximidade de catástrofes: enchentes, guerras, terremotos, epidemias... Até impérios foram ameaçados, e alguns reis e príncipes chegaram a ter suas cabeças colocadas a prêmio por ocasião da simples visita de um cometa. Nos anais da História, salvo um ou outro exemplo, raramente encontramos alusões favoráveis a esses astros majestosos e invulgares.

A primeira notícia da aparição de um cometa remonta ao ano 2317 e encontra-se em alguns registros astronômicos chineses. Aliás, os chineses parecem ter sido os primeiros cronistas de tais acontecimentos celestes.

CAPÍTULO TREZE: ETERNOS VAGABUNDOS

Mas, é claro, não foram os únicos. Os sumérios — antigos habitantes da Mesopotâmia — e os caldeus, que além de astrólogos eram excelentes astrônomos, também registraram inúmeras passagens de cometas. No céu, tão ordenado e tranquilo, pensavam eles, às vezes aconteciam coisas estranhas... E não só registravam esses fenômenos, como tentavam lhes dar uma explicação.

Embora o termo cometa — "astro cabeludo" — tenha se originado na terra dos faraós, quase nada sabemos a respeito do que os egípcios pensavam sobre o assunto. Mas os gregos, por exemplo, chegaram a desenvolver inúmeras teorias para o fenômeno. Algumas delas realmente curiosas e bizarras, desde o choque de nuvens de fogo, até a crença, entre os pitagóricos, de que os cometas não passavam de simples planetas "desorientados".

Do mundo antigo ao Renascimento, de tudo o que se formulou sobre esses corpos, a teoria que mais convenceu e perdurou foi estabelecida por Aristóteles. Segundo ele, o Universo estava dividido em dois planos distintos e bem delimitados: um sublunar e outro extralunar (o polímata grego acreditava que a Lua representava o limite extremo da nossa atmosfera). Na região abaixo da Lua, todas as coisas estavam sujeitas a mudanças, à degeneração e à morte. Justamente aí encontravam-se os cometas, que não passavam, pois, de estrelas cadentes. Na outra região, além da Lua, tudo era imutável, eterno e perfeito.

A explicação "atmosférica" para os cometas certamente não convenceu alguns pensadores mais teimosos e independentes. Sêneca (4-65) foi um dos primeiros a propor uma atitude mais científica face ao enigma daqueles *astros cabeludos*. Contestando a autoridade de Aristóteles, sustentava que os cometas não podiam ser meras perturbações atmosféricas, uma vez que pareciam se mover com "soberba regularidade". Além disto, argumentava Sêneca, aqueles astros não eram varridos pelos ventos. Em alguns de seus escritos, o filósofo romano chamava a atenção para a necessidade de se catalogar todas as passagens de cometas, chegando a sugerir — coisa surpreendente para a época — que os mesmos pudessem periodicamente reaparecer. "Não acredito que um cometa seja apenas um fogo passageiro, e sim que esteja entre as obras eternas da natureza."

Uma opinião aqui, outra acolá, mas o certo é que a teoria aristotélica foi oficialmente aceita como correta durante quase 20 séculos. Somente no século 16, com o surgimento da ciência moderna, foi possível demonstrar que os cometas não eram fenômenos atmosféricos, uma vez que percorriam órbitas muito além da Lua. A ousadia da divulgação desses novos conceitos coube a um astrônomo dinamarquês chamado Tycho Brahe, um dos maiores observadores do céu desde Hiparco.

Naquela época já se sabia, por exemplo, que a cauda dos cometas está sempre voltada para o lado oposto ao do Sol. As observações concentraram-se então na cabeça brilhante desses corpos celestes, o que permitiu a obtenção de dados necessários à melhor compreensão de seu movimento.

O próprio Tycho Brahe tentou calcular a distância de um cometa que, em 1577, havia cruzado os céus da Europa. Ao final dos seus cálculos e medições, restou-lhe o espanto de constatar que o astro em questão realmente se deslocava muito além da órbita do nosso satélite natural. Para ele, os planetas giravam ao redor do Sol, mas todos juntos se moviam em torno da Terra. Era um modelo cosmológico meio complicado e que, por uma feliz ironia, não lhe permitiu atribuir corretamente a órbita do astro observado. Embora contrariando um tabu de muitos séculos, Tycho foi obrigado, então, a propor uma órbita "ovalada" para o cometa. Acredita-se que historicamente foi a primeira vez que um astrônomo sugeria que um corpo celeste poderia se deslocar numa órbita diferente de um círculo. O achado de Tycho, no entanto, viria sofrer ainda muitas resistências, inclusive do próprio Johannes Kepler, seu discípulo, o primeiro a definir corretamente as leis que regem os movimentos planetários. Paradoxalmente, Kepler considerava perda de tempo calcular com precisão a órbita dos cometas, astros dotados — segundo ele — de movimento retilíneo e, portanto, destinados a não mais voltar.

Fim de um Enigma

A teoria da origem extralunar ainda não era unanimidade entre os homens de ciência do século 16. Havia discordâncias e muita polêmica. Uma das mais célebres foi travada entre o próprio Kepler e Galileu. Em sua obra *Il Saggiatore*, o mestre italiano, que apoiava a teoria da origem atmosférica, afirmava que os cometas eram "meras ilusões de óptica". A humanidade teria ainda de esperar quase 100 anos para que a questão relativa às órbitas dos cometas, assim como a natureza desses corpos celestes, fossem definitivamente esclarecidas.

A solução da charada deve-se, mais uma vez, ao gênio de Isaac Newton. A partir da Lei da Gravitação Universal, segundo a qual dois corpos se atraem proporcionalmente às suas massas e no inverso do quadrado das distâncias, Edmond Halley pôde calcular a órbita dos 24 cometas observados entre 1337

CAPÍTULO TREZE: ETERNOS VAGABUNDOS

e 1698, e determinar que eram elípticas, como a dos planetas. Debruçado sobre seus cálculos e apoiado nas premissas newtonianas, Halley ficou intrigado com a semelhança dos dados orbitais de três cometas: os de 1531, 1607 e 1682. Da desconfiança e da perplexidade, chegou à formulação da hipótese de que se tratavam sempre do mesmo astro e que aquele visitante de nossos céus reapareceria em fins de 1758.

Décadas mais tarde, o retorno daquele cometa, previsto com espantosa precisão, seria não apenas a resposta definitiva a um enigma astronômico, mas também um incontestável triunfo da inteligência. Halley não viveu o bastante para testemunhar esse reencontro histórico — morreu 17 anos antes —, mas se permitiu uma pitada de ironia: "Portanto, se ele regressar conforme a nossa predição, pelo ano de 1758, a imparcial posteridade não se negará a atestar que quem isso descobriu pela primeira vez foi um inglês." Aquele cometa, reaparecido na noite de Natal daquele ano, e que com inteira justiça viria a ser batizado com o seu nome, foi o primeiro a ser reconhecido como periódico.

A confirmação de que muitos cometas retornavam em intervalos regulares entusiasmou observadores de todo o mundo. Mas ainda havia um intrigante detalhe em toda essa história. Nenhum astrônomo ignorava que, quando distantes do Sol, os cometas jamais exibiam suas exuberantes caudas, mas simplesmente se apresentavam como diminutos corpos nebulosos. Como explicar tal capricho? Bem, foi preciso o astrônomo francês Charles Messier compilar os corpos celestes de aparência enigmática para que se tornassem possíveis as distinções entre cometas e aglomerados estelares, nebulosas e galáxias.

Mais tarde, os processos de rastreamento e documentação dos cometas dariam um verdadeiro salto, sobretudo com o aprimoramento da fotografia, lá pelo final do século 19 (a fotografia foi utilizada pela primeira vez na caça e descoberta de cometas pelo fotógrafo amador Edward Barnard, falecido em 1923). Em 1881, foi finalmente introduzida a técnica de análise do espectro da luz emitida pelos cometas. A partir de então, um novo horizonte se descortinava, ou seja, o caminho definitivo que levaria à identificação dos elementos constituintes desses corpos celestes.

O QUE SÃO? DE ONDE VÊM?

Imaginemos uma pequena montanha de formato irregular, de cascalho e gelo compactado, a vagar pelo espaço. Ou uma espécie de iceberg flutuante, a girar solitário nas remotas e gélidas regiões situadas nos confins do Sistema Solar. Eis aí um cometa. O astrônomo Fred Whipple, considerado o pai da ciência cometária, os chamava de "bolas de gelo sujo", o que não está tão longe da verdade. Normalmente acreditamos que esses corpos celestes são restos congelados da matéria dispersa pelo espaço quando da formação do Sistema Solar. Em outras palavras: os cometas haviam se originado na região exterior fria do reino do Sol. Mas, claro, há controvérsias.

O resultado da análise das partículas microscópicas trazidas do cometa Wild 2 pela nave Stardust, em 2006, complicou a teoria de formação desses astros. Os pesquisadores da NASA esperavam encontrar, sobretudo, grãos interestelares — partículas que se unem para formar a matéria dos cometas. Os tais grãos foram encontrados, mas também foram achadas partículas bem maiores, de minerais complexos, sendo que a maioria havia se chocado e derretido muito tempo antes. Ou seja, foram encontrados os minerais mais quentes nos lugares mais frios. Os cientistas se perguntam como eles chegaram lá. Existem algumas hipóteses, desde os ventos X (rajadas de energia soprando para fora do Sistema Solar antigo) a redemoinhos turbulentos, além das instabilidades orbitais. A conclusão a que chegaram os pesquisadores é de que o Wild 2 se formou de uma grande variedade de materiais. A ideia levou-os à crença de que a mistura de componentes é o resultado de uma incrível varredura: os cometas, na verdade, agem como uma espécie de limpadores de vácuo gigantes. A questão sobre a verdadeira origem desses astros cabeludos permanece, pois, em aberto.

> *A visita ao cometa Wild 2, em 2006, trouxe resultados bastante importantes para a ciência planetária. O maior deles foi a constatação que aquele astro era portador de moléculas de material orgânico. Em outras palavras, aquele cometa era portador de... vida! A vida, tal como a conhecemos, não teria então surgido nos oceanos da Terra primitiva? A teoria da panspermia, de que a vida teria vindo do espaço, estaria correta? Uma hipótese instigante, sem dúvida.*

Ao se aproximarem do Sol, essas rochas de gelo, ou propriamente os núcleos dos cometas, começam a evaporar e formam a cabeleira, ou seja, uma nuvem gasosa luminescente. A pressão do vento solar empurra para

CAPÍTULO TREZE: ETERNOS VAGABUNDOS

trás a matéria emitida pela cabeleira, dando origem, assim, à chamada cauda do cometa. Tais estruturas — cabeleira e cauda —, embora muito pouco densas, chegam a ser milhares e até mesmo milhões de vezes maiores que o núcleo e se tornam visíveis justamente devido à interação com a radiação do Sol.

Os núcleos dos cometas, em geral, apresentam um formato irregular e não ultrapassam poucos quilômetros de diâmetro. Tais núcleos são formados de um amálgama de rocha e metal, combinado com gases muito frios, como o nitrogênio e o monóxido de carbono. Toda essa "massa" parece recoberta por uma espécie de crosta escura de vários centímetros de espessura.

No núcleo dos cometas ocorrem fenômenos curiosos, como estruturas espirais, semelhantes a regadores giratórios de jardim, halos concêntricos, jatos, filamentos etc. A explicação científica para tais fenômenos baseia-se na suposição de que a superfície do núcleo seja bastante irregular. Aliás, as imagens transmitidas pela sonda Giotto, processadas por computadores, confirmaram o aspecto irregular do núcleo do Halley. Irregular e bastante escuro, o que nos leva a admitir que o mesmo pode se verificar com os núcleos de todos os cometas.

Os núcleos cometários são de fato tão pequenos que nunca foi possível observá-los diretamente da Terra. A força da gravidade na superfície desse "caroço" é tão desprezível que a matéria que salta dele se perde no espaço. Daí porque, a cada passagem de um cometa pelas vizinhanças do Sol (periélio), o diâmetro do seu núcleo parece diminuir de maneira considerável. Em outras palavras: cada vez que um cometa volta a nos visitar, reduz-se sua reserva de matéria volátil, o que nos leva à conclusão de que, com o tempo, todos eles — os periódicos, pelo menos — tendem a se desintegrar.

Até o momento, nosso rastreamento de cometas não vai muito além da órbita de Marte, mas o tempo de vida dos cometas observados parece ser mesmo limitado. O fato reforça a desconfiança, mas não a certeza, de que na periferia do Sistema Solar realmente exista um colossal estoque de cometas. Destes, apenas um pequeno número — os mais afoitos — se aventura a uma longa viagem pelas cercanias do Sol.

A cabeleira de um cometa — denominada coma — é considerada como a atmosfera do corpo celeste, uma região onde se concentra o material que se desprende do núcleo e que, como vimos, dá origem à cauda. Pode-se observar que a cabeleira é sempre mais densa e brilhante que a cauda. Os cientistas já descobriram que uma nuvem muito rarefeita de hidrogênio envolve todas essas resplandecentes cabeleiras, estendendo-se em alguns casos até alguns milhões de quilômetros.

Estudos mais recentes confirmam que a atmosfera de um cometa é composta de poeira (grãos minerais) e "pedaços" de moléculas gasosas, formadas principalmente de hidrogênio, carbono e vapor de água. Todo esse material se desprega do núcleo a cerca de 500 m/s. Tudo indica que o gás cometário mais importante, e certamente mais abundante, é o vapor de água, embora existam ainda moléculas que contêm carbono, amônia, nitrogênio, metano, além de dióxido e monóxido de carbono e outros compostos, tudo isto misturado ao gelo de água do núcleo.

Na verdade, o fascínio maior exercido pelos cometas sempre ficou por conta de suas caudas. Graças a essas majestosas estruturas, alguns desses astros se tornaram famosos e lendários, embora seja muito elevado o número de cometas sem cauda. Pode-se afirmar, sem exagero, que, na sua maioria, os cometas são apagados, perceptíveis no céu apenas como um simples borrão mais claro. Em compensação, existem aqueles que possuem duas, três e até seis caudas, cujo comprimento pode atingir mais que o dobro da distância Terra-Sol.

Fotos mostram quase sempre a presença de duas caudas: uma de poeira, meio amarelada (porque reflete a luz do Sol), e outra de plasma, ou seja, formada principalmente de gases ionizados e ligeiramente azulada. Já vimos que todo esse material é proveniente da cabeça, e é expulso desta para a cauda e daí para o espaço, sob a ação principalmente da radiação solar.

De fato, os grãos que formam a cauda dos cometas vão alimentar a matéria dispersa no espaço interplanetário. Os grãos maiores, espalhados ao longo das órbitas dos planetas, formam um verdadeiro anel de partículas, que se mantém permanente e é alimentado a cada nova passagem do cometa. Essas partículas em suspensão formam, inclusive, alguns curiosos fenômenos que podem ser observados aqui da Terra. As estrelas cadentes, por exemplo, são em parte o resultado da passagem da Terra por tais anéis de matéria cometária. Os fugazes riscos luminosos que vemos no céu à noite são também o resultado do atrito dessas partículas com as altas camadas da nossa atmosfera. Essas partículas microscópicas não passam de agregados poderosos de grãos de silicato muito finos.

CAPÍTULO TREZE: ETERNOS VAGABUNDOS 209

O cometa Hale-Bopp, descoberto em 23 de julho de 1995, foi um dos maiores surgidos no último século e certamente o mais observado da História. Pôde ser contemplado à vista desarmada durante 18 meses, quase o dobro do tempo do Grande Cometa de 1811. Somente daqui a 2.300 anos esta maravilha celeste estará de volta às vizinhanças do Sistema Solar.

A passagem do Hale-Bopp pelo periélio, ocorrida no dia 1º de abril de 1997, foi alvo de intensas observações, que resultaram em importantes avanços e descobertas para a ciência cometária. Foi também um dos maiores cometas observados no último século e um dos mais brilhantes das últimas décadas — superando qualquer estrela no céu, à exceção de Sirius. Tratava-se de um cometa de longo período — seu último periélio ocorrera provavelmente há cerca de 4.000 anos. A mais espetacular daquelas descobertas dizia respeito à composição de sua cauda: o Hale-Bopp possuía um terceiro tipo de cauda — que se estendia por 50 milhões de quilômetros —, formada de sódio (já se havia observado emissão de sódio em outros cometas, mas jamais oriunda de uma cauda), visível apenas através de potentes instrumentos. O que seria aquilo? Qual a sua fonte? Especulou-se que poderia ser a coma interna, e não necessariamente o núcleo. Sabia-se existir diversos mecanismos potenciais, capazes de gerar aquela fonte de átomos de sódio: colisões entre grãos de pó que rodeiam o núcleo cometário ou o sódio pulverizado oriundo de grãos de poeira atingidos pela radiação ultravioleta do Sol. De qualquer maneira, permanece o mistério a respeito do principal mecanismo responsável pela criação daquela fantástica e surpreendente estrutura.

Outra surpresa que nos reservou o Hale-Bopp foi a presença de inúmeros compostos orgânicos, alguns dos quais nunca haviam sido detectados em outros cometas. É bem possível que essas complexas moléculas tenham origem no interior do núcleo, ou, quem sabe, foram sintetizadas através de reações químicas na coma.

> *Qualquer um de nós já pôde observar, por ocasião de noites sem luar, as estrelas cadentes, fenômenos luminosos espetaculares, embora fugazes. Esse rastro luminoso é provocado pela desintegração, na alta atmosfera da Terra — cerca de 90 km de altitude —, de pedaços sólidos de matéria extraterrestre (meteoroides) superaquecidos pelo atrito atmosférico. Quando esses riscos são por demais numerosos, formam uma verdadeira chuva de estrelas. Os meses de abril e novembro são os de maior incidência de estrelas cadentes. Os pontos do céu de onde parecem surgir denominam-se radiantes.*

Órbitas

Hoje sabemos que o movimento do núcleo sólido de um cometa é regido pelas mesmas leis que se aplicam aos planetas. E é justamente esse movimento que define a órbita desses corpos celestes. Anualmente, observa-se em média a passagem de uma dúzia de cometas, periódicos ou novos. Desde os primeiros registros astronômicos chineses até 1979 foram observados milhares, mais precisamente 1.027. Essas passagens se referem a 658 cometas diversos, 113 dos quais têm um período inferior a 200 anos: são os chamados periódicos. Desse total, 72 foram observados, pelo menos, duas vezes. Trata-se de cometas que não se aventuram além da órbita de Júpiter e se deslocam no mesmo sentido dos planetas: são os chamados cometas de curto período. Os outros 545 registrados são aqueles de longo período, cujos planos orbitais estão

CAPÍTULO TREZE: ETERNOS VAGABUNDOS

inclinados de maneira inteiramente arbitrária e podem se afastar a enormes distâncias do Sol. As órbitas destes últimos foram calculadas com base na única passagem registrada: 285 pareciam mover-se ao longo de uma parábola, 162 descreviam uma elipse e 98, uma hipérbole.

Existem cometas cuja excentricidade orbital é extremamente exagerada. Temos aí, então, uma órbita hiperbólica, própria de um cometa que jamais deverá voltar ao Sistema Solar. A que devemos tal excentricidade? Provavelmente à perturbação gravitacional ocasionada por um dos planetas gigantes — Júpiter ou Saturno, por exemplo. Tais perturbações parecem ocorrer também com outros cometas que apresentam órbitas muito abertas.

Há ainda aqueles cujas órbitas os fazem "roçar" no Sol. São os chamados cometas rasantes. Esses astros chegam a passar a menos de 100.000 km do Sol, menos, portanto, que a distância Terra-Lua. Já se registraram mais de 20 casos de fragmentação de cometas desse tipo, causados, ao que tudo indica, pelo inevitável rompimento do núcleo gelado e pelo súbito esvaziamento de bolsões de gás, provocando assim o colapso e a desagregação definitiva dessas frágeis estruturas siderais. Especula-se sobre o que de fato deve provocar a fragmentação dos cometas rasantes: a gravidade do Sol? Seu calor? E o que dizer ainda dos cometas que mergulham no Sol? Há fortes suspeitas, ou quase certezas, de que de fato existem tais astros suicidas. Mas não sabemos quantos já tiveram esse trágico destino.

Nuvem de Cometas

De onde vêm aquelas rochas, ou pequenas montanhas girantes e congeladas, a que já nos referimos? Há uma suspeita de que os núcleos dos cometas se conservem, por longo tempo, numa espécie de imenso frigorífico, situado nos limites extremos do Sistema Solar. Vez por outra, e em ocasiões raríssimas, verifica-se o deslocamento e o mergulho no seio da família do Sol de algum núcleo cometário.

Não há certezas de que as coisas realmente se passem assim. Contudo, em meados do século 20, o astrônomo holandês Jan Oort sugeriu a existência de uma colossal nuvem esférica de cometas ao redor do Sol, a distância de 150.000 unidades astronômicas. Segundo Oort, essa nuvem conteria centenas de milhões de fragmentos congelados de gás e rochas, com massa total equivalente à do planeta Terra. Esses corpos gelados se moveriam em órbitas circulares percorridas num período de muitas dezenas de milhões de anos. Esses cometas teriam seu movimento perturbado pela força gravitacional das estrelas de passagem, o que acabaria por arrancar essas rochas da nuvem, empurrando-as em direção ao Sol. Seriam então tais perturbações estelares a origem do afluxo mais ou menos permanente de cometas a cruzarem os céus da Terra? Não temos certeza. A ideia de que os cometas se formam a uma distância tão grande do Sol ainda é muito discutida e polêmica. É possível que futuras informações mais precisas sobre a composição dos cometas venham permitir a descoberta de como, onde e quando são formados. Sem dúvida, uma perspectiva fascinante, pois isso também tornaria possível a formulação mais precisa de uma teoria (quem sabe definitiva) da formação do próprio Sistema Solar. E, consequentemente, da própria origem da vida, pois há suspeitas de que esses astros, majestosos e incrivelmente antigos, sejam portadores de elementos indispensáveis ao desenvolvimento da vida. Ou seja, daquelas moléculas orgânicas que estão na raiz misteriosa de tudo que pulsa na face do nosso planeta. Isso seria, no mínimo, uma grande ironia histórica e científica, talvez a negação absoluta de tudo que já pudemos pensar a respeito dos cometas.

Um Nobre Chamado Halley

Não é o mais espetacular, sequer o mais brilhante. Mas, sem dúvida, o preferido de toda a humanidade. E também o único que ostenta a preposição *de* antes do nome; uma espécie de título de nobreza. Aquele cujas aparições, com uma única exceção, foram cuidadosamente registradas desde o ano 230 a.C. O único descrito em cerâmicas, tábuas de argila, moedas, tecidos, telas, jornais… Assim é o Cometa de Halley: uma longa história de 23 séculos. Seu período se iguala à duração de uma vida humana, o que nos faz lembrar, entre outras coisas, da efemeridade de nossa existência. A cada 76 anos, esse lendário corpo celeste vem dar uma voltinha por aqui e em seguida se vai, sumindo nas trevas da noite. Quantos de nós estaremos vivos para assistir à próxima passagem do Halley, em 29 de julho de 2061?

Dá para imaginar como Edmond Halley ficou fascinado quando avistou o cometa, no verão de 1682. Saiu a discutir o que viu com um amigo e conterrâneo, que vivia mergulhado na investigação da gravitação e dos movimentos planetários. O amigo chamava-se Isaac Newton, o primeiro a demonstrar que os cometas apresentam órbitas semelhantes a dos planetas. "Os cometas

CAPÍTULO TREZE: ETERNOS VAGABUNDOS

brilham em razão da luz que refletem do Sol", explicou. E, para assombro de Halley, arrematou: "As caudas?... Bem, as caudas devem ser devidas à luz do Sol refletida pelos vapores que nascem dos cometas e se dispersam no espaço. Ou à luz da própria cabeça... O corpo dos cometas deve ficar oculto pela atmosfera." O resto da história é bem conhecido: com os novos recursos fornecidos pelas "dicas" de Newton, Edmond Halley pôde finalmente calcular com precisão a órbita de 24 cometas periódicos.

Esses episódios estão na raiz da própria fama do Cometa de Halley. O astro que havia aparecido em 1531, 1607 e 1682 reapareceria em 1758. Halley estava certo, e a comunidade científica não esqueceria de perpetuar seu nome no cometa que brilhou nos céus no Natal daquele ano.

O estudo propriamente físico do Cometa de Halley só começaria décadas mais tarde, em 1835, com os trabalhos do astrônomo alemão Friedrich Bessel, embora a mais notável série de observações do cometa naquele ano tenha sido efetuada pelo astrônomo Thomas Maclear, no Cabo da Boa Esperança. Naquela aparição, o núcleo do cometa apresentou uma série de incríveis alterações depois de sua passagem próxima ao Sol, fazendo com que o seu brilho sofresse bruscos e continuados aumentos. Aliás, em 30 de setembro, 47 dias antes de sua passagem pelo periélio (6 de novembro), o Cometa de Halley era visível à vista desarmada em quase todo o mundo.

Em 1910, um grande esforço internacional de observação permitiu aos astrônomos recolher uma massa de informações jamais obtida. Naquele ano, o astro seria fotografado pela primeira vez.

Sua órbita tem período médio de 76 anos, periélio de 0,59 unidade astronômica (portanto, interno à órbita de Mercúrio) e afélio de 35 unidades astronômicas (entre as órbitas de Netuno e Plutão). O diâmetro do núcleo — 12 km — já é conhecido com precisão, a partir das medições efetuadas pela sonda Giotto. Seu movimento ao longo da órbita é retrógrado, ou seja, o Halley viaja em sentido contrário ao da Terra.

Em 1986, das cinco missões espaciais encarregadas de buscar mais informações sobre o cometa, duas foram soviéticas, Vega 1 e 2, lançadas primordialmente com o objetivo de estudar a densa atmosfera de Vênus. Outras duas foram japonesas, a Sakigate e a Suisei, que mediram o vento solar e fotografaram a cabeleira de hidrogênio do Halley. A mais importante e completa, sem dúvida, foi a sonda Giotto, lançada pela Agência Espacial Europeia, num esforço de cooperação que envolveu 11 países do continente.

As primeiras imagens do Halley, transmitidas pela Giotto, vieram confirmar o que já se suspeitava: seu núcleo está longe de qualquer coisa parecida com uma esfera. Ao contrário, o coração do cometa, além de surpreendentemente escuro, tem formato alongado, semelhante a uma batata, e mede cerca de 16 km de comprimento e pouco mais de 7 km de largura. Sua superfície, coberta por uma espessa camada de poeira, revelou-se bastante encardida, refletindo apenas 2 a 4% da luz que recebe do Sol. Para espanto dos cientistas, o miolo do Halley mostrou-se um dos corpos mais escuros de todo o Sistema Solar. Os closes da sonda revelaram também que a superfície do núcleo é bastante irregular e apresenta curiosas protuberâncias arredondadas, embora nada parecido com crateras de impacto, como na Lua, tampouco com vales ou montanhas. A água, como já se esperava, em forma de gelo, é de fato o elemento mais abundante no núcleo, formado ainda por elementos tais como carbono, nitrogênio, oxigênio, além de traços de metano, ácido sulfúrico e magnésio. Tudo isto misturado com silicatos. Cerca de 16 toneladas de água (suficiente para encher uma piscina de tamanho médio) escapam do núcleo a cada segundo. Salvo um acidente de percurso, bastante improvável, o núcleo do Halley ainda teria gelo suficiente para várias centenas de passagens pelas vizinhanças do Sol nos próximos séculos. Calcula-se que a vida média dos cometas de longo período não ultrapasse os 10 milhões de anos. Muito pouco se levarmos em conta a idade do Sistema Solar — 4,6 bilhões de anos.

Em fevereiro de 1991 foi detectada uma rápida transformação de um pequeno ponto de luz em uma imensa mancha nebulosa no núcleo do Halley, quando o cometa se achava a cerca de 2 milhões de quilômetros da Terra. A inesperada explosão poderia ser a causa de um eventual desaparecimento do famoso astro antes do tempo previsto para o retorno às vizinhanças da Terra, em 2061. Os cientistas tendem a acreditar em duas ou três hipóteses para o fenômeno: a primeira seria a colisão do cometa com um corpo celeste desconhecido (provavelmente um asteroide). A segunda, que mais tarde foi confirmada, indicava a liberação de uma grande quantidade de energia proveniente do núcleo do Halley provocada por uma explosão interna. A terceira suposição — logo descartada devido à grande distância em que o astro se encontrava do Sol — referia-se à interação do cometa com partículas de alta energia provenientes do vento solar. Mas o que teria realmente acontecido com o Halley?

CAPÍTULO TREZE: ETERNOS VAGABUNDOS

Os cometas se agrupam em diferentes categorias, de acordo com a duração de seu período de revolução em torno do Sol.
Podemos classificá-los assim:

- Período curto (menos de 20 anos)
- Período intermediário (20 a 200 anos)
- Período longo (200 a 1 milhão de anos)
- Cometas de órbita quase parabólica (período infinito)
- Quanto às órbitas hiperbólicas, realmente não sabemos se são uma realidade ou se de fato existem cometas que nos visitam apenas uma única vez.

BIBLIOGRAFIA

BROWNLEE, Donald e WARD, Peter. *Rare Earth*. Nova York: Copernicus Books, 2000.

DAVIES, John K. *O impacto cósmico*. Lisboa: Edições 70, 1976.

DELERUE, Alberto. *Rumo às estrelas*. Rio de Janeiro: Jorge Zahar, 2007.

DRUYAN, Ann e SAGAN, Carl. *Cometa*. Rio de Janeiro: Francisco Alves, 1986.

EMANUEL, Kerry. *Divine Wind: the History and Science of Hurricanes*. Oxford University Press, 2005.

FLAUM, Eric. *The Planets — A Journey into Space*. Nova York: Crescent Books, 1988.

HELDMANN, Jean. *Inteligências extraterrestres*. Rio de Janeiro: Jorge Zahar, 2000.

LITTMANN, Mark. *Planets Beyond*. Nova York: Wiley Science Editions, 1988.

MOURÃO, Ronaldo Rogério de Freitas. *Astronáutica: do sonho à realidade*. Rio de Janeiro: Bertrand Brasil, 1999.

PLANET FORMATION, THEORY. Cambridge University Press, 2006.

ROSE, Suzanna van. *Atlas da Terra*. São Paulo, Martins Fontes, 1994.

ROTHERY, David. *Sattelites of the Outer Planets*. New York University Press, 1994.

SOTER, Steven. *What is a Planet?* Astronomical Journal, nº 6, dezembro de 2006.

WILSON, Robert. *Astronomy Through the Ages*. Princeton University Press, 1997.